붓다의 후예, 위빠사나 선사들
(I권 미얀마편)

잭 콘필드 편저 / 김열권 옮김

목 차
[I권 미얀마편]

서문 11
추천의 말 13
편저자의 말 15

제1장 남방불교와 수행의 본질 17
　1. 불교의 본질 19
　2. 미얀마, 라오스, 태국에서의 명상 53
　3. 완전한 가르침 72

제2장 마하시 사야도(Mahasi Sayadaw) 73
　1. 배의 움직임과 경행 관찰을 통한 깨달음의 수행 75
　2. 지혜 명상, 기초와 고급단계 79
　3. 기초 수행 81
　4. 높은 단계, 깨달음의 수행 101

제3장 순륜 사야도(Sunlun Sayadaw) 144
　1. 고통의 극복을 통한 해탈 146
　2. 수행자와 지혜 명상 152
　3. 순륜의 마음챙김 계발 173
　4. 수행에 대한 질문과 대답 190

제4장 타웅푸루 사야도(Taungpulu Sayadaw) 197
　1. 몸의 관찰을 통한 욕망의 극복 199
　2. 몸의 32부분에 대한 마음챙김 201

제5장 몬힌 사야도(Mohnyin Sayadaw) 209
   1. 학식과 수행을 겸비한 선지식 211
   2. 통찰지혜의 수행 213

제6장 모곡 사야도(Mogok Sayadaw) 230
   1. 불교심리학 교수 출신의 선지식 232
   2. 마음과 감각에 대한 명상 234

제7장 우 바 킹(U Ba Khin) 264
   1. 이론을 경시한 실천 위주의 수행 266
   2. 불법 수행의 정수 270

부록1. 쉐우민 사야도(Shew Oo Min Sayadaw) 295
   1. 쉐우민 사야도의 생애 297
   2. 쉐우민의 마음을 성찰하는 수행 300
   3. 우떼자나아 사야도 상담사례 309
   4. 마음 관찰 핵심정리 320

부록2. 파욱(Pa Auk) 335
   1. 파욱의 사마타와 위빠사나 수행 337
   2. 파욱의 사마타와 위빠사나 병행 338

붓다의 후예, 위빠사나 선사들

목차
[II권 태국편]

제1장 아찬 차(Achaan Chaa) 10
   1. 일상을 통한 소박하고 자연스러운 수행 *12*
   2. 깨달음 체험담 *17*
   3. 수행에 대한 질문과 대답 *45*

제2장 아찬 붓다다사(Achaan Buddhadasa) 103
   1. 선·교를 겸한 대선지식 *105*
   2. 자연스런 지혜 수행법 *109*
   3. 붓다의 호흡법, 아나빠나 삿띠 16단계
      -선정과 열반에 이르는 여덟 과정 *124*

제3장 아찬 나에브(Achaan Naev) 179
   1. 속세에서 깨달음을 성취한 독신녀 *181*
   2. 통찰지혜의 계발 *184*
   3. 통찰지혜의 7단계 *211*

제4장 아찬 마하 부와(Achaan Maha Boowa) 224
   1. 거칠고 엄격한 가풍의 선지식 *226*
   2. 지혜는 선정을 계발한다 *230*

제5장 아찬 담마다로(Achaan Dhmmadaro) 256
   1. 감각 관찰을 통한 깨달음 *258*
   2. 통찰 수련의 본질에 관한 질의응답 *261*
   3. 수행의 실제 *276*

제6장 아찬 줌니엔(Achaan Jumnien) 280
1. 다양한 수행법을 통달한 선지식 282
2. 수행법에 대한 질문과 응답 285

제7장 현존하는 테라바다의 전통 303
1. 테라바다 전통에 관한 추가 질문과 응답 305
2. 테라바다에서 전해지는 기타 명상법 330

부록1. 아찬 문 (Acharn Mun) 345
1. 아찬(짠) 문의 붓도위빠싸나 347
2. 아찬 문의 수행기 348
3. 해탈의 다르마 367
4. 아찬 문의 수행법 요약 388

부록2. 용어해설 400

옮기고 나서 404

붓다의 후예, 위빠사나 선사들

서문

 2500년의 역사에 걸쳐 불교는 지금까지 여러 종파와 다양한 형태로 시현되어 왔다. 살아 있는 진리(法, Dharma)의 동적인 성질은 서로 다른 역사 문화적 상황에서 새로운 표현 양식을 창출해 왔다. 그러나 이러한 모든 표현의 핵심에는 붓다 자신이 가르치고 몸소 실천해 보였던 명상(참선)의 수행이 그 바탕에 깔려 있다.
 오직 명상 수행을 통해서만이 진리의 제자들은 미혹하고 신경질적인 마음을 정화, 완화 하여 보다 분명하고 정확하게 사물을 통찰할 수 있게 된다. 이것이 없다면 단지 자신의 혼란만 가중시키고 자기 존재의 확인을 위한 공격적인 집착만 영속화 할 것이다. 명상 없이는 순수한 본성에 도달할 수 없고, 깨달음의 길도 없고, 진리의 길도 없을 것이다.
 명상 수행은 정신 문화가 쇠퇴일로에 있는 20세기의 세계에 대단히 효과있는 마음의 수행 방식이다. 그러나 오늘의 기술공학 세대는 쉽게 결과를 얻을 수 있는 개선된 정신 계발법을 만들어 내기를 원한다. 사이비들은 자기 나름대로 해석하여 순수한 정신적 수련에 필요한 꾸준하고 집요한 노력보다는 기적적이고 쉬운 방법을 선전한다.
 그러나 이 책에 수록된 스승들에 의하여 구체화한 수행법이야말로 바로 순수한 전통적 방법이다. 그들은 순수한 형태로 보존 전달될 수 있었던 단절되지 않는 법통의 소유자들이다.
 이러한 스승들의 가르침과 그들의 모범적인 삶의 실례는, 수행자들에게 진리의 길을 올바르고 완전하게 따르도록 하기 위한 경책을 제공하고 영감을 불러 일으킬 것이다.

쵸감뜨둥파(Cogyam Trungpa)선사

추천의 말

카라나 미타[Kalyana-mita : 선우(善友), 선지식(善知識)으로 번역되며 테라바다(남방, 장로불교) 전통에서 스승에게 주어진 이름], 잭 콘 필드(Jack Kornfield)는 그의 수행 과정에서 겪어온 일화나 대담과 함께 테라바다 불교의 교리와 수행을 편집하여 이 한 권의 책으로 출판했다.

잭 콘 필드는 미얀마, 라오스, 태국, 캄보디아 전역의 사원을 순례하고 공부하는 데 많은 세월을 보내고, 테라바다 불교 수행의 특징인 심오한 단순성과 부단한 노력을 글로써 전달하고 있다. 그는 자기의 일화를 통하여 하나의 수행법이 전통적인 법통과 어떻게 연관되어 있는지를 보여 준다.

수도 사원의 비구와의 면담은 지극히 평온함과 고대 전통의 가르침을 일관하는 확신을 전해준다. 모든 스승은 각기 붓다로부터 전수받은 특정 측면을 강조하지만 각자 법통의 본질을 잘 나타내고 있다.

이런 책을 읽는 데는 여러 방법이 있다. 지적인 사람들은 호기심을 만족 시키기 위하여 속독할 수도 있다. 혹은 마음을 비우고 그 정화수가 가슴과 가슴 그리고 영혼에 침투하도록 낭독을 하면서 읽을 수도 있다. 이러한 내용을 당신에게 부어 넣는 과정에서 아마도 한 곳의 수행법이나 저기의 한 구절의 말, 그림 같은 정글의 한 장면이나, 분명히 공언된 명언은 당신을 사로잡고 당신의 가슴에 와 닿고, 당신이 간직할 그 무엇이 될 것이다. 조용히 통찰해 보면 그러한 특정한 생각들이 왜 당신의 주의를 끌게 하는지 알게 될 것이다.

당신이 필요한 것에 몰두할 때 그때 이 내용의 한 부분이 당신의 생각 흐름에 스며들어서 그 어느 때보다도 당신을 지금 여기에 있게 할 것이다.

축복이 있기를 바라면서
람다스(*Ram Dass*)

편저자의 말

 이 책의 자료는 수년에 걸쳐 수집되고 번역되었다. 이 자료들은 최근래 남방 테라바다 선사들의 가르침과 설법을 기록한 것이다. 이것은 붓다의 지혜와 자비를 계발하는 모두에게 이용되고 함께 나누어지길 바란다. 이러한 가르침을 이용하면서 여기에 수록한 스승들로부터 추천의 말씀과 조언을 얻으려고 노력해 왔다. 지구의 반이나 되는 거리와 시간적인 문제로 인하여 이 자료 중 어느 부분들은 책으로 펴내는 데 공식적인 허락을 받지 못하였다.

 불교의 최상승법을 수행하려는 모든 이들의 이익을 위하여 실제적인 명상법의 실례를 가능한 한 명확한 형태로 전달하려고 했다. 진리는 붓다 자신의 가르침대로 여기 수록한 스승들의 의도도 분명히 그러하듯이 누구에게나 개방되어있다. 이 자료를 편집하고 번역하는 과정에서 진리의 중요한 내용이 잘못 전달되거나 실수가 있다면 모든 책임은 본인이 진다. 마음을 정화하는 길에 있는 사람들에게 실질적으로 도움이 될 현존하는 테라바다 불법(佛法)을 광범위하고 다양하게 소개하는 것이 본인의 소박한 희망이다. 이 책의 판매로 오는 얼마의 수익은 명상 수행과 가르침을 더욱더 발전시키기 위하여 승가에 시주 된다. 이 책에 관하여 한 가지이야기할 것이 있다면 여기 등장한 스승들은 모두 다 살아 있지는 않지만, 그들의 가르침은 아직도 활발하게 추구되고, 그들이 생존시에 설립된 명상 수도원들을 통하여 베풀어지고 있다.

 그 결과 그들의 가르침은 20세기 위빠사나 수행의 발전에 지대한 영향을 끼쳤다.

잭 콘필드(*Jack kornfield*)

제1장
남방불교와 수행의 본질

1. 불교의 본질

붓다가 보리수나무 밑에서 깨달은 후에 가르침을 펼 것을 결정하지 못하고 있었다. "과연 그 어느 누가 내가 깨쳐 도달한 위 없는 깨달음의 진리를 제대로 이해할 수 있을까?", "실제로 누가 들으려고 하겠는가?" 붓다의 고민은 깨달은 진리가 너무나 복잡해서가 아니라 너무 단순하여 아무도 그것을 믿지 않으려 하는 데에 있었다.

그러나 붓다는 대자비심으로 가르침을 펴기로 했다. 특히 조그만 미혹이 마음의 눈을 가리고 있는 중생을 위하여.

이 책의 내용은 테라 바다 선사 중 가장 위대한 스승 열두 분이 그들의 사원에서 전하는 불법(佛法)을 최근에 옮긴 것이다.

수십만의 황색 가사를 입은 승려들과 수만의 사원들이 아직도 동남 아시아와 실론 등지에 산재해 있다. 2500년 동안의 가르침의 길을 사원 속에서 행해지고 있는 기도와 의식 가운데서 발견할 수 있다.

이러한 진리의 가르침에 대해서 어떻게 서술할 수 있을까? 어떤 의미에서 전혀 서술할 것이 없다. 진리는 곳곳에 이미 있다. 동이고 서고 진리는 같다. 어떤 서구의 한 승려가 여러 다른 유명한 스승들로부터 고도의 명상방법을 배우려고 미얀마로 떠나기 위해 그의 스승에게 허락을 구했다. 허락은 즉각 내려졌다. 수년을 보낸 후에 그는 자기 첫 번째 스승에게 돌아왔다. 스승이 물었다.

"무엇을 배웠느냐?"

그 승려가 대답하였다.

"배운 것이 없습니다. 모든 것은 도처에 있고 제가 이곳을 떠나기 전에 없었던 것은 없었습니다."

"그러면 무엇을 경험했느냐?"

"많은 스승과 많은 명상 방법들입니다."라고 승려는 대답했다.

"하지만 진리를 깊이 있게 파고들면 파고들수록 수행을 하기 위하여 다른 어느 곳도 갈 필요가 없다는 것을 깨달았습니다."

"옳다." 스승은 대답했다.

"그대가 떠나기 전에 내가 그것을 이야기해 줄 수도 있었다. 하지만 그대는 그것을 이해하지 못했을 것이다."

 이 책은 진리를 향한 여행담(Odyssey)이다. 이 책은 많은 불교체계와 스승들에게 여행을 인도해 줄 것이다. 표면상으로는 서로 다르고 심지어는 모순되게 보일지도 모른다. 어느 것이 더 좋고 더 나쁘고를 판단할 필요는 없다. 이러한 언어와 체계들은 같은 진리를 다른 각도에서 표현한 것에 불과하다. 진리는 변하지 않는다. 풀잎이 수그러지는 것도 구름이 걷히는 것도 바람이 있다는 것을 나타내듯이 이러한 스승들의 가르침이나 말씀은 모두 다 같은 경험, 같은 진리를 설명하는 것이다.

정신적인 여행에서 우리는 실제적이어야 한다. 우리가 접한 진리와 수행의 길이 어떻게 하면 우리 자신의 이해에 유용해 질 수 있을까? 법을 전달하는 방법으로 중국에서 잘 알려진 비유는 달(진리)을 가리키는 손가락의 이미지다. 각각의 스승들은 가리키고 있다. 바로 …을.

각기 다른 손가락에 사로잡혀 달을 보는 시선을 잃지 않도록 주의하라.

여기에 수록된 스승들은 명상이, 진리(法)를 이해하고 진리와 조화를 이루기 위한 강력한 수단으로서, 방법을 초월한 자유에 이르기 위한 수단으로서 사용되어야 한다고 주장한다.

한 태국의 스승은 명상이 자기 최면과 같은 것인지를 질문받았을 때 "아니다. 명상은 최면에서 벗어나는 것이다."라고 대답했다.

명상의 방법은 우리로 하여금 마음을 고요하게 하고 집중시켜 관찰하도록 하는 마음의 훈련이다. 이러한 탈조건화 과정은 미친 듯이 지나가는 사고, 인식, 반응, 감정의 일상적인 흐름을 정화시키고 관찰하는 것이다.

우리들은 항상 욕망, 편견, 조건성과 본능에 이끌려 다닌다. 명상은

붓다의 후예, 위빠사나 선사들

정신을 맑게 하고 방심하지 않는 수련이며, 끊임없이 계속되는 사건들과 정신작용에 대한 상대적인 조건반응에서 벗어나는 것이다.

불교의 명상을 하게 되면 세 가지의 명확한 자각에 도달할 수 있다. 즉 무상(無常), 고(苦), 무아(無我)이다. 마음이 집중되고 관찰됨에 따라 몸과 마음의 현상들이 끊임없이 변화하고 있다는 것을 깨닫게 된다.

확실히 알고, 보고, 느끼고, 냄새 맡고, 맛보는 모든 것들이 심지어는 이러한 것들을 아는 관찰자까지도 순간순간 변하고 있다. 이러한 끊임없는 흐름이 더 충분히 자각됨에 따라, 이런 휩쓸림과 집착은 정말 바람직스럽지 않고 고통의 원인이 된다는 것을 알게 된다.

수행자들은 몸과 마음의 모든 사건이 그 자체에 의해 저절로 일어났다 사라지는 공(空)의 흐름임을 본다. 수행자는 그것의 이면에는 아무것도 없고 나(我)도 없다는 것을 깨닫게 된다. 비록 이런 과정이 질서를 갖고 업(業)의 법칙(因果)을 따르지만 우리 안에 영원한 자아나 영혼은 발견되지 않는다. 단지 순간순간 일어나고 사라지는 질서 정연한 마음과 몸의 규칙적인 전개의 흐름만 있을 뿐이다.

이것을 명확하게 보는 것, 즉 자아가 비어 있는 사실을 깊이 체험하는 것은 자아로부터 큰 해방이다. 마음은 초연해지고 맑고 밝아진다. 우리를 이원적인 세계에 묶어두고 본질의 참흐름으로부터 벗어나 서로 상대적으로 분리해 두는 것은 다름 아닌 영원성에 대한, 행복에 대한, 특히 자아에 대한 착각이다. 모든 조건 지워진 현상들이 공(空)임을 깊이 깨달음으로써, 어떤 물건이나 마음 상태를 지속적인 행복의 원천으로 소유하고 집착하려는 욕망에서 벗어날 수가 있는 것이다.

명상을 특정한 형태와 수행으로서의 명상과 생활방법으로서의 명상으로 구분하는 것은 중요하다. 우리는 피아노를 연습하듯이 처음엔 명상을 연습할 수도 있다. 나중에 우리가 숙달되었을 때는 더 이상의 연습은 필요없는 것이다. 피아노 연주가 연습이 되듯이 우리가 하는 모든 것이 명상이 된다. 그러나 우리는 연습으로부터 시작해야 한다.

이 책 속에 서술된 명상 방법들은 수단이다. 이러한 것들은 고립된 상태로 사용돼서는 안 된다. 명상은 단지 일시적인 수련 혹은 희열의 상태를 만들어내는 것이 아니다. 명상은 우리 모든 경험을 망라한다. 명상은 어떠한 사건들이 되었건 간에 그 사건의 흐름을 받아들이고 알아 차리는 것, 그리고 분명한 앎을 계발하는 수단이다. 결국, 명상 기술은 그 자체까지도 초월해야 한다. 그러면 명상도 명상 아님도 존재하지 않는다. 단지 그뿐이다.

지혜, 능력(힘) 그리고 지식

정신적인 분야에 있어서 기술(techniques)과 가르침의 다양성은 종종 혼돈을 준다. 이것은 지혜, 능력, 지식의 각 특성을 분명하게 파악하지 못한 것에 그 원인이 있다.

　지식은 무한하다. 현대 과학은 매년 새로운 발견으로 도서관을 채운다. 정신적인 지식도 마찬가지로 방대하다. 우리는 개인의 과거 생활과 현재 삶에 미치는 유성(遊星)의 영향, 다른 차원에서의 생명이 존재함, 즉 더 높은 의식 수준, 정신치료 기술 그리고 수많은 정신적인 화제들을 알 수 있다. 그러나 지식은 지혜가 아니다.

　어느 날 저녁 한 서양의 승려가 앉아서 별들을 바라보며, 숲에서 정진하고 있는 몇몇 사원 출신 승려들과 얘기를 하고 있었다. 그는 북두칠성의 그릇 모양 부분 가운데서 매우 밝은 별을 발견했다. 전에는 결코 본 적이 없어서 깜짝 놀라 좀 더 자세히 보니 그 별이 움직이고 있다는 것을 알았다. 그는 그것이 하늘을 가로질러 움직이는 에코 인공위성임을 알고 그의 동료 승려들에게 가리켜 보였다.

"저것이 뭐죠?" 그들이 물었다.

"인공위성." 그가 대답했다.

"인공위성이 뭐죠?" 그들이 물었다.

그는 어디서부터 설명을 해야 할지 망설였다.

"그런데 지구가 둥글다는 사실은 아시오?"

"아니오."

　그들은 몰랐다. 그래서 그는 가방에서 조그만 전등을 꺼냈다. 둥근

돌을 지구로 사용해서 어떻게 지구가 태양의 주위를 돌고 자전 하는가를 초등학교 아이들에게 설명하듯이 말했다.

"왜 우리들은 지구가 움직이는 것을 느끼지 못하는가?", "왜 땅 위에 있는 사람들이 밑으로 떨어지지 않는가?"와 같은 평범한 질문들이 나왔다. 그들은 유성, 인공위성, 로켓에 관하여 믿지 않고 있었다.

 이들 중 한 승려는 매우 침착하고 현명한 노인으로 많은 사람들에게 조언자 겸 지도자의 역할을 했다. 그는 정직하고 소박했으며 어떤 방법에도 얽매이지 않았고 자신을 방어하려는 미혹된 생각에도 빠져들지 않았으므로 항상 행복하고 평화로웠다. 그는 삶의 변화하는 본성을 받아들였고 그것에 순응하였다.

"그래서 당신은 지구가 둥글다는 사실을 받아들입니까?"

 그는 어깨를 으쓱했다.

"궁극적으로 당신의 모든 지식이 무엇에 유용합니까?"

그때 그 서양의 승려는 알게 되었다. 자유와 평화를 위해서 중요한 것은 오직 지혜, 곧 맑고 집착하지 않는 마음의 계발뿐이라는 것을.

 이것은 붓다가 한 줌의 나뭇잎을 쥐고 그의 제자들에게 "손에 있는 나뭇잎과 숲 속에 있는 나뭇잎 중 어느 것이 많으냐?"고 질문한 때의 경우와 흡사하다. 붓다는 계속 말하기를, "이 한 줌의 나뭇잎은 내 마음의 무한한 지식에 비해 극히 작은 일부분에 불과하다. 하지만 그것은 깨달음

붓다의 후예, 위빠사나 선사들

을 얻기 위해, 고통을 끊는 데 필요한 모든 것이다."

'지혜'에 대한 '힘(능력)'의 관계는 '지혜'에 대한 '지식'의 관계와 유사하다.

과학에서 획득한 힘(자연에 대한 힘, 전자화학의 힘, 원자력에 의한 힘)이 방대하고 또 계속해서 커지고 있듯이, 정신적 수행을 통해서 얻어진 힘도 방대하고 다양하다. 별세계 여행, 염력과 텔레파시가 정신 수행을 통하여 계발된다고 일반적으로 말하는 바로 그 힘인 것이다.

그러나 우주여행도 당신의 고(苦)는 해결하지 못하고 아무리 위대한 정신적 치료가들이라도 결국엔 병들어 죽을 수밖에 없다. 붓다 자신도 80세까지 살았다. 이것은 우리에게는 아주 다행한 일이다. 붓다가 죽지 않고 수 세기 동안 살았다고 가정을 해 보라. 중생들은 모든 고통을 종식시키기 위한 지혜를 발견하기보다는 미혹한 마음이 그의 육체에 눌어붙어 영원히 생존하는 데에 훨씬 더 많은 관심을 가졌을 것이다.

전지전능을 어떤 위대한 성자나 수행자와 관련시킴으로써 많은 사람은 이러한 것을 정신적 계발의 필요한 결과로서 기대한다. 그러나 인간이 계발할 수 있는 능력은 과거 생의 업(業)에 의하여 제한된다. 어떤 능력은 수행에서 계발된 집중력으로 저절로 발생된다. 다른 능력은 특별한 훈련을 통하여 증가한다. 이러한 능력들은 지혜와 다를 뿐만 아니라 종종 지혜와 깨달음에 방해가 되기도 한다. 거듭거듭 강조하지만, 명상에서 무엇인가 얻으려고 한다면, 얻을 만한 가치가 있다는 착각과 이러한 능력으로부터 이익을 얻는 누군가가 있다는 착각이 심화된다. 착각이 크면 클수록 고통은 심화된다.

지혜는 단순하다. 그것은 지식이 아니다. 그것은 능력도 아니다. 그것은 단지 지금 그리고 여기에 조화롭게 존재하는 것이다. 얻을 것도 없고 잃을 것도 없다. 흐름을 주시하라. 현자는 미혹되지 않는다. 그의 삶은 사성제(苦, 集, 滅, 道)와 완전히 조화한다. 지혜로부터 오는 행복은 모든 지식과 능력(힘)을 초월한다. 이것이 진정한 행복이고 내적 평화가 있는 행복이다. 마음과 육체의 끊임없는 변화에 미혹되지 않는 행복, 생사(生死)를 넘어선 행복이다.

가르침의 연원

이러한 가르침은 동남아시아에 현존하는 테라 바다 불교의 전통으로부터 온 것이다. 과거에는 서구세계의 주된 관심이 선(禪)이나 티벳불교의 형태에 있었고 테라바다는 초기 역사나 경전과 관련하여 주로 언급되었다. 사실은 세계에서 가장 규모가 크게 현존하는 불교의 전통은 동남아시아 국가의 오십 만에 가까운 테라바다 승려와 수백만의 신도들 가운데서 찾아볼 수 있다.

심지어 붓다의 생존 당시에도 불교가 전래 되었다는 설이 있다. 붓다

당시 이후 즉 몇 세기 지난 후에는 분명히 불교가 동남아에 소개되었다는 역사적인 사실이 있다. 그 후 세월이 감에 따라 그 지역의 정령(精靈) 숭배 문화 및 브라만 관습과 혼융되면서 불교는 흥망성쇠를 거듭해 왔다. 불교는 다시 부흥되면서 지난 천 년 동안 그 지역의 주요 종교로서 확고하게 정착되어 왔다.

숲속의 수도사원과 여기에 소개된 각기 제 나름대로 수행법을 갖고 수행만 하는 명상원 양자 모두가 라오스, 태국, 미얀마에서는 오랜 역사를 가지고 있다. 그곳의 명상 스승들은 테라바다 진리의 현존하는 선지식들이고 가르치는 수행은 팔리 경전에 근거하여 그들의 스승들로부터 전수된 오랜 전통에서 발전되어 온 것이다. 이러한 전수를 바탕으로 계보 상의 새로운 스승은 새로운 그릇으로서 내적으로 맑은 지혜인 진리에 특별한 형태와 색깔을 부여해 오고 있다.

이 책에 있는 진리는 누구에게나 자유롭게 아낌없이 제공되어 왔다. 그것을 나누어 갖는 것은 당연하다. 여기에 수록한 가르침이 아마 당신을 완전히 충족시키지는 않을 것이다. 그것보다는 오히려 스승을 찾아라. 배우고 수행할 적당한 장소를 찾아라. 바라건대, 여기 있는 다양한 접근 방법과 스타일은 당신에게 맞는 적절한 것을 찾는 데 도움이 될 것이다. 이러한 다양한접근방법과 스타일은 하나의 자유로움(해탈)에 이르는 가능한 길이 여러 갈래 있다는 것을 상기시켜 준다.

각자 자기에게 가장 적합한 것을 찾아야 한다. 당신은 이 책을 수행편람으로 이용할 수 있다. 하지만 주저하지 말고 질문을 하고 당신 자신을 위한 스승을 찾아라. 이 책에 소개된 명상 수행법은 테라바다 불교의 단지 열두스승으로부터 나온 것이다. 더 많은 스승과 다양한 방법이 있다. 이 책이 당신의 수행에 용기를 주고 그것이 당신 자신의 진정한 길을 찾는 데 도움이 되길 바란다.

동서의 무지를 꿰뚫음

미국인들은 성스러운 불교 승려들이 사는 향 냄새 그윽한 절들이 산재한 동양에 신비스러운 시각을 갖고 있다. 그러나 미국에도 소수 크리스천만이 그들의 종교를 이해하고 기도하듯이, 아시아의 불교도들도 소수만이 자기들의 종교를 이해하고 수행한다. 나머지는 무엇을 하는가? 그들은 연구하고 가르치고 의식을 행하며, 어떤 이는 그저 앉아서 무위(無爲)를 즐기기도 한다. 승려와 전체 불교가 동남아시아의 사회·정치·경제 구조와 복잡하게 얽혀 있다.

승려제도는 정치·경제적으로 사회의 지원을 받게 되어 있다. 승려는 종교학자로서 또는 사회·정치적 임무를 가진 교육자와 상담자로서 종교적 역할을 할 수 있다. 이러한 거대한 불교의 틀 가운데서 적은 수의 성실한 수행자들이 붓다의 가르침을 실천하여 마음을 청정하게 수행

붓다의 후예, 위빠사나 선사들

하는 데 열중하고 있으며, 그런 그들의 노력을 통해 종교, 비종교 할 것 없이 모든 공동체로부터 지원을 받고 있다. 비록 남방불교 국가의 승려 제도가 많은 서구인이 동경하듯이 이상적으로 슬기롭거나 성스러운 사회는 아니지만, 진지하고 성실한 수행 불자들이 작지만, 지극히 중요한 공동체로서 존재하고 있다.

　그들을 둘러싸고 있는 사회의 공허한 의식주의와 물질주의 환경과는 대조적으로 위대한 명상 스승, 사원, 수행자들은 행동을 정화하고 이기주의를 벗어나 지혜를 향한 인간의 가능성을 생생하게 상기시킨다. 그들은 인간의 각성을 위한 실제적인 지혜의 보고이며 그것을 이용하고자 하는 사람들에게는 언제나 누구에게나 열려 있다.

　반면 숫적인 면에서 보아 엘리트이지만 이러한 명상이나 정신계발을 위한 수도사원들은 가르치는 데 있어서 전혀 엘리트가 아니다. 진리는 누구에게나 열려있다. 명상과 정신 수행은 모든 참가자들에게 무료로 제공된다. 감추어진 것은 아무것도 없다. 명상 사원은 신비스런 곳이 아니다. 수행은 사실 있는 그대로 설명되고 찾아오는 사람은 누구나 얼마든지 질문하고 참여할 수 있다. 정신 수행은 한마디로 마음의 어떤 특성을 계발하는 것이다. 즉 탐(貪), 진(瞋), 치(痴) 삼독을 제거하고 집중력, 주의력, 평등심, 자비심을 계발하는 것이다. 이러한 작업을 위한 유용한 도구인 명상은 찾기만 하면 얼마든지 무상으로 얻을 수 있다.

환경

명상 수도원과 사원은 특별한 교육 환경으로서 쉽게 찾아볼 수 있다. 국가에서는 마음의 정화에 아주 많은 비중을 두고 있기 때문에 수행 길에 들어선 이들의 요구에 맞도록 특별한 환경을 만든다. 첫째, 기본적인 육체적인 요구의 충족이다. 음식, 옷, 잠자리가 적당하고 충분하게 제공된다. 정서적이고 사회적인 요구도 충족된다. 동일한 가치관과 동일한 관심을 가진 후원단체 내에서 생활하기 때문이다. 자신이 꾸려 나가고 있는 이 삶이 의미 있고 중요하다고 느끼려는 심리적 요구도 충족된다. 왜냐하면, 사원 공동체를 지원하고 있는 사회단체가 자기 정화에 대한 커다란 존경심을 내포하고 있기 때문이다.

기본적인 욕구충족 이외에 명상 수도원과 사원의 환경은 마음을 제어하고 선정과 지혜를 계발하기 위한 특별한 여건을 제공한다. 대화도 거의 없고 소음도 들리지 않는다. 다른 감각기관들을 위해서도 평온함을 유지하도록 돕는다. 즉 담백한 음식, 정결한 선방 등이 그러하고 시선을 자극하는 것이라곤 거의 없다.

이러한 모든 요소가 흐트러진 마음을 가라앉히는 데 도움이 된다. 좋은 친구와 정직하고 청정한 마음을 중시하는 현명한 사람들로 둘러싸여 있다. 공동체의 규범은 탐심, 진심, 치심의 제거이다. 남을 위한 사랑이나 자비도 수행이며, 가치 있고 모범적인 덕목이다. '알 (Awearness)'이 표어이다. 내외적 조화와 인내가 개인 내부에 구축되고 사회 체제 속에서 발전되어 간다.

  일상활동들도 복잡하지 않고 단순하다. 공동체 구조와 외적 훈련은 더욱더 생활을 단순화한다. 다음에는 무엇을 해야 하고 어떻게 행동해야 하는지 생각하고 계획할 필요가 없다. 이렇게 함으로써 마음은 구속에서 벗어나서 여러 가지 명상훈련에 집중할 수 있게 된다.

  서구인들에게는 고도로 조직화, 규율화된 환경이 자유에 상반되는 것처럼 보일지도 모른다. 한 서구의 승려는 이런 얘기를 한다.

  라오스 사원에서 2주를 보낸 후, 나는 미칠 것 같았다. 몸과 행동의 일치, 동일성은 자기 개성과 대담한 자기표현을 강조하는 문화에서 자라온 나를 질식시키고 있었다.

  나의 황색 가사를 홀치기 염색하여 초록으로나 푸르게 할까도 생각했고, 탁발그릇에 꽃을 그릴까도 생각했다. '뭔가 좀 달랐으면!'

  얼마간 시간이 지난 후 진정한 자유는 바깥의 외양에서 발견되는 것이 아니고 오직 마음 내부에서 발견된다는 사실이 분명해졌다. 그렇게 조직화되고 가장 부자유스럽게 보였던 환경이 이 세상에서 가장 자유로운 것이라는 것을 알게 되었다.

중요한 것은 이러한 것들이 폐쇄된 집단이 아니라 외부인들이 언제라도 찾아올 수 있는 가르침의 장소라는 사실을 염두에 두어야 한다. 방문객은 언제라도 찾아와서 수행하고, 비 이기주의자가 지배하는 조화로운 인간 사회의 가능성을 체험할 수 있다.

규율과 계(도덕성)

규율과 계는 정화과정에서 필수불가결한 도구이다. 이것은 지극히 중요한 사항이다. 비록 서구인들은 계율과 규율이 자기들이 생각하고 있는 자유를 침해한다고 종종 거부하지만, 이러한 것들은 참다운 내적 자유를 성취하는 데 필수불가결한 수단들이다.

명상은 훈련이다. 지난 몇 세기 동안 가장 존경받은 힌두 성자였던 라마나 마하리쉬는 말했다.

"그 누구도 노력 없이 성공한 이는 없다. 마음을 조절하는 것은 태어날 때부터 얻은 권리가 아니다. 성공한 이의 자유는 인내 덕분이다."

오로지 '알아차림'과 '노력'으로서 쉬지 말고 수행하라. 그러면 성공 할 것이다. 참고 인내하라. 전통적으로 승려는 그의 첫 스승 밑에서 최소한 5년은 머물러야 한다. 규칙적이고 규율화된 수행을 하는 것이 매우 중요하다. 규칙적인 수행으로 얻은 안정성으로 인하여 우리들은 생활과 수행 그 자체에서 일어나는 변화를 아무런 반응이나 새로운 어려움 없이 지켜볼 수 있다. 균형잡힌 노력, 결과에 탐착하지 않는 부단한 정성이 필요하다. 실제로 명상에서는 얻어야 할 것이라곤 아무것도 없고 도달해야 할 결과도 없으므로 우리들은 단지 달마를 있는 그대로 밝혀내고 있는 것이다.

한 서구의 승려가 라오스 수도 사원에 도착한 직후 어느 보름 저녁에, 승려들이 계율을 외우고 참회하는 포살식에 참여하고 있었다. 이날 저녁 그 승려는 특별한 감화를 받았다. 포살식과 이어서 열린 감동적인 법회뿐만 아니라 매월 정기적으로 있는 이 성스러운 날에 마을사람들이 공양을 올리는 따뜻하고 맛있는 커피는 특별한 의미를 주었다.

오전엔 검소한 식사, 오후엔 물만으로 여러 날을 지낸 그에게 커피는 특별 메뉴였다. 이것으로 인하여 그는 편안하게 밤새 똑바로 앉아서 명상할 수 있었다.

이 특별한 보름날 그가 모시는 은사의 스승들 중 한 분이 방문했다. 절 법당에서 포살식이 끝난 후 그들은 앉아서 설법과, 법당에서 50야드 떨어진 곳에서 준비되고 있는 맛있는 커피공양을 기다리고 있었다. 그 날 저녁 그들은 그대로 마냥 앉아 있었다. 이 승려는 자신의 커피가 얼마나 식고 있을지 상상하면서 초조함은 극에 달했다. 그래도 그들은 앉아 있었다. 2시간이 지났다. 그는 매우 안절부절하며 화가 치밀었다. 그는 춥고 배가 고팠다. 만약 그가 거기 앉아서 시간을 낭비하지 않고 커피를 들고 명상하러 간다면 얼마나 더 좋은지를 그 스승은 모르고 계시는 것이 아닐까? 더 많은 시간이 정적 속에서 흘러만 갔다. 그 스승은 주위를 둘러보면서 그를 보고 미소를 보냈다. 그는 자기 안녕과 이 무익한 처지에 대한 스승의 무관심에 화가 났지만, 애써 정중하게 웃으면서 답했다. 그는 무엇인가 더 좋은 것을 할 수 있다고 생각했다. 생각하고 또 생각하고, 성내고 발끈했지만, 마침내 많은 시간이 지난 후 그의 짜증 스런 생각들은 완전히 소진해 버렸다. 그는 결국은 노함도 기대감도 텅 비어 버린 상태가 되었다. 기대감이 다 소진해 버린 그는 스승을 올려 보고 환하게 웃었다. 동이 틀 무렵 그는 밝은 마음으로 경행 명상을 하면서 탁발을 나갔다.

　명상은 특별한 장소가 필요하지 않는다. 현재 머무는 곳에서 인내를 갖고 법도에 따라 단지 수련할 따름이다. 수행에 있어 계율은 올바른 규범과 올바른 노력 모두를 포함한다. 무엇이 바른 노력인가? 단지 마음챙김(Mindfulness)에 노력하고 일어나는 현재 순간에 분별없이 알아 차리는 것이 바른 노력이다. 선(禪, Zen)에 있어서 그것은 노력 없는 노력이라고 불린다. 노력 없는 노력은 무엇을 얻고 달성하려는 노력이 아니라 단지 현재에 '알아차림'을 머물게 하는 훈련과 노력이다. 수행이 계속

붓다의 후예, 위빠사나 선사들

됨에 따라 마음의 한 특성으로서의 마음챙김은 강화된다. 삶이 밝아 지고 쉬워진다. 마음챙김이 생활화된다. 마음은 고요해지고 가슴은 열린다. 규율(계행), 노력, 인내는 매우 중요하다.

서구에서는 규율(계행)보다 훨씬 더 악명높은 것이 도덕성이다. 우리의 본래 자유와 표현을 통제하고 제한하는 것은 무서운 빅토리아 시대를 연상케 한다.

실제로 도덕성 즉 계는 수련에서 대단히 중요하다. 전통적으로 불교에 있어서 어떤 항목의 계들은 선정과 지혜의 초석이 된다. 서구에서는 역순이 종종 경험된다. 많은 서구인, 일부는 일상뉴스를 통해서 그리고 일부는 환각제를 통해서 현재의 삶과 사회의 불만족스러운 성격을 깨닫기 시작한다. 종종 그들의 인식에 모든 도덕적 규범의 완전한 포기가 수반된다. 그리고서는 여러 정신적 명상 기술(방법)을 통해 평화와 각성을 찾게 된다. 마침내 수행의 기초로서 계를 지켜야 하는 중요성을 이해한다. 계는 마음이 불안, 방심, 탐욕과 증오로부터 해방되도록 도와준다.

계행이 무엇이며 그것은 어디서 오는가? 자기 억제를 위한 항목의 계들은 내적인 계, 즉 지혜를 말로 표현한 것이며 이기적인 행동을 줄이고 사회를 조화롭고 평화스럽게 유지하도록 도와주는 기본적인 연관법이다. 살생, 거짓말, 도둑질 같은 행동은 욕망, 분리성, 이기성에 집착된 마음으로부터 나온다. 대중을 위한 규칙은 이기주의를 줄이는 데 사용되고 감각

제한은 욕망의 자극을 억제한다. 계행은 대단한 힘을 발휘한다. 항상 정직하고 남을 해치지 않는 생활을 실행하는 사람은 이 세상에서 가장 밝은 횃불이 된다.

불교 사원 가운데서 어떤 수행은 전적으로 마음만을 알아차리게 한다. 특히 비구 227계를 다듬고 수련한다. 엄격하고 단련된 수행을 하게 되면 자신의 욕망과 이기심을 빨리 제거하게 된다. 완전한 정직과 진실에 기반을 둔 마음에는 선정과 지혜가 쉽게 온다.

우리들은 덕행이 자연스러워질 때까지 계의 형식을 사용한다. 그때야 고요한 마음의 지혜로부터 진정한 자발적인 덕행이 나온다. 아무것에도 집착하지 않고 항상 집중되어 있고 분별심이 없는 고요한 마음은 저절로 계를 지키고 자비가 충만하게 된다. 이것이 마음의 자연스러운 상태이다. 왜냐하면, 지혜가 나타날 때 자기의 비어 있음 무아(無我)를 알게 되기 때문이다. 무아! 보호해야 할 것은 아무것도 없다. 우리 모두는 떨어진 개체가 아니고 이기적이 아니다. 우리는 외형을 뛰어넘고 계를 초월하여 가장 깊은 평화와 합일에 다다르기 위한 여건을 만들기 위하여 계율을 사용한다.

선정 명상(사마타)과 지혜(통찰) 명상(위빠사나)

선정 명상과 지혜 명상을 구분하는 것은 정신적 수행의 다양성을 이해하는 데 도움이 된다. 기본적으로 선정 명상은 한 가지 대상에 집중하여 평온을 계발하기 위한 것이다. 이것은 마음을 어느 한 대상에 집중시켜 그것을 그대로 유지하는 능력을 계발하는 수련이다. 지혜 명상은 몸과 마음에 일어나고 있는 현상의 본질을 있는 그대로 정밀하게 자세히 관찰하기 위한 도구로서, 변화하고 있는 대상에 집중하는 특질을 계발한다. 지혜 명상은 우리들이 경험하는 모든 현상에 대해 그리고 모든 의식에 대해 반응 없이 바라 보는 순수한 마음챙김을 계발하는 수련이다. 한 대상에 마음을 주시하기보다는 변화하는 몸과 연속체의 계속된 흐름이 명상의 대상이 된다. 균형되고 맑은 관찰을 통하여 우리의 참 존재를 친견하는 지혜가 생기게 된다.

　선정 명상에는 많은 방법이 있다. 전통적으로 붓다는 40가지를 가르쳤다. 이 중 집중을 위한 어떠한 하나의 대상도 선정 명상에 이용될 수 있다. 이것은 촛불이나 만다라 혹은 내부의 빛과 같은 시각적인 것에 대한 집중이나, 사랑·자비·평등심과 같은 감정에 대한 집중, 혹은 코끝이나 가슴 중앙 등에 마음을 집중하여 계속 유지할 수 있는 신체에 집중하는 것을 포함한다.

　선정은 높은 희열, 평온, 때로는 특수한 능력을 계발한다. 그것은 우주의식과 아스트랄 영역까지 체험케 하고 감정적으로 마음에서 탐욕과 증오심을 제거한다. 여러 가지 순수한 선정 수련의 이용과 그 결과로 얻어지는 정신 상태의 이익에 대해서 위대한 정신적 전수사항에 많은 것들이 쓰여져 왔다.

집중(선정)은 지혜 명상에 있어서도 필요한 요소지만, 그 집중은 변화하는 대상들에 적용되어야 한다. 지혜 명상은 몸[身], 감각[受], 마음[心], 법[法]에 집중하여 순간순간에 이들의 현상흐름을 관찰하면서 수행한다. 선정과 주의력이 향상함에 따라 마음은 맑아지고 균형이 잡혀간다. 그리하여 더욱더 예리하게 볼수록 몸과 마음이 매순간 어떻게 변화하며, 이러한 것들이 궁극적으로 영속하는 행복의 원천이 될 수 없으며, 몸과 마음에 영구적인 자아 혹은 개체적인 영혼이라는 것이 없고, 어떤 법칙[業, Karma]에 따라 흐르고 있다는 것을 더욱더 뚜렷이 본다. 이러한 심오한 통찰력은 단지 마음 챙김력의 향상, 즉 우리들 자신의 변화를 깊이 있게 알아차림으로써 명백하게 드러난다. 이러한 통찰력으로 지혜가 일어나고 평등심과 자비와 연민이 우러나온다. 자아의 비어 있음(空)을 체험함으로써 우리들은 모든 존재의 합일성을 보게 된다. 마음이 완전한 균형상태에 있게 되고, 정(定)에 들어 예리하게 깨어 있을 때 모든 현상의 멸(滅)인 열반의 평화를 체험할 수도 있다. 이와 더불어 모든 조건 지워진 현상의 공(空)함에 가장 깊은 통찰력이 생기고, 그 결과로 오는 평화와 자비, 오탁번뇌로부터 정화된 밝은 마음의 상태인 무집착이 따라온다.

붓다의 후예, 위빠사나 선사들

우선 선정 수련부터 시작하여 현상을 알아차리는 지혜 명상으로 전환할 수도 있다. 어떤 스승들은 제자의 산만하고 훈련되지 않은 마음을 가라앉히기 위해 처음에는 선정기술을 이용하는 것을 선호한다. 나중에 이 집중력으로 지혜를 계발하기 위하여 몸과 마음의 변화를 관찰하는 수련에 이용한다. 또 다른 스승들은 감각, 감정, 마음의 변화에 바로 집중시킴으로써 그 변화를 처음부터 직접 보게 하려고 한다. 이러한 접근방법은 지혜를 계발하기에 앞서 선정과 평온함의 정신적 특질을 계발시키는 데에 여전히 유의해야 한다.

붓다는 제자들의 근기에 맞추어 각각 다르게 양쪽방법을 가르쳤다. 비록 다양한 방법에서 오는 장점들에 대해서는 서로 의견이 일치하지 않을지도 모르지만, 이러한 방법들은 사용한 뒤에 버려야 할 도구들에 지나지 않는다는 것을 명심해야 한다. 사실 거의 모든 명상 수행은 계율, 성실, 인내를 가지고 수행할 때 그 효력을 발생한다. 어떠한 한 방법을 고수하거나 이것저것 비교하는 것은 더 깊은 고통으로 유도하는 또 다른 하나의 집착일 뿐이다.

마음챙김(주시/알아차림)

지혜를 계발하는 수행의 열쇠로서 무엇보다 중요한 마음의 한 특성이 있다. 이 특성이 마음챙김, 알아차림 즉 자기 반조다. 우리 삶, 즉 우리가 누구이고 어떻게 우리 몸과 마음이 작용하는가를 이해하기 위한 가장 직접적인 방법은 모든 현상을 편견 없이 단지 있는 그대로 알아차리는 마음으로 관찰하는 것이다. 이러한 분별심 없는 태도, 즉 직관적인 관찰로 모든 현상이 자연스럽게 일어나는 것을 지켜본다. 현재 순간에 알아차림을 유지함으로써 우리는 몸과 마음에 일어나는 변화의 진정한 특성을 더욱더 명확하게 볼 수 있다.

불교는 이해로부터 시작된다. 세계는 무엇인가? 세계는 보고, 듣고, 냄새 맡고, 맛보고, 몸이 닿는 대상, 즉 마음의 대상이며 이러한 대상들을 아는 것(意識)이다. 우리가 우리 세계의 본질을 가장 잘 이해하고 꿰뚫어 볼 수 있는 것은 분별없는 알아차림의 특질을 통해서 가능하다. 예를 들면 보는 것에 마음을 집중할 때는 그 알아차림은 보는 대상에 대하여 평가하지 않으며, 그것에 대해 선악, 미추, 친소의 개념을 만들지 않는다. 그보다는 오히려 보는 것과 관련된 사실들보다는 본다는 것, 즉 보는 과정을 알아차리게 한다.

개념은 경험한 후에 생겨난다. 마음챙김은 현상들을 회상하여 개념화하기보다는 현상 변화의 순간에 초점을 둔다. 알아차림은 현재 이 순간 변화 그 자체로 바로 향한다. 바로 여기가 실재, 참 본질을 이해할 수 있는 유일한 곳이다. 이러한 알아차림으로 지혜와 자유, 그리고 고통의 종식을 가져오는 깨달음을 얻게 된다.

붓다의 후예, 위빠사나 선사들

계발된 마음챙김으로 우리는 세상의 본질을 철견하고 고통의 원인을 알 수 있을 뿐만 아니라, 일단 계발되면 마음챙김은 또 다른 능력을 갖춘다. 마음챙김으로 우리는 매 순간 마음을 정화한다. 매 순간 우리는 깨어 있고 마음은 순수하고 탐·진·치로부터 자유로워져 있다. 그 순간 동안은 마음은 가라앉아 있다. 왜냐하면, 판단으로 오염되지 않은 알아차림으로 가득 차 있기 때문이다. 마음챙김은 정신계발에 필요한 선정과 노력과 같은 마음의 여타 요소들을 균형 시킨다. 실제로 완전한 마음의 균형에 이르는 것은 정신적 도(道)의 완전한 발전이다. 마음의 알아차림이 견고히 이루어졌을 때 모든 공포로부터 해방된다.

　왜냐하면, 마음이 집착·비난·동일시함으로부터 자유로울 때 윤회 가운데 있는 모든 대상은 평등해진다. 얻어야 할 것도 없고 두려워할 것도 없다. 칭찬할 것도 없고 비난받을 것도 없다. 궁극적으로 우리는 무엇인가를 얻어야 할 그 누구도 없다는 것을 안다. 단지 자연적인 변화의 흐름인 자아의 비어 있음이다. 붓다가 대열반에 들기 전에 남긴 최후의 유언은 "마음챙김으로 정진하라"는 것이었다. 정진한다는 것은 사실을 변화시키려고 노력한다는 의미가 아니고 단지 모든 순간에 있는 그대로 분명히 알아차리도록 노력하라는 것이다. 바로 지금 여기에 마음챙김하라.

연민과 자애

　붓다의 모든 가르침은 두 마디로 표현할 수 있다. 즉 지혜와 자비이다. 지혜는 수동적인 면에서 볼 때 모든 존재의 본질을 꿰뚫는 통찰력이며, 이러한 계발로부터 오는 마음의 균형이다. 연민과 자애는 지혜의 능동적인 면으로 자연의 법칙인 진리에 대한 깊은 이해이며 세계를 표현한 것이다.

　이 책에 있는 명상과 수련은 이러한 이해로부터 자비가 자연스럽게 나오도록 하게 하는 지혜의 계발을 강조한 것이다. 대부분의 스승은 그들의 가르침을 몸과 마음의 변화에 바로 직면하게 한다. 무상·고·무아를 직접 체험하는 것이 사랑과 자비의 열매를 맺게 되는 것임을 알고 있기 때문이다. 자기 자신의 삶에서 '고(苦)'를 분명히 보게 되면 다른 이의 고를 덜어주기 위한 지대한 동정심이 생기게 된다. 공성(空性)의 세계가 나타남에 따라 해방의 자유가 등장하고 있음을 느끼면서 자연히 이러한 지혜의 빛과 자비를 타인과 공유하게 된다.

　보편적 사랑은 완전한 비 이기성으로부터 오고 모든 불교 수행은 성냄, 어리석음, 이기성의 근절을 목표로 한다. 모든 지혜 명상의 핵심인 마음챙김의 계발은 실제로 자비심의 계발이라 할 수 있다. 왜냐하면, 마음챙김은 모든 것을 있는 그대로 있게 하기 때문이다. 모든 경험에 관련하여 이기심 없이, 반작용 없이, 편견 없이 명확히 보는 것이 지혜와 자비의 영역이다. 비록 이 책에 명시된 가르침은 지혜의 길을 강조 하지만, 불교적 전통은 지혜수련과 자비관을 상호 보완적으로 강조한다. 어떤 스승은 지혜 수련 쪽에 더 많은 관심을 두고 또 어떤 스승은 자비의 실천에 더 많은 관심을 둔다. 매일 명상의 한 부분으로서 자비관을 직접 계발하면 많은 도움이 된다. 자비와 균형이 이루어지지 않는 지혜는 인정미가 없고 분석적이다. 반면 지혜 없이 계발된 자비는 피상적이고 잘못 인도되기 쉽다. 때때로 지혜의 길과 자비의 길은 분리된 것으로 보이지만 수행이 완성되기 위해서는 양자가 융합되어야 한다.

 붓다 자신이 행한 수행의 근본은 진정한 앎이고, 이것이야말로 그가 그를 따르는 모든 이에게 가르쳤다. 그것은 일체중생을 위하여 해탈을 이루는 것이다. 이기주의를 종식하는 데 도움이 되는 모든 것, 즉 자비·친절·관용(이러한 것들은 대부분 불교사원에서 실천하라고 강조한다.) 혹은 가장 깊은 지혜로 인도하는 통찰력의 길, 이러한 모든 것이 불도(佛道)의 한 부분이다. 수행을 계속함에 따라 모든 중생을 하나라도 자유롭게 하지 않는 것은 불가능하다는 것이 명확해진다. 왜냐하면, 그것은 아직도 자신을 타인과 분리한 미망에서 사는 것이기 때문이다.

 비어 있음(空)과 불이(不二, 非二元化)를 이해하게 되는 지혜로부터 가장 명확하고 심오한 사랑과 자비가 나오게 된다.

목표지향적 수행과 자연적 수행

수행을 하기 위한 두 가지 다른 접근법이 이 책에 제시되었다. 대부분의 명상 수행은 양자 중 하나로 시작한다.

마음의 집중[定]과 깨달음[慧]을 성취하기 위하여 전심전력하라. 인간으로 태어나서 불법(佛法)을 듣는 여러분들은 참으로 운이 좋다. 이 기회를 놓치지 마라. 열심히 닦고 명상하라. 이렇게 하는 것이 한 방법이다.

두 번째 접근법은 아무것도 성취할 것이 없고 어디에도 갈 곳이 없다는 것이다. 깨달으려고 하는 바로 그 노력이 지혜가 생기는 것을 방해한다. 왜냐하면, 지혜는 결코 욕망으로부터 일어나지 않기 때문이다. 단순해져라. 놓아라. 그리고 바라보라. 자연스러워져라. 바로 지금, 바로 여기 있는 그대로가 전부이다. 명상 수행에 이해가 깊어감에 따라 윤회의 여러 형태를 일관하는 통일성을 경험하기 시작한다. 마음이 가라앉고 내적 경험이 열려 있을 때 모순도 수용하게 된다.

깨달음을 얻으려고 노력하는 길과 현재 순간에 단지 깨어 있는 길은 같은 곳에 이르게 된다. 각각은 어떻게 수행하는가를 나타낸 겉모양이다. 지혜는 명상의 집중과 통찰력으로부터 계발된다고 말할 수 있다. 또한 지혜는 마음의 자연스러운 상태라고도 말할 수 있다. 우리가 습성, 욕망, 혼돈 등 우리를 미혹하게 하는 것들을 놓아버릴 때 지혜는 저절로 나타난다. 어느 한 방법의 선택은 자기 개성과 업의 문제이다. 어떤

붓다의 후예, 위빠사나 선사들

사람에게는 엄격한 스승, 혹독한 훈련, 그리고 목표지향적인 수행이 맞는다. 이런 방법은 종종 수행자의 내적 훈련이 부족할 때 적절하다. 다른 한편 성취욕에 사로잡힌 목표지향적인 수행자에게는 놓아버리는 수행, 단지 앉아 있기만 하는, 단지 바라보기만 하는 수행이 강렬하게 노력하는 습성에 균형을 이루게 된다.

 마음을 균형상태(중도)에 두는 것은 명상(참선)의 본질이다. 전심전력 하는 것과 노력하지 않는 것 양자 모두가 균형을 가져온다. 결국, 어떤 수행을 하더라도 놓아버려야 한다. 심지어 놓아버리는 수행까지도 놓아야 한다.

집중적(결제) 수행과 비집중적(생활) 수행

 명상에 다른 두 가지의 대조적인 방법은 집중적으로 하는 결제 수행의 형태와 보충적으로 하는 비집중적인 생활 수행 접근법이 있다. 이러한 것은 수행자의 필요와 생활방식에 따라 분리 또는 결합해서 수행할 수 있다.

 생활 수행 접근법은 자연스러운 보조로 정상적인 활동 가운데 지혜를 계발하게 하도록 일상생활에 적합한 수행을 강조한다. 명상은 있는 그대로 의 법을 훈련하는 것이며 집중적이고 고립된 환경을 요구하지 않는다. 생활 수행법은 일상적인 앉음과 자연스러운 마음의 집중을 통하여 지혜를 점차 깊게 해주는 것이다. 이것은 전광석화와 같은 통찰력이나 극도의 희열과 높은 선정력 없이 가는 길이다. 이것은 보충적인 결제 수행 없이 수행하기 어려운 일이다. 왜냐하면, 지혜는 서서히 성장하므로 낙심 하기 쉽다. 때때로 우리들의 욕망, 지루함, 매일매일의 고통은 수행을 지속 시키기 어렵게 한다. 평온함과 고도의 선정력은 서서히 온다. 그러나 일상적인 생활 수행법은 커다란 강점을 가지고 있다. 일상생활에서 계발된 지혜는 지속적이고 강하다. 수행의 높은 단계에 대한 집착, 희열 즉 과도한 삼매에 대한 집착을 피할 수 있다.

 궁극적으로는 얻어야 할 것도 없고 시간도 초월한 단지 바로 지금 이므로, 매일매일의 순간순간 수행은 모든 것을 다 통섭하는 곳이다. 일정한 결제기간을 정하여 매일 여러 시간의 집중적인 훈련으로 강한 삼매와 깊은 지혜를 신속히 계발할 수 있다. 이러한 결제기간에선 여러 날 이나 여러 달 동안 수행자들은 좌선과 경행을 매일 15시간 이상 계속 한다. 마음은 고요해지고 집중력과 알아차림이 깊어짐에 따라, 예리한 통찰력이 생긴다. 가끔 결제 중인 수행자들은 강한 고통이나 희열 그리고 여러가지 현상이나 환상을 경험한다. 예를 들면, 그들은 빛이나 환상을 보거나 몸이 뜨는 것 같거나 줄어드는 것 같은 것을 느끼며 갑작스런 몸의 움직임을 체험한다. 지속해서 하는 집중적 수련의 결과로 종종 체험하는 높은 삼매와 희열은 달마(사물의 본성)를 보는 깊은 지혜와 연결되어 더욱 열심히 수행하게 되고 신심을 강화해 준다. 이러한 경험 자체는 대단히 중요하다. 이것은 결제 후에 세속에서 실천하는 일상적인 수행에 견고한 초석이 된다. 실제로 집중적인 결제 수행을 통해서만 진정한 달마와 열반의 궁극적인 평화를 실현하는 것이 가능하다고 강조하는 스승들도 있다. 결제 수행과 자연스러운 일상 수련, 양자 모두 붓다에 의해 권장된 방법이며 이들 모두 유효한 방법들이다.

서구에 있는 우리는 현재 양쪽 방법 중에서 더 좋은 것을 선택해서 경험할 호기(好機)를 갖고 있다. 우리는 정기적으로, 집중적 수행인 결제 기간을 가질 수도 있고 이것과 일상적인 마음챙김 수행을 결합할 수도 있다. 양자 모두 우리 삶에 균형을 주고 지혜를 깊게 하고 해탈의 길로 인도한다. 결제 수행은 중요하다. 그러나 지금 어디에 처해 있더라도 있는 그곳이 바로 수행을 시작하고 계속하는 시간과 장소이다.

깨달음의 요소

수행에 관해 서술하기에 가장 분명하고 유용한 방법의 하나는 7각 지분(깨달음의 7가지 요소)이다. 이러한 요소들은 붓다께서 올바른 마음 수행의 구성요소로서 규정한 마음이 본래 갖고있는 특성들이다. 이러한 요소들이 충분히 계발되고 균형된 마음은 자유(해탈)를 체험한다.

이 요소 중 3가지는 수동적인 요소이다. 그것은 마음을 한 곳에 집중하는 정각(定覺), 마음을 평온하게 하는 경쾌안각(輕快安覺), 변화무쌍한 경계에서 마음의 균형과 초연함을 유지하는 평등각(平等覺)이다.

다른 3가지 요소는 능동적인 요소이다. 이것은 마음을 집중하게 노력하는 정진각(精進覺), 무엇이 일어나고 있는지를 바르게 관찰하는 법(法)의 선택(選擇), 마음 수련에서 강렬한 흥미와 희열을 뚜렷이 느끼는 희각(喜覺)이다. 7번째 요소는 수행의 열쇠라 할 수 있는 마음챙김(念覺)이다. 마음의 특정 성격인 염각의 계발은 자동으로 나머지 모든 요소를 계발한다. 염각(마음챙김)은 현재 순간에 대상을 알아차리면서 또한 나머지 요소들에 적절히 균형 시키는 기능도 가지고 있다.

깨달음의 요소들을 이용하여, 모든 명상의 기술과 정신적인 길[道]을 평가할 수 있다. 이 책에서 논의되고 있는 모든 수행의 접근법들은 이러한 마음의 7가지 성질의 계발이라는 관점에서 고려될 수 있다. 어떤 이들은 정진각을 보다 빠르고 강하게 계발하고, 다른 이들은 정각이나 평등각을 보다 빨리 강화한다. 수행의 형태나 가르침의 말이나 형태 등을 염려할 필요는 없다. 단지 7각 지분의 계발에 이르게 될 수 있는지만 살펴보라.

모든 것은 마음으로 귀착된다. 마음은 모든 정신적 작업의 시작이고 끝이다. 우리는 어떤 한 수행방법이 마음의 어떠한 특질을 계발하는지를 살펴볼 수 있고, 그 방법이 깨달음의 요소들을 더욱더 균형시킬 것인지 아닌지 알 수 있다. 만약 7각지분을 계발한다면 그 방법을 사용하라.

붓다의 후예, 위빠사나 선사들

단, 더 많은 의견이나 여러 다양한 수행법의 비교에 사로잡히는 것은 자유해탈로 가는 데 커다란 장애가 될 수 있다는 것을 염두에 두어라. 놓아라. 그대 자신의 수행을 하라. 사랑으로써 당신 주변의 모든 것들에 경의를 표하라. (7각지의 더욱 상세한 내용은 필자의 위빠사나 Ⅱ권 참조)

왜 법에 관한 책을 읽고 쓰는가

나는 명상수련의 한 길목에서 결코 책을 쓰지 않겠다고 맹세했다. 얼마나 시간 낭비인가! 나 자신과 타인을 미혹게 하는 길이 아닌가? 불교와 명상, 정신적 수행에 관해서 너무 많은 책들이 있다. 그중 어떠한 책도 진리를 말하는 것은 없다. 왜냐하면 진리란 언어로 사로잡을 수 있는 것이 아니기 때문이다. 나는 명상에 관한 책들을 정신적인 쓰레기로 생각하고 싶다. 그러나 계란 껍질이나 포도열매 껍질은 그 근처 어디엔가 영양분이 있다는 것을 암시한다. 명상중인 수행자에 대한 붓다의 대화는 단지 의견교환의 겉껍질에 불과하다. 만약 수행자가 바로 이해한다면, 영양분을 섭취할 것이다. 핵심은 말 가운데 있는 것이 아니고 체험 가운데 있다.

그러나 여기 있는 이 책은 기록과 방향을 제시하는 책이다. 이 책은 동시대의 테라바다 가르침들을 서구의 구도자들이 이용할 수 있도록 한 것이다. 과거에 불교를 소개한 많은 서적들은 고대 문헌들을 딱딱하게 번역한 것이다. 그러나 이러한 가르침은 아직도 현존해 있고, 이러한 전통에서 가장 중요한 스승들 몇분의 말씀을 여기에 수록했다.

 단지 바라는 것은 이 책이 독자들로 하여금 그들 자신 내부의 달마로 인도되는 데 도움이 되었으면 하는 것이다. 이 책에 있는 가르침들이 혼돈되고 모순되게 보일지도 모른다. 한 스승이 수행을 위한 어떤 특별한 방법을 설명했는데 이것이 다음 장에서 다른 분에 의하여 모순되게 설명될 수도 있다.

 이러한 역설이 나타내는 요체는 같은 근원적인 진리에 이르기 위한 많은 가능한 방법이 있다는 것이다. 만약 독자가 불교의 대조적인 형식과 기술에서 달마(담마)를 발견할 수 있는 것이 아니라 오직 근원적인 체험으로서만 달마를 발견할 수 있다는 것을 이해한다면, 그는 참으로 수행할 준비가 되어 있다. 어느 것이 더 낫고, 더 명확하고, 더 빠른가를 너무 생각하지 마라. 하나의 수행법과 스승을 선택하고 그것을 실행하라.

 어느 날 불교 철학을 하는 유명한 여 강사가 나의 라오스 스승을 방문했다. 이 여성은 정기적으로 방콕에서 아비 담마(불교 철학과 심리학)와 종합 불교 심리학을 강의하고 있었다. 스승과 대화하면서 불교 심리학을 이해하는 것이 얼마나 중요하며, 그녀의 학생들이 그녀와 함께 연구함으로써 얼마나 많은 이득을 보는가에 대해 상세히 설명했다. 그녀는 나의 스승에게 불교 심리학과 철학 이해의 중요성에 동의하는가를 물었다.

붓다의 후예, 위빠사나 선사들

스승은 "그렇다. 매우 중요하다"고 동의했다. 그녀는 기뻐서 그가 제자들에게 아비 담마를 배우게 하는지 더 물어보았다.

"오, 물론이지." 그녀는 어디서 시작하라고 가르치고 어떤 책과 학생이 최고인가를 물었다. "오직 여기." 스승은 그의 가슴을 가리키면서 말했다. "오직 여기."

2. 미얀마, 라오스, 태국에서의 명상

미얀마, 태국과 기타 각국에서 볼 수 있는 불교에는 여러 면이 있다. 우선 국민들 가운데 다수가 선행을 쌓는 일에 참여한다. 예를 들면 탁발공양을 올리는 것, 내생에 좋은 곳에 태어나기 위한 의식 등이 있다. 그리고 산스크리트, 팔리어와 불교경전을 학문적으로 연구하는 데 헌신하는 전통적인 관습이 많이 있다. 또한, 승려가 마을의 일상생활에 참여하고 가르침을 베푸는 사회봉사의 전통도 있다. 요컨대 동남아시아에서의 불교는 세계 다른 지역의 조직화한 종교와 거의 같은 기능을 한다. 그뿐만 아니라 붓다가 개괄적으로 설명한 마음 정화의 수행을 통하여 신도와 승려가 함께 하는 전통이 있다. 라오스와 캄보디아에 많은 명상 수도원과 사원들이 존재해 왔지만, 현 정치상황 때문에 서구인들은 그것을 이용할 수 없고, 가까운 장래에는 전혀 존재하지 않게 될지도 모른다. 태국에는 수천 개의 사원이 존재한다. 그중 특별히 명상에 전념하는 수백 개의 사원이 있으며 수십 개는 유명한 스승과 제자들에 의해 운영되는 거대한 수도원이다. 우리는 명상이 사회와 종교의 역할 중 작은 부분만을 포함한다는 것을 보게 된다. 그러나 명상은 붓다가 가르친 핵심적 진리를 보존하는 데 지극히 중요한 역할을 한다.

아마도 미얀마의 불교는 태국 불교보다 교세가 더욱 강할 것이다. 미얀마 국민들은 그들의 종교에 더 많은 관심을 두고 있으며 사원에서 더 많은 시간을 보낸다. 그러나 여기도 역시 명상으로 자기를 계발하는 수행 전통에는 소수 승려와 일반 대중만이 참여한다. 나머지 불교는 의식, 예배, 학문 혹은 사회적 활동에 관련된 것이다.

미얀마도 역시 만 개가 넘는 사원과 수도원 중에서 소수만이 명상을 수련하는 수도원이다. 이러한 명상 사원에는 여러 가지 형태가 있다. 어떤 곳은 신도들만을 위해, 어떤 곳은 승려들만을 위해, 다른 곳에선 신도·승려 모두에게 개방된다. 명상 수도원과 명상 사원 간에는 몇 가지 중요한 차이점들이 있다.

명상 수도원은 무엇보다도 승려나 신도에 의해 집중적인 결제 수행을 하기 위해서 설립되었다. 미얀마 사람들이 매년 휴가를 명상 수도원에서 보내는 것은 드문 일이 아니다. 이러한 수도원에서 사람들은 10일, 수개월 혹은 그 이상의 기간을 철저한 집중수행을 하면서 보낸다. 그들은 통찰과 지혜에 이르는 높은 수준의 삼매와 알아차림을 단시일내에 계발하기 위하여 용맹정진한다. 태국에서도 많이 볼 수 있기는 하다. 그러나 명상 수도원의 전통은 미얀마에서 가장 확고하게 내려오고 있다. 이러한 수도원은 스승과의 면담을 제외하고는 사교적인 접촉을 극히 제한하거나 아예 허용하지 않는 극도로 조용한 특수환경이다.

　대체로 혼자서 수행하지만 하루에 몇 시간은 단체로 수행하며 모든 시간을 명상에 바친다. 이러한 명상 수도원에서의 주위 환경은 특별한 일과, 공식적인 좌선 및 행선으로 짜여져 있다. 마음을 산란하게 하는 것은 최대의 주의를 기울여 극소화한다.

　이와는 대조적으로 명상 사원들은 비구나 비구니들이 장기간 거주하기 위한 장소이다.(동남아시아에는 많은 비구니가 있다.)

　사원에선 온종일 명상 수련을 해야 한다. 이는 생활양식의 전 부분으로 명상을 가르치고 있다. 그 가르침은 각자 모든 일상생활을 하면서 '알아차림'을 계발하도록 하는 데에 있다. 즉 식사, 옷 입는 것, 바느질, 경행, 세탁뿐만 아니라 그 공동체 내에서 사교적인 교류까지도 포함된다. 이러한 사원에서의 명상은 특별한 훈련이라기보다는 생활의 습관이다. 그러나 그 가르침은 정규적인 매일의 좌선과 경행을 포함한다. 최상의 사원은 붓다가 비구와 비구니를 위해서 규정한 계율에 의해서 운영되는 지극히 조화로운 공동체이다. 이러한 곳에서의 생활양식은 매일의 모든 활동에 세심한 주시를 함으로써 깨달음의 요소들을 계발하도록 짜여 있다.

　실제로 있었던 일로 어느 사원공동체의 스승 중 한 분은 말하기를 그가 어느 다른 명상으로부터 배운 것 못지않게 찾아오는 방문객을 맞아

붓다의 후예, 위빠사나 선사들

들이고 그들의 문제들을 상담하는 것으로부터 많은 달마를 배운다고 했다.

비록 그는 매일매일의 많은 시간을 정규적인 좌선 수련에 보내라고 권했지만, 사교적인 접촉 명상도 이에 못지않게 중요하고 모든 상황에 지혜를 계발하는 것을 배우게 된다고 느꼈다.

단기적인 집중수련을 위한 명상 수도원이나 생활을 명상 방법으로 계발하는 거주지로서의 사원, 양자 모두 정신적인 성장을 위해서 특별히 도움이 되는 환경을 제공한다. 이들 두 곳 모두 명상 지도자를 상주시키고, 산만하지 않은 조용한 환경, 해야 할 일들을 간소화하여 자신의 마음을 살피도록 하는 단순한 생활태도, 그리고 모든 가치가 정신적 계발을 향하게 하는 공동집단을 제공한다.

명상 수도원의 매일 활동은 대부분의 자기 시간을 명상 수행(혼자든 그룹이든)에 보내도록 짜여 있어서 아마도 하루에 12시간에서 20시간은 명상한다. 일반적으로 경행과 좌선을 번갈아가면서 수련한다. 20시간을 계속해서 앉아 있지는 않는다. 보통은 하루에 한 번 또는 이틀에 한 번씩 명상 지도자와 면담을 하며, 생활의 필요한 것을 위해서는 최소한의 시간만을 사용한다. 이러한 간소한 생활에는 승려인 경우는 탁발도 포함하며 오전에 두 번 드는 식사, 목욕, 저녁에 4시간 정도의 수면으로 이루어진다.

수도원에서의 수행은 모든 것이 삼매(선정)와 마음챙김(알아차림)을 집중적으로 계발하게 되어 있다.

사원에서의 일상생활은 이와는 대조적으로 훨씬 더 다양하다. 새벽에 매우 일찍 기상해서 날이 어두운 동안에는 그룹으로 좌선한다. 그리고 나서 팔리 경전을 암송한다. 끝나면 비구들은 신도들이 준비한 공양을 받으러 발우를 들고 탁발을 나간다. 탁발 후 모든 사원에서는 하루에 한 끼 혹은 어떤 사원에서는 두 끼를 먹는다. 모든 식사는 12시 전에 끝나야 한다.

식사가 끝난 후 스승이 간단한 얘기를 하는 경우도 있다. 나머지 일과는 명상을 하거나 연구 혹은 공동생활의 일부인 많은 작업을 하기도 한다. 우물에서 물 긷는 것, 건물 짓는 일을 돕는 것, 사원 주변의 울타리수선, 문청소하는 것 등이다. 이러한 작업들은 모든 승려에게 골고루 배분되어 하루 중 많은 시간을 명상하고, 1~2시간은 독송하거나 연구하고, 몇 시간은 공동체를 위한 일들에 할애할 수 있도록 한다. 그뿐만 아니라 어떤 승려들은 일반 신도를 접견하여 명상을 가르치고 설법을 하기도 한다. 숲 속에 있는 사원에서는 승려들이 바느질도 하고 가사를 염색하기도 한다. 그러한 승려들은 자급자족 방식으로, 생활에서 필요한 기본적인 모든 것을 해야 한다.

마지막으로 저녁 시간에는 승려들이 일반 신도들과 함께 모여서 독송하고

한 시간 이상의 그룹 명상을 한 후 스승이 설법하는 법회에 참석한다. 공동체 일들을 위한 토론과 질문이 이어진다. 그리고 나선 모두 자기가 머무는 방으로 가서 잠자기 전까지 명상한다. 일상생활의 모든 부분이 명상의 일부라고 강조한다.

  호흡 같은 것을 관찰하면서 수행하는 정규 좌선이든, 우물에서 물을 긷든, 단체 일에 대해 토론을 하든 간에 가능한 한 많은 집중과 알아차림으로써 매사를 수행하도록 강조한다.

  명상 수도원과 사원과의 또 다른 차이는 스승과의 면담 방법이다. 명상 수도원에서 집중적인 수련을 할 때는 매일 혹은 이틀에 한 번 때로는 훨씬 더 많이 면담하도록 권장한다. 수행자는 스승과 만나서 명상 중 일어난 경험들을 보고하고 스승은 방향을 제시하면서 수행의 균형을 향상시켜 나간다. 그러한 곳에서는 수행을 강도 높게 하므로 가르침은 매우 중요한 면을 차지한다. 이와는 대조적으로 사원과 달마 공동체에서는 스승에게 질문할 기회는 항상 개방되어 있지만, 면담이 자주 있지는 않다. 그보다는 오히려 전체적으로 모여 법회식으로 가르침을 지도한다. 왜냐하면, 수행이란 반드시 너무 집중적으로만 할 필요는 없으므로 면담에 대한 필요성을 강조하지는 않는다. 실제로 어떤 사원에서는 수행자, 즉 명상인이 그들 스스로 질문에 답하고, 그들 자신의 의문을 해결할 줄 알고, 그들 자신의 마음 안에서 의심하고 질문하는 과정을 관찰하는 것을 배우는 것이 생활양식의 한 부분으로서 훨씬 더 중요한 것이라고 여긴다.

 이와 같은 방법으로 그들은 그들 자신의 경험으로 돌아가서 자신의 의문을 매일의 면담에 집착하지 않고, 스승으로부터 직접적인 지도 없이 해결하는 것을 배운다. 다시 한 번 정신적인 도(道)에서는 양쪽 모두 다 유용한 수행법이라는 것을 알 수 있다. 어느 것이 더 적당한가는 당신이 어디서 출발하고 현재 어느 수준에 있는가에 달려 있다.

 이렇게 주의 깊게 짜여진 수도원이나 사원과 같은 환경에서 얻는 이익은 어떠한 것들인가? 수준 높은 삼매를 이루는 데 필요한 외적인 정숙함뿐만 아니라 산만함을 제거함으로써 내적 자신에게서 멀어지는것을 방지한다. 우리는 생각과 마음 상태의 변화에 대처해야 한다. 관찰은 내적으로 향하도록 해야 한다. 우리들의 생각들은 우리에게 노출된다.

 아주 재미있는 것은 승려의 단순한 생활양식에서도 외부 대상에 집착하는 습관이 너무나 강해서 단순한 생활에도 불구하고 집착은 계속된다. 승려들은 자신의 발우나 가사와 같은 소유물에서 조차도 대단히 집착할 수 있다. 다른 이들 것보다 좀 더 낫게 좀 더 아름답게 하려고 한다. 그러한 것들을 분실할까 두려워하기도 한다. 가장 소박한 생활에서 조차도 마음은 새로운 것을 가지길 바라고, 집착하려는 과정이 계속되는 것은 아주 놀라운 사실이다.

붓다의 후예, 위빠사나 선사들

우리가 그러한 것으로부터 자유로워질 수 있는 유일한 길은 이러한 과정을 명확히 봄으로써 가능하다. 비록 명상 스승은 동남아시아에 있어서 불교 승려가 수십만인 데 비하여 소수이지만, 그들 사회에서 가장 높이 존경받는 유명인사이다. 그들은 그들 마음의 특성인 청정함과 성스러움에 대해 존경을 받는다. 많은 경우엔 그들이 갖고 있으리라고 믿어지는 능력에 대해서 존경받는다. 이 책에서는 명상으로 얻어지는 능력에 대해서 거의 언급하지 않겠다. 이 책은 동남아시아의 명상 전통을 다루고 있다.

　동남아시아에선 심지어 가장 능력 있고 높은 경지에 있는 스승들 조차도 마술과 신비적인 힘이나 능력에 대해서 특별히 언급하지 않는다. 능력과 신비에 대한 현혹은 자비와 지혜를 계발하는 길에서 그 궤도를 달리한다. 모든 스승은 오직 하나, 모든 존재를 완전히 자유롭게 하는 지혜를 깊게 하는 것에만 관심을 둔다.

　서구인들은 현재 미얀마에서 2주 이상 머물 비자를 얻을 수 없고* 라오스와 캄보디아는 커다란 정치적 변화에 휩쓸려 있으므로 동남아시아에서 가르치는 테라 바다 불교 수행에 관심 있는 서구인들은 태국으로 간다. 현재 태국엔 50에서 80명 이상의 서양인 비구, 즉 승려가 있다. 이 숫자는 몇 년 전보다 두 배로 증가한 것이다. 비구가 되기 위해서 태국에 입국 하는 데 어려움이 있다. 비구는 다소 빨리 될 수 있지만,

비자를 얻기가 힘들고, 빠른 기일 내 혹은 일정 기간 경과 후 그 나라를 떠나야 한다. 언어 문제도 있다. 일주일 이상 집중적으로 수행하기 위해서는 미얀마 명상수도원으로 갈 수도 있다.

거기에는 많은 사람이 영어를 한다. 왜냐하면, 한때 미얀마는 영국의 식민지였기 때문이다. 그러나 태국에는 몇몇 스승들만이 영어를 할 수 있다. 태국어를 배우든가 통역관이 있는 수도원을 찾아야 하는데 통역관을 찾기가 어려울 때도 있다.

성실한 서구인은 승려로서 계를 받는 것이 허용되고 실제로는 권장된다. 가장 훌륭한 사원에서는 일정 기간 행자로 시중을 들어야 하고 그러고 나서 사미로서 계율을 배우고 적절한 사회인습과 승려로서의 몸가짐을 배운다. 승려가 된 후 승려로서 지켜야 하는 계와 생활 양식의 중요성을 충분히 이해할수 있도록 교육받는다.

동남아시아에 있는 사원과 명상 수도원에서 달마는 누구에게나 개방되어 있다. 스승들은 그들의 모든 명상 시스템을, 찾아오는 누구에게나 제공한다. 비구의 세계로 들어가는 입문식을 제외하고는 다른 입문식이나 비밀, 신비적인 명상 전통을 위한 준수사항 같은 것은 없다.

---

*역주: 미얀마 비자의 경우 현재(2013년) 명상 수도원의 초청을 받아서 명상 비자를 얻을 경우 3개월 이상 머무는 것이 가능하며 현지에서 관광 비자를 명상 비자로 전환이 가능함. 그러나 관련법이 수시로 변동하므로 미얀마 대사관에 문의하면 자세히 알수있음.

모든 것은 개방되어 있고 바로 직접적이고 단순하다. 어떻게 수행하는가를 지시받고 그렇게 하도록 격려받는다.

서구인이 사원이나 수도원에 오면 종종 특별대우를 해준다. 미얀마와 태국 국민들은 불교에 대한 서구인들의 관심이 커지고 있는 것을 대단히 기뻐하고, 그렇게 멀리서 가르침을 배우기 위해 오는 손님을 돕는 것에 특별한 행복을 느끼기 때문이다. 일반 신도들은 가끔 놀라움 같은 것을 느낀다. 왜냐하면, 대단히 소박한 성향을 가진 마을 사람들은 서구세계를 마치 천국과도 같이 상상하고 있다. 서구인들은 텔레비전, 자동차, 냉장고, 아름다운 주택을 갖고 있기 때문이다.

천국을 포기하고 그렇게 소박한 명상 수도원에 살기 위해 찾아온 서구인들은 그들에게는 대단히 경이적인 것이다(승려 신분으로서의 동남아에 있는 기간 중 나중 몇 년 동안에는 서구의 천국은 외형상 나타나 보이는것과는 다르고, 감각을 통하여 오는 어떠한 종류의 행복도 궁극엔 고통이 된다는 것과 일어났다가 사라지고 왔다가 가버리는 것으로 결코 내적 평화와 지혜에는 이를 수 없다는 것을 마을 사람들에게 강조했다.)

사원이나 수도원에 신도로서 있을 때는 일반적으로 8계를 지켜야 한다. 이것은 살생하지 않음, 거짓말하지 않음, 도둑질하지 않음, 성관계하지 않음(사회인일 때도), 마약이나 알코올을 삼가는 것을 포함한다. 때로는 돈을 사용하는 것, 향수와 화려한 옷, 사치스러운 고급 침대를 사용하는 것도 삼가도록 해야 한다. 마지막으로 오전이 지나서는 음식도 못 먹는 계율이 있다. 이른 아침에 한 두 번 식사가 나오고 12시전에 식사한다.

 이러한 계율은 생활을 단순화하고, 외형도 단순화하고 공동체 내에서 조화롭게 살게 하고, 수행에 성공하도록 도와준다.

 어떻게 스승과 명상 수도원, 명상 방법을 택하는가는 많은 사람에게 문제가 된다. 이러한 문제에 해답을 주기 위하여 이해를 도와주는 이야기를 불교 전통 가운데서 찾을 수 있다.

 붓다가 많은 제자에게 둘러싸여 들판에 앉아 있었다. 그때 한 사람이 그에게 다가와 예의를 표한 후, 붓다가 계를 준 승려 집단인 상가(Sangha)를 찬탄하기 시작했다. 이 사람의 찬탄이 끝난 후에, 붓다 자신이 들판 여러 곳에 앉아 있는 다양한 그룹들을 가리키면서 계속해서 상가의 미덕을 칭찬하여 다음과 같이 말했다.

 저기를 보라. 능력을 발휘하는 수행에 관심이 많은 사람은 나의 위대한 제자 마하 목갈라나(그는 붓다 당시에 신통 제일로 알려졌다)와 함께 모여 있다. 타고난 업이 지혜를 통해서 도(道)를 이루고자 하는 이들은 보다시피 나의 위대한 제자 사리풋타(그는 부처님 다음의 지혜 제일로 알려졌다)와 함께 모여있다. 업보나 성격이 계율을 통해서 정신적인 길을 계발하려는 이들은 나의 위대한 제자인 계율 제일 우바리와 함께

붓다의 후예, 위빠사나 선사들

저 건너편에 있다. 쟈나 즉 선정으로서 도(道)에의 길로 가려는 이들은 나의 다른 위대한 제자와 함께 있다.

붓다 당시에도 그가 가르친 정신적 계발에 이르는 많은 명상 기술과 방법이 있었다. 한 방면에 정통한 제자들은 그 방면에 천부적인 소질을 가진 사람들을 가르쳤다. 어느 수행이 더 나은가는 문제가 되지 않는다. 그보다는 어느 것이 자신에게 가장 자연스러우며 어느 것이 자신의 개성에 맞으며 정신적인 발달의 결실이라고 할 수 있는 균형과 조화의 상태에 가장 빨리 도달하게 하는가가 문제이다.

스승이나 수도원을 선택하는 데에는 여러 요소들이 작용한다. 그중 하나는 직관이다. 당신은 어떤 한 스승을 만날 때 직관적으로 즉시 그가 당신이 배우기를 원하던 스승임을 느끼든가, 그와 강한 인연이 있다든가, 그의 방법이 당신에게 아주 적합하다던 가를 느낀다. 반면 그러한 직관적인 느낌이 안 일어날 수도 있다. 그러한 경우는 동남아시아나 아시아에서 어떤 환경, 어떤 종류의 훈련, 어떤 종류의 수련이 당신에게 가장 좋은가를 결정하기 위해서 여러 스승과 수도원을 방문하는 것이 현명하다. 당신 자신의 가슴과 당신의 직관을 믿어라. 그러나 또한 선택을 위하여 충분한 경험과 자료를 당신 자신에게 주어라.

당신은 명상이 더 훌륭한 생활양식의 한 부분이 되어 오랜 시간을 보낼 장소를 택하든가, 혹은 짧은 시간에 집중적인 계발을 위한 수도원에서 지낼 것인지를 선택해야 한다. 당신은 매우 엄격한 규율로 훈련하는 스승을 원하는가, 혹은 그런 형태는 가르침의 본질적인 부분이 아니라고 강조하는 스승을 원하는가? 각각의 수도원과 사원에 따라서 각기 다른 기술이나 접근법이 있을 뿐만 아니라 가르치는 형태와 개성에도 차이점들이 있다. 가르치는 스타일에서도 스승은 세 가지 특성 중 두드러진 하나의 길을 통하여 깨달음을 얻어왔다고 일반적으로 전해져 내려오고 있다. (비록 그러한 것들이 실제는 같은 지혜의 다른 세 측면이지만) 그리고 이러한 것이 또한 가르치는 방법에도 영향을 준다. 어떤 스승들은 모든 현상의 비어 있는 특성(無我)을 직관함으로써 깨달음을 얻은 후 지혜를 강조하는 쪽으로 기울고 있다.

 아찬 붓다다사 편에 서술한 방법이 이 접근법을 따른 것이다. 다른 스승들은 고(苦, dukkha)의 특성을 관통하여 진리를 이해하게 한다. 그들은 수행에서 노력을 강조한다. 순룬 사야도가 이것을 강조한다. 어떤 스승은 무상(無常, anicca)의 특성을 통하여 깨달음을 이룬다. 그들은 수행에서 신심을 강조하는 경향이 있다. 우바킹은 이런 유형의 일례이다.

 물론 이러한 특성들이 항상 맞는 것은 아니다. 노련한 스승은 개개의 제자들에게 어느 것이 가장 도움이 되는가에 비중을 둔다. 스승의 개성과

붓다의 후예, 위빠사나 선사들

형태는 지도방법에 따라 다르게 나타날 수 있다. 아찬 마하부와와 아찬차의 스승은 금세기 최고의 태국 선지식인 아찬 문이었다. 그는 자신의 가르침에 엄격함을 강조했다. 그는 강하고 사나웠으며 제자들에게 매우 엄격했다. 다른 스승, 즉 아찬 줌니엔은 극도로 자비스럽고 친절하고 개방적이다. 이들 중 어느 방법이 가장 효과적이라고 할 수는 없다. 차이점이란 단지 업이나 스승의 특별한 개성, 그 자신의 수행이나 그가 다른 사람을 가장 잘 가르칠 수 있는 방법에 따라서 다르게 나타난다. 당신이 수행할 장소를 선택할 때 어떤 타입의 스승이 바르고 가장 훌륭한가는 직관적인 느낌에서 결정된다.

 한 스승이 그의 가르침을 펴는 데는 여러 가지 중요한 방법들이 이용되고 있다. 그가 가르치는 한 방법은 그를 찾아오는 사람들을 맞이하고 사랑하는 것이다. 이것으로 말미암아 그들도 자신들을 수용하고 사랑하게 된다. 이것은 수행의 도정에 있어서 계발해야 할 중요한 마음의 특성이다.

 또다른 한 방법은 균형을 사용하는 것이다. 어떤 스승은 제자가 직면한 어려움을 평정시키기 위해서 특별한 명상을 지시한다. 예를 들면 화를 잘 내는 사람에겐 자비관을 하도록 한다. 욕심이 많은 사람에게는 부정관을 하도록 한다. 노력과 선정이 균형을 잃었을 때는 불균형을 바로잡기 위하여 활동적인 수행인 경행을 많이 하도록 지시한다.

신심과 지혜가 균형을 잃는 것을 볼 때도 있다. 즉 너무 과다한 신심으로 법의 선택(Investigation)을 계발하지 못하고 몸과 마음의 진정한 본성이 무엇인지 명확히 보지 못할 수도 있다. 균형을 다시 회복하기 위해서 제자가 이해 하지 못한 점을 지적하고, 믿고 있는 것 가운데 잘못된 부분을 수정하고 지혜를 향상시킬 필요성을 지적하기 위하여 적절한 비유를 사용할 수 있다.

정신 계발의 전부는 균형을 맞추는 작업이다. 스승의 역할은 제자의 수행이 균형을 이루도록 돕는 것이다. 스승의 또 다른 중요한 기능은 수행 중 가장 최근에 발생한 집착을 지적하는 것이다. 명상이 진보되고 마음이 더욱 정화됨에 따라 집착은 외형적인 감각적 욕망의 덩어리에서 더욱 미묘한 집착으로 바뀌게 된다. 예를 들면 명상에서 오는 희열, 빛, 고요함 등이 이러한 것들이다.

우리들이 체험하는 모든 현상을 스승에게 보고해야 한다. 그렇게 해야만 우리가 어디에 걸려 있고, 무엇에 집착해 있는지를 스승은 알게 되어 자유에 이르는 무집착의 자연적 흐름에 들도록 도와준다. 무집착은 이야기를 해 줌으로써 가르칠 수 있고 명상의 방향을 바꿈으로써, 심지어 선(禪)에서는 적절한 시기에 제자를 후려침으로써도 가르친다.

그러나 이러한 모든 가르침에 있어서 그 수행을 해야 하는 것은 수행자 자신이다. 스승은 단지 제자가 올바른 궤도에서 벗어나지 않고 균형을

붓다의 후예, 위빠사나 선사들

지키도록 도와주는 것이다. 스승이나 수도원을 외형상 나타난 것으로만 너무 지나치게 판단하지 않는 것이 중요하다. 본인이 처음 찾아간 사원은 매우 엄격하고 훈련이 잘된 사원이었다. 스승 아찬 차는 매우 엄격하고 원칙대로 행하고 아주 단순하게 사는 승려의 표상이었다.

그 다음에는 가풍이 전혀 다른 스승이 거주하는 미얀마 사원으로 갔다. 그는 만 명이나 되는 제자를 거느린 대단히 유명한 스승이었다. 그러나 내가 그를 봤을 때, 그는 단정치 못하고 그의 가사는 항상 땅에 질질 끌렸다. 그는 미얀마 담배를 피웠으며 나의 전번 스승과는 달리 승려답지 않은 태도로 사원에서 여신도들과 얘기하는 데 하루 중 대부분 시간을 보냈다. 때로는 화를 내는 것처럼 보였고 사소한 것에도 신경 쓰는 것 같았다.

처음 두 달 동안은 집중적인 수련을 하면서도 이 두 분의 스승을 비교하는 데 많은 고통을 겪었다. 그 미얀마 스승은 나에게 매우 친절했고 그의 방 가까이에 있는 가장 좋은 명상실 중 하나를 나에게 주었다. 그 결과로 매일 나는 그가 앉아서 담배 피우는 것과 여신도들과 얘기하는 것을 보곤 했었다. 그것이 나의 수행을 엉망으로 만들었다.

내 스스로 생각하기를 '이 사람으로부터 내가 무엇을 배울까? 나는 매우 열심히 수련하고 있는데 그는 저기서 저렇게 놀고 있다니, 그는 나를 가르칠 아무것도 갖고 있지 않다. 왜 그는 아찬 차가 했던 것처럼 비구답게 처신하지 않을까?' 그러나 그의 외양으로 나타난 것이 명상에서 내가 얻고 있는 가치를 조금도 손상하지 않는다는 것을 몇 달이 지나서야 깨달았다. 더구나 외양을 비교하고 분석하는 것과 스승에게서 부처님 상을 찾으려는 것은 단지 나 자신에게 더 많은 고통만을 자아내고 있었던 것이다.

 판단하는 마음은 고를 낳는다. 마침내 그러한 상태에서 벗어났을 때 나는 그의 가르침과 교훈으로부터 대단히 많은 것을 얻을 수 있었다. 그는 명상 기술에 있어 대단히 훌륭한 스승이었다(바람직하지 않았던 것은 그에 대한 나의 태도였다).

 차별하는 마음이 어떻게 고통을 만드는가를 이해하게 되는 데 많은 어려움을 겪었다. 그러나 이해함으로써 놓아버릴 수 있었다. 테라바다 불교에서(실제는 모든 정신적인 전통에서) 많은 사람이 스승들의 방법을 비교하고 판단하는데 사로잡혀 있다. 자기들의 스승과 자기들의 방법이 최고이고 가장 옳고 가장 전통적인 순수한 방법이라고 하는 이런 종류의 차별하는 마음은 점점 더 선과 악의 측면에서 세상을 보게 한다. 이것은 선이고 저것은 악이다. 이런 잘못된 이해가 많은 공포와 고통의 원인이 된다.

 이 세상에 선이나 악은 본래 존재하지 않는다. 유일하게 존재하는 악은 우리 자신의 내부에 있으며, 그것은 욕심·성냄·미혹의 고통스러운 상태이다. 이것 외에 고통은 없다. 모든 이러한 고통스러운 반작용을 정화해 버린 마음에는 다른 어떠한 죄악도 존재하지 않는다. 마음은 어떠한 경험이 일어나고 사라지더라도 움직이거나 흔들리지 않는다. 왜냐하면, 지혜로써 세상을 볼 때 그 자체는 자아가 없는 비어 있는 것[空]으로 보이기 때문이다.

 마찬가지로 순수한 전통과 정통성을 고수해 왔다고 주장하거나 혹은 고집하는 사람들은 종종 붓다의 근본 가르침을 다른 사람에게 잘못 오도할 수도 있다.

 순수함이란 전통 내에서는 존재하지 않으며, 방법이나 종교 내에서도 마찬가지다. 붓다에 의해 가르쳐진 하나의 근본적인 순수함이 있다. 그것은 욕심·성냄·미혹으로부터의 해방이 진정한 마음의 순수함이다. 이러한 내적 정화를 제외하고는 심지어 선의로 순수하다고 하는 주장도 단지 집착과 차별심만 증장시킨다. 모든 수행의 핵심은 집착과 이기성을 뛰어넘는 것이다.

 이러한 모든 도구를 잘 사용하라. 그러나 도구나 스승에 사로잡혀서 붓다의 진리를 잘못 보지 않도록 하라. 부지런히 수행하라. 얽매이는 모든 것을 놓아버려라. 스스로 자유를 향하여 전진하라.

 당신이 명상을 계속함에 따라 당신 자신의 체험이 당신의 참고가 될 것이다. 붓다가 열반에 들기 전에 그의 제자들에게 어떠한 스승이나 전통에 의지하지 말고 오직 달마에 의지하라고 부탁했다. 그는 비구나 비구니의 승가를 통솔해 나갈 사람을 아무도 지명하지 않았다. 달마가 그들을 인도하는 것이기 때문이다. 그래서 우리로서도 불교에 대한 맹목적인 믿음이나 신앙을 가질 수 없다.

 우리들은 단지 해탈의 가능성을 믿으면 된다. 수행을 시작할 신심을 가지려고 우리는 자신의 내부에서 고(苦)를 볼 만큼 매우 현명하다. 수행상에서 우리는 스스로 달마의 진리를 발견한다. 붓다는 다음과 같은 말로써 사람들을 격려했다. "너 자신을 등불로 삼고(自燈明), 법으로 등불을 삼아라(法燈明)." 이러한 수행으로부터 자유(해탈)가 온다.

3. 완전한 가르침

　나는 모든 장(章)을 간단한 몇 마디의 말로 준비해 보았다. 불교의 모든 가르침은 다음과 같이 요약될 수 있다. 가질 만한 가치가 있는 것은 아무것도 없다. 만약 그대가 모든 것을 놓아버린다면.

대상
개념
스승
부처
자신
감각
기억
삶
죽음
자유

　모든 것을 놓아라. 그러면 모든 고통은 사라질 것이다. 세상은 그 자체 본래의 모습을 나타낼 것이다. 그때 그대는 부처의 자유를 경험할 것이다. 이 책의 나머지 부분은 놓아버리는 것[放下着]을 배우는 데 대한 유용한 접근법과 기술들이다.

제2장
마하시 사야도
(Mahasi Sayadaw)

붓다의 후예, 위빠사나 선사들

MAHASI
SAYADAW

1. 배의 움직임과 경행 관찰을 통한 깨달음의 수행

마하시 사야도(사야도는 큰스님을 이르는 말)는 테라 바다 불교국가에서 지혜 명상 수련에 지대한 영향을 미쳐왔다. 그의 학문적 연구는 촌락 사원에서 6세 때에 시작되었다. 완전한 비구가 된 후에 정부에서 후원하는 팔리어 연구시험에서 최고의 영예를 얻은 후 여러 해 동안 그의 연구는 절정에 이르렀다.

여러 해 동안 경전을 가르친 후에 가사와 발우를 가지고 정확하고 효과적인 명상 수행을 찾아 길을 떠났다. 타톤에 도착하자마자 우 나라다 밍군(*U Narada Mungun*) 사야도를 만나서 공부하기 시작했다. 그는 마하시에게 집중적으로 지혜 명상 수련을 가르쳤다. 여기에서 그는 수행은 중단해서는 안 된다고 생각했다. 마치 두 막대기를 쉬지 않고 비벼서 불을 지피듯이, 그는 4개월 동안 한 차례의 잠도 자지 않고 마음챙김 속에서 수행했다. 집중적인 명상과 공부를 계속한 후에 마하시는 그의 고향 촌락으로 돌아와 마음챙김(mindfulness) 수련의 체계적인 가르침을 펴기 시작했다.

미얀마가 영국에서 독립한 직후에 새로운 수상 우 누(*U Nu*)는 마하시 사야도에게 그를 위해 양곤에 제공된 대규모 수도원에서 법을 펴달라고 요청했다.

그때 이래로 미얀마에서만 100개가 넘는 명상 수도원이 그의 제자들에 의해서 개원되었다.(1991년 현재 350개 이상의 분원이 있다.)
 태국과 실론에서도 그의 방법이 널리 전파되고 있으며 1972년까지는 70만명이 넘는 수행자를 배출했다. 붓다의 초전법륜 후 2500년만인 1956년 세계불교도법회(*World Buddhist Council*)에서는 마하시에게 특별훈장을 수여했다. 여기에서 그는 질의자의 역할을 맡았다. 장차 다가올 미래 세대를 위하여 부처님의 가르침을 명확하게 하고 보존하는 중심역할이었다.
 양곤 시내의 사사나 예의 탁 지역에 있는 마하시 수도원은 명상 수련을 위한 장소로 여러 개의 큰 법당과 선실을 갖추고 있다. 이 수도원은 집중적으로 위빠사나를 수련하는 수백만의 수행자들로 항상 가득 메워지고 있다. 방문자들은 여러 법당에서 수행자들이 경행하는 것을 쉽게 찾아볼 수 있고, 많은 방에서 좌선하거나 스승과 면담을 하고 있는 것을 볼 수 있다. 독실한 미얀마 신도들이 집중적으로 수련하는 결제에 참가하기 위해서 휴가를 받는 것은 자주 있는 일이다. 마하시의 방법에서는 하루에 16시간 동안 좌선과 경행을 번갈아 가며 계속 수련한다. 이러한 열띤 환경하에서 선정과 마음챙김은 경험이 없는 신도들에게도 신속히 계발된다. 강도 높고 계속적인 수련뿐만 아니라 마음챙김에 대한 마하시의 접근법은 처음부터 지혜 수련(위빠사나)으로 출발하여 엄격하게 계발해 나간다.
 한 가지 대상에만 집중하는 예비적인 선정(사마타) 계발은 없다. 대신에 시작부터 바로 몸과 마음의 순간순간 변화에 알아차림을 자리잡게 한다. 이것은 몸이나 혹은 마음의 각 현상들이 '인식될 때 이러한 것'들을 관찰하는 테크닉에 의해서 용이하게 된다. 이러한 관찰은 마음속의 생각 흐름까지도 바로 명상화하는 데 도움을 준다. 이것은 수행자로 하여금 각각 상이한 경험상의 내용들을 합일시키거나 혼돈되지 않도록 하는 데 도움을 준다.

 마하시는 알아차림은 매순간 몸과 마음에 일어나는 현상의 당처에 집중되어야 하고, 집중은 좀 더 명확하게 알아차리게 하는 환경적인 도움일 뿐이라고 강조했다. 다른 말로 이러한 특성을 묘사하면 우리 노력의 95%는 직접적으로 그 과정을 자각(自覺, 智慧)하도록 하고 그리고 5%는 기술한 대로 *주시(mental note)하도록 노력해야 한다.

 비록 마하시 사야도가 명상의 집중 대상으로 배의 일어남과 사라짐을 이용하도록 권장했지만, 수행의 대체적인 대상으로 코끝에 느끼는 호흡의 이용도 또한 제자들에게 허용했다. 이 방법에서 본질적인 것은 관찰되는 대상이 아니라 진리의 본성을 알기 위해 사용되는 분명하고 편견 없는 '알아차림'의 특질이다.

 이러한 논의가 계속됨에 따라, 마하시 사야도는 우리가 알아차림의 깊이와 집중의 힘으로 경험할 수 있는 것을 명확하고 비신비적인 방법으로 설명하기 위하여 대단히 세부적인 것을 사용한다.

 이것은 전통적으로 내려오는 몇몇 불교경전에 기술되어 있는 대로 지혜의 발전 단계를 분류해서 전개한 것이다. 명심해야 할 것은 모든 수행자가

---

* 『밀린다왕문경』에 의한 지혜(*Wisdom*)와 주의(*Attention*)의 비유를 보면 쉽게 이해된다. 보리를 벨 때 움켜잡는 것은 주의·집중에 해당하고 낫으로 베는 것은 지혜·분명한 앎에 비유된다. -역자 주-

여기에 서술된 대로 똑같은 수련 경험을 하는 것은 아니라는 것이다. 심지어 마하시의 수련을 정확히 따를 때도 그렇다.

어떤 때는 지혜의 단계가 마하시가 서술한 대로 발전되어가지만 종종 수련자의 경험은 전혀 다르게 나타난다. 반드시 명심해야 할 절대적인 본질은 수행상에서 어떠한 것이라도 기대하는 것을 계발하는 것은 위험하다는 것이다.

순간순간 실제로 경험되어지는 것을 단순히 보다 깊게, 보다 명확하게 계발해야 하는 것이다. 그러면 수행은 깊어지고 통찰과 지혜는 가장 깊게 그리고 자연스럽게 계발된다.

1950년 말과 1960년 초에 많은 서구인들이 이 센터에서 위빠사나를 공부했다. 그리고 그들 중 많은 사람이 지도자가 되도록 훈련을 받았다.

마하시와 그의 상수 제자들 중 몇 분은 영어를 말하지만, 미얀마 방문에 대한 비자의 어려움 때문에 서구인들이 이 센터에서 공부하는 것은 제한된다. 그러나 실론에 있는 칸다보다 사원, 인도 보드가야에서 아나가리카 무닌드라 스님, 태국 위벡아좀에 있는 아찬 아사파 모두가 마하시의 가르침을 미얀마 국가 밖에서 배울 수 있도록 가르치고 있다.

뿐만 아니라 마하시 사야도의 미얀마어로 된 주요 저서들 가운데 여러 권이 영어로 출판되었다. 『지혜의 발전(*The progress of Insight*)』과 『실제적인 지혜명상(*Practical Insight Meditation*)』도 여기에 포함되며, 이러한 책들은 여기에 수록된 내용보다 더 상세하게 기술되어 있다.

2. 지혜 명상, 기초와 고급단계

고통을 좋아하는 사람은 아무도 없고 누구나 행복을 찾는 것은 자명한 이치이다. 우리의 현 세계에서는 고통을 방지 내지 완화하고 행복을 찾기 위해서 모든 가능한 노력을 동원하고 있다. 그럼에도 불구하고 그들은 물질적인 수단에 의한 육체적 편안함에 대부분의 노력을 기울인다. 결국 행복은 마음의 태도에 의해서 결정된다. 오직 소수만이 정신적 계발에 실질적인 관심을 기울인다. 아직도 보다 적은 소수의 사람들만이 마음 훈련에 열중하여 수련한다.

이 점을 설명하기 위해서 우리들은 몸을 깨끗이 하고 단장하는 평범한 습관에 관심을 기울인다. 즉 의·식·주의 끝없는 추구, 그리고 물질적 삶의 수준을 높이기 위하여 수송과 통신 수단의 개선, 병과 우환의 치료 및 예방을 위하여 성취한 어마어마한 기술 진보 등이다. 이러한 모든 노력들은 주로 몸을 단장하고 몸을 보호하는 데에 기울어진다.

그러한 것들도 필수적이라는 것이 이해되어야 한다. 그러나 이러한 인간의 노력과 업적들도 늙음과 병듦, 가정의 불행과 경제적 곤란, 간단히 말해서 바라는 것과 부족함에서 오는 불만에 따른 고통을 근절하거나 완화할 수는 없다. 이러한 본연의 고통은 물질적 수단에 의해서 극복되지는 않는다. 그러한 것들은 마음의 수련과 정신적 계발에 의해서만 극복될 수 있다.

그리하여 마음을 훈련하고, 안정시키고 정화하기 위한 올바른 길이 추구되어져야 하는 것은 명백한 사실이다. 이러한 방법은 2500년에 걸쳐 내려오는 붓다의 유명한 설법인 『대념처경(*Mahāsatipaṭṭhāna-Sutta*)』에서 찾을 수 있다. 붓다는 다음과 같이 선포했다.

중생의 정화를 위한, 슬픔과 비탄을 극복하기 위한, 고통과 괴로움을 소멸하기 위한, 열반을 실현하기 위한 유일한 길은 오직 하나뿐이다. 즉 그것은 4념처(위빠사나 마음챙김법)이다.

3. 기초 수행

(예비단계) 만약 당신이 참으로 현 생애에서 관찰력을 계발하고 지혜를 완성하기를 바란다면, 당신은 수련기간 동안 세속적인 생각과 행동은 포기해야 한다. 이 수련의 과정은 행동의 정화를 위한 것이다. 이것은 지혜의 적절한 계발을 향하여 나아가는 데 있어서 필수 불가결한 예비 단계이다. 당신은 반드시 일반 신도(혹은 사정에 따라서는 스님)를 위해 규정된 계율을 지켜야 한다.

왜냐하면 계율들은 지혜를 얻는 데 중요한 것이기 때문이다. 일반 수행자를 위하여 만든 이러한 계율은 불교 신도들이 휴일과 명상 기간 동안 준수하는 여덟 가지 계율을 포함한다. 본인 스스로 지켜야 하는 이러한 계율은 ①살생, ②도둑, ③성관계, ④거짓말, ⑤술·환각제에 취하게 하는 것, ⑥정오 후에 딱딱한 음식 먹는 것(오후 불식), ⑦댄스·쇼·꽃·장식·향수·장식, ⑧사치스러운 고급 침대 등을 금하는 것이다.

추가적인 계율은 흉보지 않는 것, 농담이나 악의로 말하지 않는 것, 깨달음을 성취한 성스러운 사람에 관해서 말하지 않는 것이다. 불교 전통에 있는 옛선사들은 수련 기간에는 각자(覺者)인 붓다에게 자신을 맡기라고 했다. 왜냐하면 만약 당신의 마음상태가 명상 중에 유해한 것, 즉 무서운 환상을 일으키는 경우가 온다면 놀랄지도 모르기 때문이다.

또한 당신 자신을 명상 스승의 지시에 따르도록 하라. 왜냐하면 그는 명상 중에 당신 수행에 관해서 솔직하게 얘기해 줄 수 있고, 필요하다고 생각 되는 것을 지시할 것이다.

이 수행의 목적과 가장 큰 효과는 탐·진·치로부터의 해방이다. 그것은 모든 죄악과 고통의 뿌리이기 때문이다. 지혜 수련에 있어서 집중적인 수련과정은 그러한 자유로움으로 안내할 수 있다. 그러므로 이러한 목적을 가지고 당신의 수련이 성공적으로 완성되도록 열심히 수련하라.

이와 같은 관찰수련은 마음챙김의 확립에 근거를 두고 있다. 이 수련은 삼세제불과 아라한들에 의해서, 깨달음을 달성하기 위하여 행해졌던 것이다.

여러분들에게 이와 똑같은 종류의 수행을 할 기회를 갖게 된 데 대하여 축하한다. 붓다가 제시한 4가지 보호하는 관법(four protections)을 잠깐 관하고 수련을 하는 것이 중요하다. 이러한 단계에서 4가지 관하는 것이 당신의 심리적 평온을 위해서 도움이 된다. 이러한 4가지 관(reflection)의 주제는 붓다 자신에 대한 관, 자비관, 몸에 대한 부정관 그리고 죽음에 대한 관이다.

첫째는 붓다의 9가지 주요 특성을 진심으로 헤아리면서 붓다에게 당신 자신을 아래와 같이 맡겨라.

참으로 부처님은 성스럽고, 완전한 각자(覺者)이시고, 지혜와 행동에서 완전하시고, 복덕자이시고, 세상을 다 아시는 분이고, 사람을 가르치시는 데 견줄 바 없는 지도자이시고, 인류와 신들의 스승이시고, 깨어 있는 존귀한 분이시다.

　둘째는 모든 유정 중생들에게 당신의 자비를 받도록 관하고, 당신의 자비심에 의하여 심신이 강화되고, 당신 자신과 일체 유정이 차별없이 하나가 되도록 아래와 같이 관하라.
　증오와 질병과 슬픔으로부터 나 자신이 해방될지어다. 나와 더불어 나의 부모, 은사, 선생님, 친구들, 미지의 사람들, 모든 중생들이 증오와 질병과 슬픔으로부터 해방될지어다. 그들이 고통으로부터 자유로워지기를 기원합니다.

　세 번째는 많은 사람들이 몸에 대해 갖고 있는 잘못된 애착을 없애는 데 도움이 되도록 몸의 더러운 성질(不淨觀)을 관하도록 하라. 더러운 것, 예를 들면 밥통, 창자, 점액, 고름, 피와 같이 불순한 것들을 관하라. 몸에 대한 어리석은 애착을 제거하도록 이러한 더러운 것을 관하라.

　네 번째로 심리적 도움을 위한 관(觀)은 끊임없이 죽음에 이르는 현상에 대한 관이다. 불교의 가르침은, 삶은 불확실하고 죽음은 확실하다는 것을 강조한다. 살아 있는 것은 불안하지만 죽음은 확실하다. 삶은 죽음을 목표로 한다. 나고, 병들고, 고통받고, 늙고, 결국은 죽는다. 이러한 것이 존재의 모든 과정이다.
　수련을 하기 위해서 자세를 잡아라. 다리를 교차해서 똑바로 앉아라. 다리를 결가부좌하지 않고 한쪽 다리가 다른쪽 다리를 누르지 않은 채 땅에 평편하게 두면 더욱 편안하게 느껴질 것이다. 명상 지도자에게 좀더 자세히 설명해 달라고 부탁하라. 바닥에 앉는 것이 명상에 방해된다면 더욱 편하게 앉는 방법을 취하라.

지금부터 서술한 대로 관찰 수련을 해보자.

기본 수련 I

당신의 마음(눈이 아님)을 배에 집중하라. 그러면 배의 수축과 팽창, 사라짐 혹은 들어감과 일어남의 움직임을 자각하게 될 것이다. 만약 처음에 이러한 움직임이 분명하게 느껴지지 않으면, 일어남과 사라짐의 운동을 느끼기 위하여 배에 두 손을 얹어라. 잠시 후 숨을 들이쉬면 나오는 움직임, 내쉬면 들어가는 움직임이 분명해질 것이다. 그리고 일어나는 움직임에 대하여 '일어남'이라고 마음을 집중하고 사라지는 움직임에 대해서 '사라짐 혹은 들어감'이라고 집중하라. 각 움직임에 대한 마음챙김은 움직이고 있는 동안에 해야 한다. 이 수련으로부터 배 움직임의 실제적인 방식을 배우게 된다. 배의 모양에는 관심을 갖지 마라. 실제로 자각해야 하는 것은 배의 일어나고 사라지는 움직임으로 인한 육체적 감각이다. 그러므로 배의 모양을 관찰하지 말고 이 수련을 계속해서 하라.

초보자에게는 주시력, 선정, 지혜를 계발하는 데 아주 효과적인 방법이다. 이 수련이 진전됨에 따라 움직임의 상태는 더욱더 명확해질 것이다. 6가지 감각기관*(6근)중 하나에서 정신적, 육체적 과정의 연속적인

---

* 6근 : 눈[眼], 귀[耳], 코[鼻], 혀[舌], 몸[身], 의[意]
  6식 : 眼識, 耳識, 鼻識, 舌識, 身識, 意識
  6경 : 色, 聲, 香, 味, 觸, 法

일어남을 감지하는 능력은 통찰력이 충분히 계발되었을 때에만 얻어진다. 당신은 주의력과 집중력이 아직은 약한 초보자이므로 마음을 매번 연속해서, 일어나는 움직임과 사라지는 움직임에 동시에 집중하는 것은 어렵다고 생각할지도 모른다. 이러한 어려움에서 당신은 "나는 이러한 움직임에 매번 어떻게 마음을 집중하는지를 모르겠다"라는 생각으로 기울어지기 쉽다.

그 때에 이것은 배우는 과정이라고만 생각하라. 배의 일어나고 사라지는 움직임은 언제나 현재 나타나 있다. 그것들을 찾을 필요는 없다.

실제로는 수련함에 따라 초보자가 단순한 이 두 동작에 마음을 집중하는 것이 쉬워지게 된다. 배의 일어남과 사라지는 움직임을 충분한 '알아차림'으로 계속 수행하라. 비록 일어나고 사라짐에 따라 마음 속으로 조용히 일어남과 사라짐에 마음챙김(mental note)할지라도 결코 입으로만 일어남, 사라짐이란 말을 되풀이해서는 안된다. 배의 일어나고 사라지는 실제적인 과정을 명확하게 알아차려야만 한다. 배의 움직임을 보다 명확하게 하기 위하여 숨을 빠르고 깊게 쉬는 것을 피하라. 왜냐하면 이러한 방법은 수행자를 피로하게 하여 수련을 방해한다. 정상적인 호흡과정에서 일어남과 사라짐의 움직임을 일어나는 대로 완전히 알아차리도록만 하라.

기본 수련 II

매번 배 동작의 관찰을 수련하는 데에 몰두하고 있는 동안 다른 정신적 활동이, 각각의 일어남과 사라짐의 관찰 중에 일어날 수 있다. 사념이나 다른 정신 현상들, 예를 들면 의도·관념·상상 등이 일어남과 사라짐의 매관찰 사이에서 일어날 수 있다. 그러한 것들도 무시되어서는 안된다. 일어나는 대로 각 현상을 관찰해야 한다.

만약 어떤 것을 상상했다면, 상상했던 것을 알아야 하고 '상상함'이라고 알아차린다. 만약 다른 어떤 것을 생각했다면 '생각함'이라고 알아차려야 하고, 회상했다면 '회상함'이라고, 무엇인가 하려고 한다면, '하려고 함'이라고 알아차려야 한다. 마음의 대상인 배의 일어남과 사라짐으로부터 멀어져서 마음이 방황한다면 '방황함'을 알아차린다.

만약 당신이 어떤 장소에 가는 것을 상상한다면 '가고 있음'을 알아차린다. 도착했을 때는 '도착했음'을, 생각으로 어떤 사람을 만났을 때는 '만남'을 알아차린다. 그이나 그녀에게 말을 한다면 '말함'을 알아차린다. 상상으로 누군가와 논쟁을 한다면 '논쟁함'을 알아차린다.

이러한 것들이 사라진 후에는 배의 일어남과 사라짐의 동작을 관찰하는 기본 수련 I 을 한다. 느슨해짐 없이 주의 깊게 계속하라. 만약 수련 중 침을 삼키려 하면 '삼키려 함'이라고 관찰한다. 삼키는 동안에는 '삼킴'이라 하면서 관찰한다. 뱉으려 할 때는 '뱉음'이라 한다. 그리고 나서 일어남과 사라짐의 수련으로 되돌아간다. 목을 숙이려고 한다면 '숙이려고 함', 구부릴 때는 '구부림', 목을 펴려고 할 때는 '펴려고 함'. 목을 바로할 때는 '바로함'이라고 관찰한다.

구부리고 펴는 목 운동은 천천히 해야 한다. 이러한 동작들을 마음으로 관찰하고 나서는 일어남과 사라짐의 운동을 관찰하면서 충분한 알아차림으로 계속한다.

기본 수련 Ⅲ

좌선이나 와선은 한 동작으로 오랫동안 계속 관찰해야 할 때는, 몸이나 팔, 다리에 피로하고 뻣뻣한 강한 느낌을 경험하기 쉽다. 만약 이러한 것이 일어나면, 그러한 느낌이 일어난 몸의 부분에 알아차림을 집중해서 '피곤함' 혹은 '뻣뻣함'이라고 알아차리면서 관찰을 계속한다.

이것을 자연스럽게 하라. 즉 너무 빠르게도 하지 말고 너무 느리게도 하지 마라. 이러한 느낌들은 점차로 희미하게 되어 마침내는 모두 없어진다.

만약 이러한 느낌 중의 하나가 점점 더 강해져서 육체적 피로함이나 관절의 뻣뻣함이 참기 어려울 때는 자세를 바꾸어라. 그러나 자세를 바꾸기 전에 '바꾸려 함(의도)'을 관찰하는 것을 잊지 마라. 다른 미세한 동작도 이와 같은 순서에 의해서 관찰되어져야 한다.

만약 손이나 다리를 들려고 한다면 '들려고 생각함(의도함)'을 관찰한다. 손이나 다리를 들어올리는 동악에서는 '들어올림', 손이나 다리를 뻗을 때는 '뻗음', 굽힐 때는 '굽힘', 내려놓을 때는 '내려놓음', 손이나 다리가 닿을 때는 '닿음'이라고 관찰한다. 모든 이러한 행동을 천천히 신중하게 한다. 새로운 상태에서 평정된 후에는 즉시 배 관찰을 계속해야 한다.

만약 새로운 위치에서 불편하고 거북해지면, 여기에 기술된 절차에 따라서 관찰을 다시 시작하라.

만약 몸 가운데 어떤 부분에서 가려움이 느껴지면 그 부분에 마음을 집중하여 '가려움'을 관찰한다. 너무 빠르지도 느리지도 않는 균형된

태도로 관찰하라. 가려움이 충분한 알아차림으로 사라졌을 때, 배의 일어남과 사라짐에 대한 관찰을 계속하라. 만약 가려움이 계속되어 너무 강하여 가려운 부분을 긁으려 할 때, '긁으려 함'을 잊지 말고 알아차려라.

천천히 손을 든다. 동시에 '들어올림'이라는 관찰을 하면서, 손이 가려운 부분에 닿으면 '닿음'이라고 관찰한다. '문지름'을 완전히 알아차리면서 천천히 문지른다. 가려움이 사라지고 문지름을 그만두려고 할 때는 '손을 내려놓음'을 관찰한다. 손이 정상위치에 와서 다리에 닿을 때는 '닿음'을 관찰한다. 그리고 나서 다시 배 관찰에 전념하라.

만약 고통이나 불편함이 있다면, 몸에서 감각이 일어나고 있는 당처에 마음챙김을 하여 관찰하여라. 특별한 감각 즉 고통, 쑤심, 압박감, 꿰뚫는 아픔, 피곤함, 현기증 같은 것이 일어나는 즉시 바로 그 당처에 마음챙김하라.

마음챙김하는 것은 힘이 들어가도 안되고 느슨해져도 안되며 고요하고 자연스럽게 해야 한다는 것을 명심해야 한다. 고통은 심해질 수도 있고 사라질 수도 있다. 고통이 심해지더라도 놀라지 말라. 확고부동하게 관찰을 계속하여라. 그렇게 계속할 때 고통은 거의 사라져 간다는 것을 언제나 느낄 것이다. 그러나 얼마의 시간이 경과된 후에 고통이 계속 증대되거나 견딜 수 없을 때는 고통을 무시하고 계속해서 일어남과 사라짐의 관찰을 해야 한다.

마음챙김이 계속 진보되어 감에 따라 강한 고통의 감각을 느낄 수도 있다. 즉 칼로 베어내는 듯한 고통, 뾰족한 침 같은 것으로 찌르는 듯한 고통, 질식할 것 같은 느낌이나 날카로운 바늘로 쑤시는 듯한 불쾌감,

조그만 곤충이 몸을 기어오르는 것 같은 느낌 등이다.

 가려움, 쏘는 듯함, 아주 차가운 듯한 감각 등을 경험할 수도 있다.

 관찰을 중단하는 즉시 이러한 고통들도 멎어버리는 것을 알 것이다.

 관찰을 다시 시작하면 마음챙김이 되는 즉시 그러한 감각을 느끼기 시작할 것이다. 이런 종류의 감각들을 심각하게 받아들일 것은 없다. 이러한 감각들이 병의 증상을 나타내는 것이 아니고 몸 안에 항상 나타나 있는 공통적인 요소들이며, 마음이 보다 더 뚜렷한 대상에 몰두할 때 이러한 것들은 감지하기가 어렵게 된다.

 정신적 기능이 더욱더 예리해질 때 이러한 감각들은 더 많이 알게 된다. 계속해서 관찰이 진보되어 감에 따라 그러한 감각들을 극복하고 그러한 감각들이 모두 사라지는 시기가 올 것이다. 확고한 목적의식을 가지고 관찰을 계속한다면 어떠한 방해도 받지 않을 것이다. 만약 용기를 잃어버리고, 관찰에 우유부단하게 되고 잠시 중단하게 된다면 이러한 불쾌한 감각들이 관찰을 해 나감에 따라 몇 번이고 되풀이해서 다시 일어나게 될 것이다. 결정심을 가지고 계속 수련하면 이러한 불쾌한 감각들을 극복하고 다시는 관찰하는 도중에 이런 현상을 경험하지 않을 것이다.

 몸을 움직이려고 한다면, 움직이려는 '의도함'을 알아차린다. 흔드는 동작을 하고 있는 동안은 '흔듦'이라고 알아차린다. 관찰 도중에 몸이 앞뒤로 가끔씩 흔들리는 것을 발견할 것이다. 놀라지 마라. 기뻐하지도 말고 계속 흔들기를 바라지도 말아라. 흔들리는 동작에 마음을 계속 집중하면 흔들림은 사라질 것이다. 그 동작이 사라질 때까지 흔들림을 계속 알아차리고 있어라. 계속 관찰함에도 불구하고 흔들림이 증가한다면 벽이나 기둥에 기대어라. 혹은 잠시 누워라. 그리고 난 뒤 계속 관찰하여라. 자신이 전율을 느끼거나 진동을 할 때도 이와 같이 관찰하면 된다.

관찰이 발전되어감에 따라 때때로 등 뒤나 몸 전신에 전율이나 차가운 기운이 지나가는 것을 느낄 것이다. 이것은 강한 흥미나 환희 혹은 희열 같은 느낌의 표시이다. 관찰이 좋아질 때 나타나는 자연스러운 현상이다.

마음이 관찰에 고정되어 있을 때 가장 작은 소리에도 놀랄 수 있다. 관찰이 잘되고 있는 상태에서 감각적인 효과에 보다 더 집중적으로 느끼기 때문에 이러한 현상이 일어난다.

만약 관찰 도중에 갈증을 느끼면 이 '갈증'의 느낌을 관찰한다. 일어서려고 할 때는 '일어서려 함'을 관찰한다. 그리고 나서는 일어서는 과정에서 매 동작을 관찰한다. 마음을 일어서는 데 전념해서 '일어섬'을 관찰한다. 똑바로 일어선 후 앞을 볼 때는 '바라봄'을 관찰한다. 앞으로 걸어가고자 할 때는 '걸어가려고 함'을 관찰한다. 앞으로 걸음을 걸어가고 있을 때는 '걸음', 혹은 '왼발', '오른발' 하면서 각 스텝을 관찰한다.

도보 시에는 각 스텝을 처음부터 끝까지 모든 순간순간을 알아차리는 것이 중요하다. 산보할 때나 걷기 운동을 할 때도 이와 같은 방법을 적용하여라. 매번 스텝을 두 단계로 관찰하여라. 즉 '들어 올림', '내려 놓음', 이러한 걸음걸이 방법에 충분히 숙달했을 때 3단계로 관찰하여라. 즉 '들어올림', '움직임', '내려놓음', 혹은 '위로', '앞으로', '아래로'.

물을 마시는 곳에 도착하자마자 수도꼭지나 물 주둥이를 볼 때, '바라봄', '봄'이라고 관찰하고 다음과 같은 것도 계속 관찰한다.

걸음을 멈출 때는 '멈춤'
손을 앞으로 뻗을 때는 '뻗음', '뻗음'……
컵을 잡을 때는 '잡음'……
컵을 들어 올릴 때는 '들어올림'……
손으로 컵을 물 속에 담글 때는 '담금'
손으로 컵을 입으로 가져 올 때는 '가져옴'……
컵이 입술에 닿을 때는 '닿음'
닿을 때 찬 기운이 느껴지면 '차가움'
물을 삼킬 때는 '삼킴'……
컵을 돌려 놓을 때는 '돌려놓음'……
손을 움츠릴 때는 '움츠림'……
손을 내려 놓을 때는 '내려놓음'……
손이 옆구리에 닿을 때는 '닿음'……
돌아가고자 할 때는 '돌아가려고 함'
앞으로 걸을 때는 '걸음'
서려고 하는 곳에 도착한 즉시 '서려고 함'
서 있을 때는 '서 있음'이라고 관찰한다.

서 있을 여유가 있다면 계속해서 배의 일어남과 사라짐을 관찰하여라.

붓다의 후예, 위빠사나 선사들

그러나 만약 앉으려고 한다면 '앉으려고 함'을 알아차린다. 앉으려고 앞으로 갈 때는 '걸음'이라고 관찰한다. 앉을 장소에 도착하자마자 '도착함'이라고 관찰한다. 앉으려고 돌 때는 '돌고 있음', 앉고 있는 동안에 '앉고 있음'을 관찰한다.

천천히 앉으라. 몸을 내려놓으면서 움직임에 마음챙김을 한다. 손과 다리를 원하는 위치로 움직임에 따라 매 동작을 관찰해야 한다. 그리고 나서 다시 배 운동을 관찰하여라.

누우려고 한다면 누우려고 하는 그 의도를 알아차리고, 그리고 누우면서 그 과정에 일어나는 모든 동작들을 계속 관찰한다. '들어올림', '몸을 폄', '움직이기 시작함', '닿음', '바닥에 누움' 그리고 나서 손, 다리와 몸을 각각의 위치로 가져가는 매 동작 시마다 관찰을 한다.

이러한 동작들을 천천히 하여라. 그리고 나서 일어남과 사라짐을 계속 하여라. 만약 고통·피로·가려움, 혹은 다른 어떠한 감각이 느껴지면 이러한 감각들을 확실하게 관찰하여라. 모든 감각, 생각, 관념, 사념, 회상, 손·다리·팔·몸 등의 모든 동작을 관찰하여라. 관찰할 특별한 대상이 없다면 마음을 배의 일어남과 사라짐에 집중한다.

졸음이 오면 '졸림', 잠이 오면 '잠이 옴'을 관찰한다. 관찰에 충분한 집중력을 얻으면 졸음과 잠을 극복할 수 있고 그 결과로 상쾌함을 느낄 수 있다. 다시 기본대상인 배로 돌아와 관찰을 하여라. 만약 졸리는 감각을 극복할 수 없다면 잠에 떨어질 때까지 관찰을 계속하여야 한다.

잠의 상태는 잠재의식의 계속성이다. 그것은 태어날 때의 처음 의식 상태와 죽는 순간의 마지막 의식 상태와 비슷하다. 이러한 의식의 상태는 매우 희미하므로 그 대상을 알아차릴 수 없다. 깨어 있을 때도 잠재의식의 계속성은 보고, 듣고, 맛보고, 냄새 맡고, 몸으로 닿고 생각하는 순간들 사이에서 규칙적으로 일어난다. 이러한 일어남은 짧은 순간이기 때문에 항상 명확하지 않고 알아차리기가 어렵다.

 잠재의식의 계속성은 수면 중에도 일어나고 있다. 깨어날 때 이 사실이 명백하게 드러난다. 왜냐하면 사념들과 밀집한 대상들이 분명하게 느껴지는 것은 완전하게 깨어있는 상태이기 때문이다.

 관찰은 깨어나는 순간부터 시작해야 한다. 당신은 아직 초보자이므로 깨어나는 첫 순간부터 관찰할 수 없을지도 모른다. 그러나 관찰해야 한다는 것을 기억하는 순간부터 관찰을 시작해야 한다. 예를 들어 만약 깨는 즉시 무엇인가를 회상한다면, 그 사실을 알아차려야 하고 '회상함'이라고 하면서 관찰을 시작해야 한다. 그리고 나서 일어남과 사라짐의 관찰을 계속하여라. 침대에서 일어날 때, 몸의 활동의 모든 미세한 현상에도 마음집중을 해야 한다. 손·다리·몸의 각각 움직임은 완전한 알아차림 상태에서 행하여져야 한다. 깨어날 때 당신은 그 날의 시간을 생각하는가? 만약 그렇다면 '생각함'을 관찰하라. 침대에서 나가려고 하는가? 그렇다면 '나가려고 함'을 관찰하라. 몸을 일으키려고 한다면 '일으키려고 함'을 관찰한다.

 천천히 일어나면서 '일어남'을 관찰한다. 앉을 때는 '앉음', 약간 오래 앉을 때는 배의 일어남과 사라짐을 관찰한다. 세수를 하거나 목욕을 할 때도 순서대로, 그리고 모든 미세한 동작까지도 완전한 알아차림 속에서 행하도록 해야 한다.

예를 들면 '쳐다봄', '바라봄', '뻗음', '잡음', '닿음', '차가움을 느낌', '문지름' 등을 관찰한다. 옷을 입는 동작에서도 잠자리를 펼 때도, 문과 창문을 열고 닫을 때도 물건을 다룰 때도 이러한 모든 행동의 미세한 것까지도 순서에 따라 관찰해야 한다. 식사 시에도 모든 미세한 행동에까지 관찰이 미치도록 해야 한다.

음식을 쳐다볼 때는 '쳐다봄', '봄'
음식을 정돈할 때는 '정돈함'
음식을 입으로 가져갈 때는 '가져감', '가져감' ……
목을 앞으로 구부릴 때는 '구부림' ……
음식이 입에 닿을 때는 '닿음'
입에 음식을 넣을 때는 '넣음'
입을 다물 때는 '다뭄'
손을 움츠릴 때는 '움츠림', '움츠림' ……
목을 바로 펼 때는 '바로 폄'
씹을 때는 '씹음', '씹음' ……
맛을 볼 때는 '맛을 봄'
음식을 삼킬 때는 '삼킴', '삼킴' ……
삼키는 동안 음식이 양 식도에 닿을 때는 '닿음', '닿음' ……

식사를 다할 때까지 한 입의 음식을 매번 들 때마다 이런 식으로 관찰을 계속한다. 수련을 처음 시작할 때는 많은 부분을 놓친다. 걱정말라. 노력하는 데 주저하지 말라. 끈기있게 수련한다면 거의 놓치는 것이 없을 것이다. 수련이 높은 단계로 향상되었을 때는 여기에 언급한 것보다도 더 많은 세부적인 것들을 관찰할 수 있을 것이다.

경행의 기본 수련

40분에서 90분까지 계속되는 좌선 중간에 경행으로 대체할 수 있다. 이 수련으로 선정과 노력의 요소를 균형시키도록 도와주고 졸음을 극복할 수 있게 해준다. 조용한 땅위에서나 방안에서 이 수련을 할 수 있다. 보통 때보다 훨씬 느린 속도로 주의 깊게 걸을 수 있다면 이 수련을 위해서 가장 좋은 방법이다.

상당히 완만한 속도로 걷는 것은 이상적이지만 속도를 가능하면 천천히 늦추되 단순하고 자연스러운 태도로 걸어야 한다. 이러한 경행 중에 발과 다리의 움직임에 주의를 집중해야 한다. 오른발을 땅에서 들어올릴 때 '들어올림', 앞으로 나아가면서 '움직임', 땅에 놓으면서 '내려 놓음'이라고 관찰한다. 왼쪽 발도 이와 마찬가지로 관찰한다.

좌선 때와 똑같은 방법으로 다른 자세에서도 모든 산만한 생각이나 감각들도 즉각 관찰되어야 한다. 경행 중에 무엇인가를 쳐다본다면 즉시 '바라봄'이라고 알아차리고 발의 움직임으로 돌아간다. 경행하면서 주의를 보고 대상의 상세한 것을 알아차리는 것은 경행 수련의 한 부분은 아니다. 만약 부주의해서 보게 된다면 '바라봄'을 관찰하여라.

경행하는 장소의 끝 부분에 이르면 돌아와 반대방향으로 걸어야 한다. 길목에 다다르기 한두 발자국 전에 이것을 알게 될 것이다. 돌고자 하는 의도로 '돌고자 함'이라고 하면서 관찰해야 된다. 의도하려는 마음은 처음에는 관찰하기 어렵다. 그러나 집중이 강해지면 감지된다. 돌고자 하는 마음을 관찰한 후에는 돌아서는 데 관련된 미세한 동작과 생각들을 관찰하여라. 마지막 걸음을 바닥에 놓고 실제로 몸을 돌리면서 '돌아섬'을 알아차리면서 반대편의 발을 들어올린다. '들어올림', '돌아섬', '내려 놓음' 등으로 알아차린다. 그리고 나서 돌아선 길에서 다시 한발짝 옮긴다. 즉 '들어올림', '앞으로', '내려놓음' 하면서 알아차린다. 종종 끝에까지 와서는 주위에 무엇인가 흥미있는 것을 쳐다보고 살펴보려는 유혹이 일어난다. 만약 이와 같은 다스려지지 않는 충동이 일어난다면 '보려고 함'을 알아차려야 한다. 그리고 나서 다시 자연스럽게 발의 움직임을 관찰하는 쪽으로 돌아와야 한다.

  서술한 바와 같이 '들어올림', '앞으로', '내려놓음'의 3단계식으로 알아차리는 경행 수련을 계발시키는 것이 초보자에게는 가장 좋은 방법이다. 수행의 진보와 능력에 따라서 명상의 지도자는 3단계보다 적은 횟수로나 혹은 더 많은 단계로 관찰하라고 지시할 수도 있다. 때때로 너무 천천히 걷는 것은 불편하다. 특히 명상 장소를 벗어날 경우는 간단하게 '오른발', '왼발', '오른발', '왼발'하는 것으로 충분할 것이다. 중요한 것은 얼마나 많이 혹은 얼마나 적은 단계로 관찰하는 것이 아니라, 발의 움직임들을 실제로 알아차리고 있느냐 없느냐이고, 당신의 마음이 망상에 휩쓸려 들어가느냐 그렇지 않느냐이다.

관찰의 진보

얼마 동안 수련을 한 후에 당신의 관찰력이 상당히 향상되어 있음을 알 것이다. 그리고 배의 일어나고 사라지는 움직임을 관찰하는 기본적인 수련을 오래할 수 있게 된다. 이 때가 되면 일어나고 사라지는 움직임 사이에 일반적으로 틈이 있음을 알게 될 것이다. 앉아서 수련할 때는 이 틈을 메우기 위하여 '일어남', '사라짐', '앉음' 하면서 관찰하라. '앉아 있음'을 관찰할 때는 몸의 상체에 마음을 집중하여라. 누워 있을 때는 '일어남', '사라짐', '누워 있음'과 같이 완전한 알아차림으로 계속 수련한다. 만약 이것이 쉬우면 이와 같은 3단계식으로 관찰을 계속하여라. 만약 '배가 사라짐' 했을 때와 마찬가지로 '일어남'의 끝부분에도 잠시 휴식이 있음을 알아차린다면 '일어남', '앉아 있음', '사라짐', '앉아 있음'과 같이 계속 관찰한다.

혹은 누워 있을 때도 '일어남', '누워 있음', '사라짐', '누워 있음'으로 관찰한다. 만약 이와 같이 3차례 혹은 4차례씩 대상을 관찰하는 것이 더 이상 쉽지 않을 때는(끝부분의 틈이 사라질 때) 다시 처음 순서대로 돌아와, '일어남'과 '사라짐'만을 관찰한다.

몸의 움직임을 일정하게 관찰하고 있는 동안은 보는 것과 듣는 것의 대상에는 관심을 가질 필요가 없다. 배 움직임의 일어남과 사라짐에 마음을 계속 집중할 수 있는 한, 보는 것과 듣는 것을 대상으로 해서 관찰하는 목적도 또한 달성되어진다. 그러나 의도적으로 대상을 쳐다볼 수도 있다. 그때는 동시에 두 세번 '바라봄'이라고 하면서 관찰한다. 그리고 나서는 배의 움직임을 다시 관찰한다. 우연히 목소리를 들을 때도 있는가? 그 소리를 듣는가? 만약 그렇다면 소리를 듣는 동안은

'소리 들음'이라고 알아차린다. 그렇게 한 후에는 다시 '일어남'과 '사라짐'으로 돌아온다. 그러나 큰소리, 예를 들면 개 짖는 소리, 떠드는 소리, 노래 부르는 것 같은 소리를 듣는다면 즉시 두 번 내지 세 번 '들음'이라고 알아차린다.

만약 시각적인 것이나 청각적인 것을 일어나는대로 알아차리지 못하고 내버려둔다면 일어나고 사라지는 현상에 강한 주시를 하지 못하고 자기도 모르게 사념의 세계로 빠져들 것이다. 그 결과 관찰은 뚜렷하지 못하고 흐리게 될 것이다.

마음을 오염시키는 욕망이 커가고 증대되는 것은 관찰력이 약화되었기 때문이다. 만약 그러한 생각이 일어나면 '생각'하면서 처음엔 명칭을 붙이면서 세 번 관찰한 후에 다시 일어나고 사라지는 관찰을 한다. 만약 몸, 다리, 팔 움직임에 관찰하는 것을 잊어 버린다면, '잊어버림'을 알아차리고 다시 정상적인 배의 움직임 관찰을 시작한다. 가끔씩 호흡이 느려지고 배 움직임이 분명하게 느껴지지 못할 때도 있을 것이다.

이런 것이 일어날 때는 좌선 시에는 단지 '앉아 있음', '닿음' 쪽으로 관찰한다. 만약 누워 있다면, '누워 있음', '닿음'이라고 한다. '닿음'을 관찰할 때는 마음은 몸의 동일한 지점에만 집중하는 것이 아니라, 연속적으로 다른 부분으로 옮겨가면서 관찰한다 (바리스캔과 유사함). 몸의 여러 군데에 닿는 곳이 있다. 적어도 여섯 내지 일곱 군데는 관찰되어져야 한다. 이러한 닿아 있는 곳들 중에는 허벅지와 무릎이 닿아 있는 곳, 손이 포개져 있는 곳, 손가락과 손가락이 닿아 있는 곳, 엄지 손가락과 엄지 손가락이 닿아 있는 곳, 눈을 감고 있는 곳, 입안의 혀 혹은 입술이 닿아 있는 곳도 포함된다.

기본 수련 Ⅳ

여기까지 수행자는 수련에 상당한 시간을 투자했을 것이다. 수행의 진보가 불충분하다는 판단하에 싫증을 느낄지도 모른다. 결코 포기하지 말라. 단지 '게으름'을 알아차려라. 주시와 선정 그리고 통찰에 충분한 힘을 얻기 전에는 이 수행법의 정확성과 유용성에 대해 회의를 할 것이다. 그러한 상황하에서는 '회의'를 일으키는 마음을 관찰한다. 좋은 결과를 기대하거나 바라는가? 그렇다면 명상의 관찰 주제를 '기대함' 혹은 '원함'으로 알아차린다. 여기까지 훈련한 수행방법을 회상하려고 하느냐? 그렇다면 '회상함'을 관찰한다.

명상의 대상을 몸으로 택할 것인지 마음으로 택할 것인지를 시험할 때가 있는가? 만약 그렇다면 '시험함'을 관찰한다. 당신의 관찰에 진보 없음을 실망하는가? 만약 그렇다면 '실망함'의 감정을 관찰한다. 반대로 당신의 관찰이 진보하고 있는 것에 즐거움을 느끼면 '즐거움'의 감정을 관찰한다. 이것이 정신적 행위의 모든 개개의 현상들이 각각 일어나는 대로 관찰하는 방법이다. 만약 알아차려야 할 생각이나 상념들이 개입되고 있지 않을 때는 배의 일어나고 사라짐의 관찰로 되돌아간다.

엄격한 명상 수련 과정에서 수련의 시간은 일어나는 첫 순간부터 시작하여 잠들 때까지 계속한다. 거듭 반복하지만 계속해서 기본 수련에 몰두하든가 혹은 잠을 자지 않는 저녁 시간과 낮 동안에도 정신이 깨어 있는 관찰에 쉬지 않고 몰두해야 한다. 관찰의 특정 단계에 오르게 되면 수련시간이 길어져도 졸음을 느끼지 않을 것이다. 오히려 관찰을 밤낮으로 온종일 계속할 수 있을 것이다.

요약

이 수련의 짧은 개요에서 강조된 것은 다음과 같다.

마음의 현상이 좋든 나쁘든, 몸의 각 움직임이 크든 작든, 몸과 마음의 감각이 즐겁든 불쾌하든 모든 현상들을 관찰해야 한다. 만약 수련 도중에 특별하게 관찰할 것이 없다면, 배의 일어남과 사라짐의 관찰에 몰두해야 한다. 걸어야 할 필요가 있을 때는 매 걸음걸이에 '걸음', '걸음' 하든가 '왼발', '오른발' 하면서 관찰한다. 그러나 경행에만 수련할 때는 3단계 즉 '들어올림', '앞으로', '내려 놓음'의 각 단계를 관찰한다. 밤낮으로 수련에 몰두하는 수행자는 머지않아서 지혜 명상의 4번째 단계(일어나고 사라지는 현상을 알아차리는 지혜)까지 그리고 더 나아가서 지혜 명상의 더 높은 단계를 향하여 마음챙김을 계발시킬 수 있다.

4. 높은 단계, 깨달음의 수행

(1) 정신적·육체적 현상을 구분하는 지혜
(nama-rūpa pariccheda-ñāṇa)

 이상에서 서술한 바와 같이 열심히 수행한 덕택으로 알아차림과 집중력이 향상되었을 때, 수행자는 대상의 일어남과 그것을 알아차리는 것이 동시에 한쌍으로 일어나는 것을 알게 될 것이다. 예를 들면 일어남과 이것을 알아차리는 것, 사라짐과 이것을 알아차리는 것, 앉아 있음과 이것을 알아차리는 것, 구부림과 이것을 알아차리는 것, 내려놓음과 이것을 알아차리는 것 등이다. 집중된 알아차림을 통하여 몸과 마음의 각 현상을 구별하는가 안다.
 "일어나는 움직임이 한 과정이고, 그것을 알아차리는 것이 다른 한 과정이다. 사라지는 움직임이 한 과정이고 사라지는 것을 알아차리는 것이 다른 한 과정이다." 알아차리는 각각의 행위는 대상으로 향하여 (찾으러) 나아가는 특성을 가지고 있다는 것을 알 것이다. 그러한 인지는 마음이 대상을 향하여 나아가거나, 혹은 대상을 인식하는 마음의 독특한 기능에 관련된다. 물질(몸)적인 대상이 보다 더 분명하게 보이면 보일수록 그것을 알아차리는 마음의 과정도 더욱더 맑아진다는 것을 알아야 한다. 이러한 사실이 『청정도론』에 다음과 같이 서술되어 있다.

대상(물질, 몸)이 아주 명확해지고, 뒤엉킴에서 벗어나게 되고 매우 밝아짐에 따라, 물질(몸)을 대상으로 하고 있는 비물질(마음)적인 상태도 역시 저절로 명백하게 되어진다.

명상자가 몸의 과정과 정신적 과정간의 차이를 알게 될 때, 즉 단순한 사람이 될 때, 그는 직접적인 경험으로 다음과 같이 생각한다.
"일어남과 그것을 아는 것, 사라짐과 그것을 아는 것만이 존재한다. 그것 외에는 아무것도 존재하지 않는다. 남자 혹은 여자라는 말도 동일한 과정을 나타낸다. 즉 개아(個我)나 영혼은 없다."
만약 지식인이라면 대상으로서의 물질 과정과 그것을 알아차리는 정신적 과정 간의 차이점을 직접적인 체험으로 알 것이다.
'오직 몸과 마음만이 실제로 존재한다. 그것 외에는 남자와 여자와 같은 실재성은 없다. 관찰 도중에 대상으로서의 물질적 현상과 그것을 알아차리는 정신적 과정을 알게 된다. 관습적으로 내려오고 있는 표현, 즉 인간, 사람 혹은 영혼, 남자, 여자 등으로 언급하고 있는 것은 다름 아닌 이 두가지 과정뿐이다. 그러나 이 두 가지 과정을 떠나서 별개의 사람이나 인간, 나 혹은 다른 것, 남자 혹은 여자는 없다.'
그러한 생각이 떠오르면 '생각', '생각'하면서 알아차려야 하고, 그리고 나서는 계속해서 배의 일어나고 사라지는 것을 관찰해야 한다.
명상이 더욱더 진보되어 감에 따라 몸의 움직임에 선행해서 일어나는 의도하는 마음 상태가 명백하게 감지된다. 명상자는 우선 그 의도성을 알아차려야 한다.

(2) 원인을 식별하는 지혜(paccaya-pariggaha-ñāṇa)

수행의 초기단계에서는 '하려고 함', '의도함'(예를 들면 팔을 구부릴 때)을 관찰하지만 마음의 상태를 명확하게 알아차릴 수는 없다. 더욱 진보된 상태에서는 마음이 구부리겠다는 의도를 가지고 있는 것을 분명하게 알아차린다. 그래서 우선 몸을 움직이려고 하는 의도가 있는 마음의 상태를 알아차린다. 그리고 나서는 특정한 몸의 움직임을 알아차린다.

처음에는 의도하는 마음을 관찰하지 못하기 때문에 몸의 움직임이 몸을 알아차리는 마음보다 빠르다고 생각한다.

진보된 단계에서는 마음이 선행된다는 것이 밝혀진다. 명상자는 쉽게 구부리고, 펴고, 앉고, 서고, 가는 등의 의도를 알아차린다. 그는 또한 실제로 구부리고 펴는 등의 동작도 명확하게 알아차린다. 그리하여 몸의 과정을 알아차리는 마음이 물질적인 몸의 과정보다 빠르다는 사실을 깨닫게 된다. 몸의 진행이 의도가 선행된 후에 일어난다는 사실을 직접적으로 경험한다. 또한 '뜨거움'이나 '차가움'을 관찰하고 있는 동안 뜨겁거나 차가움의 강도가 증가하고 있다는 것을 직접적인 경험으로부터 알게 된다. 일정하게 자동적으로 움직이는 배의 일어나고 사라지는 운동을 관찰하는 데에 있어서 명상자는 하나하나 차례대로 연속해서 관찰한다.

또한 그의 내부에서 여러 가지 현상 즉 불상, 탑, 몸, 자연의 대상들 같은 마음의 이미지가 일어나는 것을 알아차린다.

감각이 일어나는 특정한 지점에 집중함에 따라 몸의 내부에서 가려움, 아픔, 열 같은 감각이 일어나는 것도 관찰해야 한다. 감각은 좀체로 사라지지 않는다. 그리고 다른 감각이 일어난다. 그러한 모든 것들을 순서대로 관찰한다. 모든 대상들이 일어나는 대로 관찰하는 동안 알아차리고 있는 마음의 과정은 대상에 의존해 있는 것을 알게 된다. 때때로 배의 일어나고 사라지는 것이 있을 수 없다는 것이 그에게 떠오른다.

 일어나고 사라지는 관찰이 불가능할 때는 '앉아 있음', '닿아 있음' 혹은 '누워 있음', '닿아 있음'을 관찰해야 한다. '닿아 있음'은 번갈아가면서 교대로 관찰되어야 한다.

 예를 들면 '앉아 있음'을 관찰한 후에 바닥이나 자리에 닿아 있는 오른쪽 발에 일어나고 있는 감각을 관찰한다. 그리고 나서 '앉아 있음'을 관찰한 후에 왼쪽 발에 일어나고 있는 감각을 관찰한다. 같은 방법으로 몸의 여러 곳에 일어나는 감각을 번갈아가면서 관찰한다. 또한 보고 듣는 것 등을 관찰하는 데 있어서 명상자는 보는 것은 눈과 보이는 대상의 접촉에서 일어나고 듣는 것은 귀와 소리의 접촉에서 일어난다는 것을 분명하게 알게 된다.

 더 나아가서 구부리고 펴는 등의 몸의 과정은 구부리고 펴는 등의 의도하는 마음의 과정에서 따라 온다는 것을 알게 된다. 명상자가 계속 관찰해 가는 도중에 다음과 같은 생각이 떠오른다.

 "자신의 몸이 뜨거움이나 차가움의 요소 때문에 뜨거워지기도 하고 차가워지기도 한다. 몸은 음식과 영양분으로 지탱한다. 의식은 알아차릴 대상이 있기 때문에 일어난다. 보는 것은 보이는 대상을 통하여 일어나고 듣는 것은 소리를 통하여 일어난다. 또한 조건을 지워주는 요인으로서 눈이나 귀와 같은 감각기관이 있기 때문이다. 의도와 모든 경험으로 부터 알아차리는 것, 즉 모든 종류의 감정(감각)은 과거 업의 결과이다. 아무도 몸과 마음을 창조하지 않았다. 일어나는 모든 것은 그 원인을 갖고 있다."

모든 대상을 일어나는 대로 관찰하고 있는 동안 이러한 생각들이 명상자에게 떠오른다. 이러한 것을 돌이켜 생각하기 위하여 관찰을 중지해서는 안된다. 대상이 일어나는 대로 관찰하는 동안 이러한 생각이 너무 빠르게 저절로 나타나는 것을 경험한다. 그때 명상자는 '생각', '생각', '인식함', '인식함'을 알아차리면서 평상시대로 알아차림을 계속해 나간다.

관찰되어지고 있는 육체적, 정신적 과정은 동일한 성질로서 이전에 일어난 과정에 의해서 조건지워진다는 것을 돌이켜 생각한 후에 명상자는 더 깊이 생각하게 된다. 즉 이전에 존재했던 몸과 마음은 그 이전에 선행되고 있었던 원인들에 의하여 조건지워지고, 이후에 존재하는 몸과 마음은 동일한 원인들로부터 결과로 이루어지며 이 두 과정을 떠나서는 독립된 '개체'나 '인간'이 있는 것이 아니고 오직 원인과 결과만이 일어나고 있다는 사실이다. 이러한 생각도 관찰되어야 하고 그리고 나서는 관찰은 정상대로 계속해 나가야 한다. 이러한 생각은 강한 지적 성향을 가진 사람에게는 많이 나타나고, 그렇지 않은 사람에게는 적게 나타난다. 일어나는 대로 그대로 두어라. 오로지 이러한 모든 생각들을 집중적으로 관찰해야 한다.

그런 생각들을 관찰함으로써 사유를 최소한 적게 일어나게 한다.
그리고 지혜의 계발이 그런 과도한 생각에 의해 방해되지 않게 한다.
여기서는 최소한의 생각만으로 충분하다는 것을 명심해야 한다.

(3) 현상의 바른 이해에 대한 지혜(sammasana-ñāṇa)

  수행을 집중적으로 계속해 나감에 따라 명상자는 가려움이나 아픔, 뜨거움, 둔함, 뻣뻣함 같은 거의 견딜 수 없는 감각들을 체험할지도 모른다. 만약 성성한 집중력으로 관찰하면 그러한 감각은 차츰 사라져 없어진다.

  또한 명상자는 가끔씩 여러 종류의 이미지들이 마치 눈에 보이듯이 나타난다. 예를 들면 부처가 환한 빛을 내며 다가온다든가, 혹은 하늘에서 승려들이 줄을 지어 있다든가, 탑·불상, 숭배하는 사람과의 만남, 나무나 숲, 언덕이나 산, 정원, 건물을 본다든가 자신이 부패한 시체나 해골을 마주하고 있다든가, 건물이 무너지고 몸이 분해된다든가, 몸이 부푼다든가, 피(血)로 뒤덮이든가, 산산조각이 나든가 혹은 몸이 줄어들어서 뼈만 남든가, 몸 안에 창자나 주요기관들 혹은 세포를 보든가, 지옥이나 천상의 사람들을 보든가, 기타 등등이다. 이러한 현상은 강한 집중에 의해 날카로워진 이미지이며 자신이 만든 것에 불과할 따름이다.

  그러한 것들은 꿈에서 만나게 되는 것과 유사하다. 그러한 것들을 좋아해서도 안되고 즐겨서도 안된다. 그리고 두려워할 필요도 없다. 관찰하는 과정에서 나타나는 이러한 대상들은 실상이 아니다. 단지 상념일 따름이다. 반면 그러한 것들을 보는 마음이 실제이다.

  그러나 오관에 의해 영향받지 않은 순수한 마음 진행을 매우 명료하고 섬세하게 관찰하는 것은 쉽지 않다. 그리하여 쉽게 관찰될 수 있는 감각 대상과 감각인식에 관련되어 일어나는 마음현상에 주된 관찰을 하게 된다. 어떤 대상이 나타나더라도 명상자는 '바라봄', '봄' 하면서 그것이 사라질 때까지 관찰해야 한다. 그것이 사라지든가 산산조각이 나 부수어진다.

 처음에는 5번 내지 6번 정도로 여러번 알아차림을 해야 한다. 그러나 지혜가 계발됨에 따라 그 대상은 한 두번의 알아차림으로 사라진다.

 그러나 그러한 상들을 즐기거나 좀더 자세히 보려고 한다든가 놀라면 계속 머무는 경향이 있다. 만약 의도적으로 그러한 상을 유인하면 환희 속에서 상당한 시간 동안 계속될 것이다. 자신의 집중력이 좋을 때는 외적인 요인을 추구하든가 관심을 기울여서는 안된다. 만약 그러한 생각이 들어오면 즉각 관찰하여 쫓아버려야 한다. 정상적인 관찰에서 특별한 경계나 감정을 경험하지 못한 사람의 경우에는 게을러질 수도 있다.

 이러한 게으름도 '게으름', '게으름' 하면서 극복될 때까지 관찰해야 한다. 이 단계에서 명상자가 감정의 특별한 경계를 만나든 못 만나든 모든 관찰의 처음, 중간, 끝의 단계를 분명히 알아야 한다. 수행의 초기에는 한 대상을 관찰하는 동안에 다른 대상이 나타나면 그 대상 쪽으로 관찰을 바꾸어야 한다. 그러나 이전의 대상이 사라지는 것을 분명하게 알아차리지 못한다. 지금의 단계에서는 한 대상이 사라진 것을 인식하고 난 다음이라야 새로운 대상이 일어나는 것을 관찰할 것이다. 그리하여 관찰되어지는 대상의 처음, 중간, 끝의 단계를 분명히 알게 된다.

 이 단계에서 더욱 수련해 가면 한 대상이 갑자기 나타났다가 즉각 사라지는 모든 동작을 예리하게 인식하게 된다. 그 알아차림이 너무나 분명하여 다음과 같이 생각된다. 즉 "모든 것은 종말이 있고 모든 것은 사라진다. 영원한 것은 아무것도 없다. 참으로 무상하다." 그 생각은 팔리어 경전 주석서에서 언급되어진 것과 일치한다. 즉 "모든 것은 생겨난 후에 멸해지고 무로 돌아간다는 의미에서 무상하다."

더욱더 생각하기를 "우리가 삶을 즐기고 있는 것은 무명 때문이다. 그러나 실제로는 아무것도 즐길 것이 없다. 끊임없는 일어남과 사라짐만이 있다. 이것으로 인하여 머지 않아 우리는 괴로워하게 된다. 이것은 참으로 무서운 일이다. 언제라도 죽음이 올 수 있고 모든 것은 분명히 종말로 향하여 나아가고 있다. 이 보편적인 무상은 참으로 놀랍고 무서운 것이다." 그의 생각은 주석서에 언급된 것과 일치한다. 즉 "무상한 것은 괴롭다. 두렵다는 의미에서 괴롭다. 일어나고 사라지는 무서운 압박감 때문에 괴롭다." 또한 심한 고통을 경험하고 나서 다음과 같이 회상한다. "모든 것은 고(苦)다. 모든 것은 아픔이다." 이러한 생각은 경전 주석서에서 다음과 같이 말하는 것과 일치한다. 즉 "고통을 가시처럼, 혹은 종기나 창살처럼 아픈 것으로 간주한다." 더욱더 생각하기를 "이것이 고의 덩어리이고, 이 고는 피할 수 없는 것이다. 생(生)하고 멸(滅)하는 것, 그것은 무가치한 것이다. 아무도 그 흐름을 중지시킬 수는 없다. 그것은 우리들의 능력 밖에 있는 것이다. 그것은 자체의 자연스런 과정을 따르고 있다." 이러한 생각은 주석서와 거의 일치한다.

"고(苦)는 실체를 갖고 있지 않다는 의미에서 무아(無我)이다. 왜냐하면 고를 통제할 수는 없기 때문이다." 명상자는 모든 이러한 생각들을 관찰해야 하고 그리고 나서 평상시처럼 관찰을 계속해 나가야 한다.

직접 경험에 의해서 세 가지 특성을 보아왔으므로 명상자는 관찰된 대상으로부터 직접 경험한 것을 추론하여 아직 관찰하지 않은 대상들도 무상(無常)·고(苦)·무아(無我)로 이해한다.

자신이 직접 경험하지 않은 대상들에 대해서도 그는 다음과 같이 결론을 내린다. "그러한 것들도 역시 무상·고·무아와 같은 식으로 구성되어 있다."

이것은 현재 자신의 직접 경험에서 유추한 것이다. 지적인 수준이 낮은 사람이나 이러한 생각에 주의를 기울이지 않은 지식이 제한된 사람에게는 이러한 이해에 관심을 갖지 않고 단지 대상에 대한 관찰만을 계속해 나간다. 그러나 이러한 이해는 관심이 있는 사람에게는 자주 일어난다.

어떤 경우에는 매 관찰 시마다 이것이 일어난다. 그러나 지나치게 생각해 보는 것은 지혜 계발에 방해가 된다. 이 단계에서 그러한 회상이 일어나지 않더라도 그것에 관계없이 지혜는 더 높은 단계로 점점 맑아지게 된다. 그러므로 다시 살펴 생각하는 것에 특별한 관심을 기울이지 말아야 한다.

(4) 생멸 현상의 지혜(uddyabbaya-ñāṇa)

대상에 대한 순수한 알아차림을 더욱더 기울이고 있는 동안 만약 그러한 생각이 일어나면 이것도 관찰해야 한다. 그러나 그러한 것을 숙고해서는 안된다. 무상·고·무아의 세 가지 특성을 이해하고 나서는 명상자는 더이상 생각하지 않고 현재에 계속 일어나고 있는 육체적, 정신적 대상을 계속해서 관찰해 나간다. 그리고 나서 다섯 가지 정신적 기능 (五根;신심, 노력, 알아차림, 선정, 지혜)이 제대로 균형잡힐 때, 알아차림의 정신적 진행은 향상되어지는 것 같이 느껴지며 빨라진다.
 관찰되어지고 있는 육체적, 정신적 진행도 훨씬 빠른 속도로 일어난다. 숨을 들이쉬는 순간에 배의 일어남이 계속 빨라진다. 이에 상응해서 사라짐도 더욱 빨라진다. 빠르게 연속해서 일어나는 현상은 구부리고 펴는 과정에서도 명백하게 나타난다. 조그마한 움직임도 몸 전체에 퍼져가면서 느껴진다. 여러 번 쑤시는 듯한 감각이나 가려움이 잠시 짧게 연속해서 나타난다. 대체로 이러한 것들은 참기 힘든 감정이다. 만약 명상자가 각 현상에 명칭을 부여하면서 관찰을 하려고 한다면, 빠르게 연속적으로 일어나는 다양한 경험을 따라잡을 수는 없다. 여기에서는 일반적인 방법으로 마음챙김하여 관찰해야 한다. 이 단계에서는 빠른 속도로 연속해서 일어나는 대상을 상세하게 관찰할 필요는 없다. 그러나 전반에 걸쳐 관찰해야 한다.
 만약 명칭을 붙이길 원한다면 전체적인 명칭(예 : 배 움직임이 '일어남', '사라짐'에서 빨라지면 '앎', '앎'으로 대체)으로 충분하다. 만약 세부적으로 알아차려 가려고 한다면, 곧 피곤해질 것이다. 중요한 것은 일어나고 있는 것을 명확하게 알아차리고 이해하는 것이다. 이 단계에서 한두 가지 선택된 대상에 대해 관찰하는 것은 제쳐두고 마음챙김은 여섯 가지 감각문에서 일어나는 모든 대상에 기울여져야 한다. 이러한 알아차림이 더이상 예리하지 못할 때는 언제나 관찰하는 대상(배)으로 돌아가야 한다.
 몸과 마음의 진행은 눈을 깜빡하는 것이나 빛이 번쩍이는 것보다 몇 배나 빠르다. 그러나 명상자가 단순하게 이러한 과정을 계속해서 관찰해 간다면 그러한 과정이 일어나는 대로 충분히 알아차릴 수 있다. 마음챙김은 매우 강해진다. 그 결과로 마음챙김이 마치 일어나는 대상에 뛰어드는 것 같이 보여진다. 대상도 마찬가지로 마음챙김에 내려앉는 것처럼 느껴진다. 각각의 대상을 명확하게 하나씩 알아차리게 된다.

그리하여 명상자는 다음과 같이 믿게 된다.

'몸과 마음의 진행은 정말 대단히 빠르구나. 그것들은 기계나 엔진처럼 빠르다. 그러나 그러한 모든 현상들을 알아차리고 이해해야 한다. 아마도 더 이상 알아야 할 것이 없다. 알아야 할 것은 모두 알았다.'

그는 그렇게 믿는다. 왜냐하면 직접 경험에 의해 이전에는 꿈에도 생각지 못한 것을 알았기 때문이다.

또한 지혜의 결과로서 밝은 빛이 명상자에게 나타날 것이다. 그 자신 내부에 환희감이 일어나서 소름이 끼치거나 눈물을 흘리거나 사지에 전율 같은 것이 일어날 것이다. 그것은 그 자신 내부에 묘한 전율과 들뜸을 일으킨다. 마치 그네를 타고 있는 것처럼 느낀다. 심지어 현기증이 일어났는가를 의심한다. 그리고 나서 마음의 평온함이 오고 이와 더불어 정신적 경쾌감이 나타난다. 앉고 서고 가고 눕는 것에 편안하고 고요해진다.

몸과 마음 모두 다 신속하게 제기능을 발휘하면서 경쾌해진다. 그리고 원하는 시간의 길이만큼 원하는 어떠한 대상에서도 쉽게 관찰을 할 수 있다. 그는 뻣뻣함, 열, 고통으로부터 자유롭다. 지혜는 쉽게 대상을 파고든다. 마음은 건전하고 솔직하게 된다. 모든 죄악을 피하기를 원한다.

확고한 신심을 통하여 마음은 대단히 밝아진다. 때때로 알아차려야 할 대상이 없을 때 마음은 오랫동안 평온한 상태로 있다. 이러한 생각이 그 자신 내부에서 일어난다.
　'참으로 부처님은 전지전능하시다. 정말 몸과 마음은 무상하고 고이며 무아이다.'
　대상을 알아차리고 있는 동안 세 가지 특성을 명확하게 이해한다. 그는 다른 사람에게 명상할 것을 권유한다. 그는 무지와 나태함에서 벗어나 있다. 그의 노력은 느슨하지도 긴장되어 있지도 않다. 그에게는 지혜와 함께 평등심이 일어난다. 그래서 그는 그의 느낌과 경험을 다른 사람에게 전달하고 싶어한다. 더 나아가서 밝은 빛과 마음챙김 그리고 환희와 함께 나타난 지혜를 즐기는 고요한 성질에 묘한 집착이 일어난다. 그는 이러한 모든 것을 명상의 축복으로서 경험하게 된다.
　명상자는 이러한 현상을 깊이 생각해서는 안된다. 각 현상이 일어나는 대로 그것에 상응해서 관찰을 해야 한다. 즉 '밝은 빛', '신심', '환희', '경쾌함', '행복함' 등으로 알아차린다. 광채가 있을 때는 '광채'를 사라질 때까지 관찰해야 한다.
　다른 경우에도 역시 이와 유사하게 관찰해야 한다. 빛이 나타났을 때는 처음에 알아차림을 잊고 즐기는 경향이 있다. 비록 명상자가 빛을 집중하여 알아차리더라도 그 알아차림은 환희와 행복의 감정과 섞여 있게 된다. 그리고 거기에 계속 머물려고 한다. 그러나 그 후에는 그러한 현상에 익숙하여지고 그러한 것들이 사라질 때까지 명확하게 관찰을 계속해야 한다. 가끔 그 빛이 너무 밝아서 단순한 알아차림으로 사라지게 하는 것이 어렵다는 것을 알 것이다.

 그때는 그것에 대한 주시를 중지하고 몸에 일어나고 있는 다른 대상으로 전환해서 집중적으로 관찰한다. 명상자는 빛이 아직도 거기에 있는지 없는지를 생각할 필요는 없다. 만약 그렇게 한다면 그것을 보고 싶어하는 마음이 일어날 것이다. 만약 그러한 생각이 일어난다면 바로 그 생각에 단호하게 집중하여 격퇴시켜 버려야 한다.

 집중이 강할 때는 밝은 빛뿐만 아니라 다른 특이한 대상이 일어나며 그러한 것 하나하나에 관심을 기울이면 계속해서 일어난다. 만약 그러한 치우침이 일어나면 명상자는 즉각 알아차려야 한다.

 경우에 따라서는 특별히 어떤 명백한 대상이 없다 하더라도 희미한 대상들이 줄을 이어가는 기차처럼 하나하나 차례대로 나타난다. 그러한 때 명상자는 단순히 '바라봄', '봄' 하면서 그러한 시각적인 상들을 관찰해야 한다. 각 대상들은 사라질 것이다. 명상자의 지혜가 약할 때 그 대상들은 더욱더 분명해질 것이다. 각각의 대상들은 모든 연쇄적인 대상들이 최종적으로 사라질 때까지 관찰되어져야 한다.

 빛과 같은 그러한 현상에 대한 즐거움을 탐하고 집착해 있는 것이 본 궤도에서 벗어난 태도라는 사실을 자각해야 한다. 지혜의 길[道]에 있어 정확한 대치는 이러한 현상을 집착하지 않고 마음챙김하여 알아차리는 것이다. 명상자가 마음챙김을 몸과 마음에 계속해서 수련해 나갈 때 그의 지혜는 현저하게 성장해 나갈 것이다. 몸과 마음의 현상이 일어나고 사라지는 것을 더욱더 명확하게 보게 될 것이다. 각각의 현상이 한 지점에서 일어나고 바로 그 자리에서 사라진다는 것을 알게 될 것이다. 앞에 일어난 것과 뒤에 일어난 것이 다르다는 사실을 알 것이다. 그리하여 모든 알아차림에서 무상·고·무아의 특성을 이해할 것이다. 상당한 시간 동안 관찰한 후에 다음과 같이 믿게 된다. 즉 '이것이야말로 얻을 수 있는 최상의 것이다. 더 이상의 것은 없다.' 그리고 나서는 그의 진보에 너무나 만족한 나머지 수행을 중단하고 마음을 느슨하게 푸는 경향이 있다. 그러나 이 단계에서 쉬지 말고 더욱 발심하여 몸과 마음의 현상에 대한 관찰을 계속해서 수련해 나가야 한다.

(5) 사라짐의 지혜(bhanga-ñāṇa)

수련이 진보됨에 따라 지혜가 더 성숙해졌을 때 대상의 일어나는 것은 더 이상 보이지 않고 사라지는 것만 관찰하게 된다. 그것들은 빠르게 사라진다. 그것을 알아차리는 정신적 과정도 또한 그렇다.

예를 들면 배의 일어남을 관찰하는 동안 그 움직임은 곧 사라진다.

그리고 그 움직임을 알아차리는 정신적 과정도 또한 이와같은 식으로 사라진다. 그러므로 일어남과 알아차림이 양자 모두 차례대로 즉각 사라진다는 사실이 명상자에게 명확하게 인식되어진다. 이와 같은 것은 배 움직임의 사라짐, 앉아있음, 팔과 다리를 구부리고 폄, 사지의 뻣뻣함 등에도 동일하게 적용된다.

대상을 알아차리고 그것이 사라지는 것을 아는 것은 빠르고 연속적으로 일어난다. 어떤 수행자는 삼단계를 분명하게 인식한다. 즉 대상을 알아차림, 대상이 사라짐, 사라졌다는 것을 아는 의식도 사라짐이 모두다 빠른 연속으로 진행된다. 그러나 대상의 사라짐과 그 사라짐을 아는 의식의 사라짐이 한 쌍으로 연속해서 일어난다는 것을 아는 것으로 충분하다.

명상자가 이러한 한쌍으로 사라지는 현상을 계속해서 분명히 알아차릴 수 있을 때, 몸이나 머리, 손, 다리 같은 특별한 형체가 더 이상 그에게는 분명하지 않고, 모든 것은 사라지고 없어진다는 생각이 그에게 떠오른다.

이 단계에서 그는 그의 관찰이 과녁에서 빗나갔다고 느끼기 쉽다. 그러나 실제는 그렇지 않다.

대체로 마음은 특별한 모양이나 형태를 바라보고 있을 때 기쁨을 느낀다. 대상들이 없을 때 마음은 만족한 상태를 원하고 있다. 그러나 실제로는 이것은 지혜가 발전되어 가고 있는 명백한 표시이다. 초기 단계에서 우선 명백하게 알아차려지는 것은 대상의 이름이나 특징이다. 그러나 지금의 단계에서는 계발된 지혜로 인하여 대상의 사라짐이 우선 알아차려진다. 반복해서 반조했을 때만이 모습이 다시 나타난다.

그러나 만약 알아차리지 않을 경우에는 사라짐의 사실이 매우 강하게 재현된다. 그리하여 현자가 말한 다음과 같은 사실을 직접 경험으로 알게 된다.

"이름이나 모양이 나타날 때, 실재는 숨어버린다. 실재가 그 자신을 나타낼 때, 이름이나 모양은 사라진다."

명상자가 대상을 분명하게 알아차릴 때 그의 알아차림은 충분하게 밀착돼 있지 않다고 생각한다. 이러한 원인은 지혜가 너무나 빠르고 맑기 때문에 인식의 과정 틈 사이에 있는 순간적인 무의식까지도 알게 된다. 그는 무엇인가를, 예를 들면 팔을 구부리거나 펴려고 의도한다. 그는 하려고 하는 의도가 사라진다는 것을 즉각 알아차린다. 그 결과로 잠시 동안 팔을 구부리거나 펼 수 없게 된다. 그러한 경우에는 여섯 가지 감각 문 중에서 한 곳, 현재 일어나고 있는 곳으로 관찰을 전환해야 한다.

만약 명상자가 그의 관찰을 평상시처럼 배의 일어남과 사라짐으로부터 시작해서 몸 전체로 넓혀간다면, 그는 곧 관찰의 힘을 얻을 것이다. 이때는 닿음과 앎, 혹은 바라봄과 앎, 혹은 들음과 앎 등과 같이 하나와 그 다음 일어나는 것을 연속해서 알아차려야 한다. 그렇게 하는 동안 피로하거나 불안정한 것을 느낀다면 배의 일어남과 사라짐의 관찰로 돌아와야한다. 시간이 다소 경과된 후에 힘을 회복하면 몸 전체에 일어나고 있는 어떠한 대상을 관찰해도 된다.

그렇게 전체에 걸쳐서 관찰을 잘할 때에는 설사 한 대상을 힘차게 관찰하지 않더라도 그가 듣는 것이 사라져 없어지고, 그가 보는 것이 산산조각이 나서 부수어져 양자간에 연속성이 단절됨을 알게 된다. 이것이 참으로 있는 그대로 대상을 보는 것이다.

어떤 명상자들은 무엇이 일어나는지를 명확하게 보지 못한다. 왜냐하면 사라짐이 너무나 빨라서 시력이 약화되었거나 혹은 현기증이 있는 것 같이 느끼게 된다. 사실은 그렇지 않다. 그들은 단지 전후 연속해서 일어나는 것을 알아차리는 자각이 부족할 따름이다. 그 결과로 그들은 모양이나 특징을 보지 못한다. 그러한 때에는 휴식을 취하거나 관찰을 멈추어야 한다.

그러나 몸과 마음의 현상은 계속하여 일어난다. 의식은 저절로 계속해서 그러한 것들을 인식한다. 명상자는 누워 자기를 원할 수도 있다. 그러나 잠들지 못하고 온전하게 깨어 있다. 집중력 때문에 병이 나거나 불쾌하게 느껴지지는 않을 것이다. 계속해서 관찰을 힘차게 해 나가야 한다. 그러면 그의 마음이 모든 대상을 충분히 명백하게 알아차릴 수 있게 된다는 것을 알게 된다.

 대상이 사라짐과 사라짐을 알아차리는 행위 양자를 계속해서 관찰하고 있을 때, 그는 다음과 같이 돌이켜 생각한다.

 '심지어 눈이 깜빡일 때나 빛이 번쩍하는 동안에도 계속해서 변하지 않고 존재하는 것은 없다. 전에는 이것을 깨닫지 못했다. 과거에 멸해지고 사라져 없어졌듯이, 미래에도 또한 멸해지고 사라져 없어질 것이다.'

 이러한 생각도 관찰해야 된다.

(6) 두려운 인식에 대한 지혜(bhayatupatthāna-ñāṇa)

 그 외에 관찰해 나가는 도중에 명상자는 두려움에 대한 인식을 가질 수도 있다. 그는 다음과 같이 생각한다.

 '인간은 이 사실을 모르고 인생을 즐긴다. 이제 계속해서 사라진다는 사실을 알았으므로 그것은 참으로 두려운 것이다. 사라지는 모든 순간에 인간은 죽을 수도 있다. 이 인생 시작 자체가 두려운 것이다. 일어남의 끝없는 반복도 그러하다. 행복이나 안락함을 위하여 변화하고 있는 현상을 잡으려는 노력도 또한 무익하다. 다시 태어나는 것도 항상 멸해지고 사라져 버리는 현상들의 반복이라는 관점에서 볼 때 참으로 무서운 것이다. 늙어지고, 죽게 되고, 슬픔, 한탄, 고통, 우울 그리고 절망하는 것 이 모두가 참으로 가공할 만한 것이다.'

  이러한 생각도 관찰해서 정화시켜야 하다. 그리하여 명상자는 의지할 것이 아무것도 없다는 것을 알게 되고 몸뿐만 아니라 마음도 나약하게 되는 것 같이 느낀다. 그는 우울에 사로잡히게 된다. 그는 더이상 밝고 의기양양한 상태에 있지 않다. 그러나 절망해서는 안된다. 이러한 상태는 지혜가 진보하고 있다는 징후이다. 그것은 두려움으로 인하여 불행을 느낄 따름이다. 그러한 생각도 역시 관찰해야 한다. 일어나는 대상들을 차례대로 계속 관찰해 감에 따라 이러한 불행한 느낌은 사라진다.
  그러나 잠시 동안 관찰하지 않으면 우울함 그 자체가 명백하여져서 두려움이 그를 압도할 것이다.
  이러한 종류의 두려움은 지혜와 연결되어지지 않은 것이다. 그러므로 그러한 쓸데없는 두려움이 나타나지 않게 하기 위하여 줄기차게 관찰해야 한다.

(7) 고통있음의 지혜(ādinava-ñāṇa)

  또한 대상을 알아차리고 있는 동안에 다음과 같이 잘못을 범할 수도 있다.
  '이 몸과 마음의 현상은 무상하고 고통스러운 것이다. 태어나게 되는 것은 좋은 것이 아니다. 살아 존재하는 것 또한 좋은 일이 아니다. 사실은 대상들의 모양이나 형체들이 실체가 아닌 이상 명백하게 보이는 것 같은 대상의 모양이나 형체를 보는 것은 우울한 일이다. 인간이 행복이나 안락을 구하려는 노력은 참으로 공허한 것이다. 태어남은 바람직하지 않은 것이다. 늙어감, 죽음, 한탄함, 고통, 우울 그리고 절망함은 모두 다 무서운 것이다'

(8) 혐오감의 지혜(nibbida-ñāṇa)

이러한 종류의 생각도 마찬가지로 관찰되어져야 된다. 이때에 대상으로서의 몸과 마음 그리고 그 대상을 주시하는 의식은 매우 유치하고 비천하고 가치없는 것 같이 느껴지는 경향이 있다. 이러한 것들의 일어나고 사라짐을 관찰함으로써 더욱 역겨워진다. 그 자신의 몸이 썩어가고 붕괴되어가고 있는 것을 볼 것이다. 그는 그것을 덧없이 허무한 것으로 간주한다.

이 단계에서 명상자가 몸과 마음에서 일어나고 있는 모든 것을 관찰하고 있는 중에 혐오감을 느낀다. 비록 그러한 것들의 사라짐을 잘 관찰함으로써 분명하게 인식은 하지만, 그는 더이상 경계심에 차 있거나 밝은 상태에 있지는 않다. 그의 관찰은 혐오감과 결합되어 있다. 따라서 그는 게을러진다. 그럼에도 불구하고 관찰을 포기할 수는 없다. 예를 들면 진흙으로 된 더러운 길을 걸어가야만 할 때 매번 걸음걸이에 혐오감을 느끼지만 걸음을 멈출 수는 없는 사람과 같다. 그는 계속해서 걸어가야만 한다. 그는 인간의 삶은 붕괴되어 없어지는 존재로 본다.

인간으로나 남자와 여자, 왕과 억만장자와 같은 것으로 환생하기를 기대하지는 않는다. 천상에 거주하는 것에 대해서도 같은 느낌을 가지게 된다.

(9) 해탈을 향한 지혜(muñcitu-kamyatā-ñāṇa)

 이러한 지혜를 통하여 관찰되어진 모든 현상에 대하여 혐오감을 느낄 때, 그의 내부에는 이러한 현상을 버리고 해탈되어지기를 바라는 간절함이 일어난다. 보는 것, 듣는 것, 닿는 것, 회상하는 것, 서 있는 것, 앉아 있는 것, 구부리는 것, 펴는 것, 주시하는 것 이러한 모든 것을 제거해 버리기를 원한다. 이러한 원함도 알아차려야 한다.

 그는 지금 몸과 마음의 진행으로부터 자유로워지기를 갈망한다. 그는 회상한다. '내가 관찰할 때마다 나는 반복함을 접하게 된다. 그것은 모든 것은 불쾌하다는 것이다. 그것들에 대한 관찰을 중지하는 것이 낫다.'

 이렇게 회상하는 마음도 관찰해야 한다.

 어떤 명상자들은 그러한 생각이 들 때 실제로 관찰을 중지한다. 비록 관찰을 중지한다 하더라도 그 진행은 중단되지 않는다. 즉 일어나고, 사라지고, 구부리고, 펴고, 하려고 하는 것 등등 그러한 것들은 여전히 계속된다. 분명한 현상을 알아차리는 것도 또한 계속되어진다. 그래서 이렇게 생각하면서 그는 기뻐한다.

 '비록 내가 몸과 마음에 대해 관찰을 중지할지라도 현상은 여전히 일어나고 있다. 그러한 것은 일어나고 있고 그것을 의식하는 것도 거기에 홀로 있다. 그러한 것에서 자유로워지는 것은 단순히 관찰을 멈춤으로써만이 이루어지지는 않는다. 이러한 식으로 제거될 수는 없다. 평상시처럼 그러한 것들을 관찰해 나감으로써 삶의 세 가지 특성이 충분히 이해되어지고 그러한 것들에 아무런 주의가 주어지지 않을 때 평등심(무심)을 얻을 것이다. 이러한 현상의 종말인 열반이 실현될 것이다. 평화와 축복이 올 것이다.'

이렇게 기쁨에 가득찬 생각을 하면서 현상에 대한 알아차림을 계속해 나갈 것이다. 이런 식으로 생각할 수 없는 명상자들의 경우에는 그들의 스승으로부터 설명을 듣고 만족해질 때까지 명상을 계속해야 한다.

(10) 다시 살펴보는 지혜(patisankhā-nupassana-ñāṇa)

명상을 계속한 후 곧 그들은 힘을 얻는다. 그 때 경우에 따라서는 여러 가지 고통스러운 감각이 일어난다. 이것에 절망할 필요는 없다. 그것은 본래부터 있는 특성인 고의 덩어리에 지나지 않는다. 주석서에 이렇게 기술되어 있다.

"5온을 고통스러운 것으로서, 종기와 같은 병으로서, 창살 같은 아픔이나, 불행, 괴로움 등으로 본다."

만약 그러한 고의 감각이 체험되지는 않는다 하더라도 무상·고·무아 세 가지 특성 중 하나가 매 관찰 시마다 명백하게 나타난다. 비록 명상자가 제대로 관찰한다 하더라도, 그는 그가 잘하고 있다고 느끼지 않는다. 알아차려지는 대상과 알아차리고 있는 의식이 충분하게 밀착되어 있지 않다고 생각한다. 이것은 그가 3법인[무상·고·무아의 세 특성]에 대해서 너무 과도하게 알려고 하기 때문이다.

그의 관찰에 만족하지 못하기 때문에 그는 자주 자세를 바꾼다. 앉아 있는 동안에는 경행하는 것이 낫다고 생각한다. 경행 시에는 좌선을 원한다. 앉은 다음에는 다리의 자세 바꾸기를 바란다. 그는 다른 장소로 가기를 원한다. 그는 눕기를 원한다. 이렇게 변형할지라도 그는 특별한 하나의 자세로 오래 있을 수는 없다. 다시 불안정해진다. 그러나 절망하지는 않아야 한다.

 이러한 모든 것은 명상자가 현상의 진정한 본성을 알게 되었기 때문에 일어난다. 수행을 실제로는 잘하고 있다. 그러나 그는 그렇게 생각하고 있지 않다. 그는 한 자세를 고수하도록 노력해야 한다. 그리고 그렇게 할 때 그 자세에서 편안함을 발견할 것이다. 계속해서 용맹스럽게 현상에 대한 관찰을 해 나가면 마음은 점차 가라앉고 밝아진다. 결국은 그의 불안감은 완전히 사라질 것이다.

(11) 현상에 대한 평등의 지혜(sankhārupekhā-ñāṇa)

 현상에 대한 평등각이 성숙되었을 때, 마음은 대단히 맑아지고 현상을 매우 분명하게 알아차릴 수 있다. 알아차림은 아무런 노력이 필요없는 것처럼 순일하게 되어간다. 미묘한 현상들도 역시 저절로 관찰되어진다. 무상, 고, 무아의 진정한 특성이 다시 돌이켜 살펴보지 않더라도 명백하게 나타난다. 몸의 어떠한 지점에서 어떠한 감각이 일어나더라도 바로 관찰되어진다. 그러나 감각에 대한 느낌은 솜이나 양모처럼 부드럽다.

 가끔씩 몸 전체에 알아차려야 할 대상이 너무나 많아질 때는 알아차림이 가속화되어져야 한다. 몸과 마음이 위로 향하여 떠는 것 같다.

 관찰되어지고 있는 대상이 성김성김해지고 쉽게 평온함 상태에서 관찰할 수 있다. 어떤 때는 몸의 형체가 모두 사라지고 정신적인 현상만

남는다. 그때 명상자는 자신의 내부에서 미세한 물방울로 샤워를 즐기는 것 같은 환희의 느낌을 경험한다.

 그는 또한 청명함으로 충만하게 된다. 그는 또한 맑은 하늘과 같은 광명을 본다. 그러나 이러한 두드러진 특징이 명상자에게 과도하게 영향을 미치지는 않는다. 명상자는 미칠 듯이 기뻐 날뛰지는 않는다. 그러나 여전히 그러한 것들을 즐긴다. 그는 이러한 즐거움도 관찰해야 한다. 그는 또한 환희와 평정함 그리고 광명을 관찰해야 한다. 관찰해도 사라지지 않는다면 그러한 현상에 주시하지 말고 다른 대상들을 관찰해야 한다.

 이 단계에서 그는 '나'라든가 '자신, 혹은 나의 것'이라는 것은 없고 오직 현상만이 일어난다는 지혜에 만족하게 된다. 즉 현상만이 다른 현상들을 인식하고 있다. 대상들을 하나하나 차례대로 알아차리고 있는 데에 기쁨을 발견한다. 오랜 시간 관찰해도 피로해지지 않는다. 그는 고통스런 감정에서 자유로워진다. 따라서 어떠한 자세를 취하더라도 오랫동안 유지할 수 있다. 앉아 있든 누워 있든 그는 두세 시간씩 불편하거나 피로를 느끼지 않고 관찰을 계속할 수 있다. 심지어 그 후에도 그의 자세는 전과 같이 부동이다.

 때때로 현상들이 신속하게 일어난다. 그리고 명상자는 그것을 잘 관찰하고 있다. 그때 그에게 무엇이 일어날 것인가에 관해서 걱정이 될 때도 있다. 그러한 걱정도 알아차려져야 한다. 그는 잘 수행하고 있다고 느낀다. 이러한 느낌도 관찰해야 한다. 지혜의 진보를 기대한다. 이러한 기대감도 관찰해야 한다. 무엇이 일어나더라도 꾸준히 관찰해야 한다. 특별한 노력을 가해도 안되고 느슨해져도 안된다.

어떤 경우에는 걱정, 즐김, 집착, 기대 때문에 알아차림이 느슨해지고 퇴보된다. 바라던 목표가 매우 가까이 와 있는 것 같이 느끼는 명상자들은 대단한 노력으로 관찰을 한다.

그렇게 하는 동안 관찰은 느슨해지고 퇴보해지기 시작한다. 이러한 것은 불안정한 마음으로는 현상을 제대로 집중할 수 없기 때문에 일어난다. 그래서 관찰이 좋은 상태에 있을 때는 견실하게 수행을 해나가야 한다.

즉 그는 느슨해져도 안되고 특별한 노력을 지나치게 해도 안된다. 계속 순일하고 견실하게 해 나간다면 그는 신속하게 모든 현상의 종식[滅]으로 파고드는 지혜를 얻고 열반을 실현할 것이다.

어떤 명상자의 경우에는 이 단계에서 더 높이 나아갈 수도 있고 다시 여러 차례 후퇴할 수도 있다. 절망하지는 말아야 한다. 대신 대결단심을 불러 일으켜야 한다. 6근 모두에 일어나는 어떠한 것이라도 놓치지 않고 관찰하도록 주의를 기울여야 한다. 그러나 알아차림이 순일하고 고요하지 않으면 그렇게 광범위하게 관찰하는 것은 거의 불가능하다.

만약 명상자가 배의 일어남과 사라짐이나 몸과 마음의 다른 부분에 관찰을 시작할 때, 그는 힘을 얻어가고 있다는 것을 발견하게 된다. 그때에 관찰은 저절로 순일하고 고요하게 되어간다. 그는 모든 현상의 일어나고 사라지는 것을 명확하고 쉽게 관찰할 수 있다. 이 지점에서 그의 마음은 모든 장애로부터 거의 자유로워져 있다. 아무리 흥미있고 즐거운 대상이라 할지라도 이미 그의 마음은 더 이상 동요하지 않는다.

또한 아무리 싫은 대상이라도 그를 더 이상 괴롭히지 않는다. 그는 단순히 보고, 듣고, 냄새맡고, 맛보고, 감촉을 느끼고, 인식할 따름이다. 여섯 가지 종류의 평등각을 갖고 모든 현상을 알아차리고 있다. 그는 관찰에 몰두하고 있는 동안은 시간의 길이조차도 모른다. 오근(五根) 즉 신심, 노력, 알아차림, 선정, 지혜가 균형있게 계발되자마자 바로 열반*을 성취한다.

열반의 지혜를 달성한 사람은 자신의 기질이나 정신적 자세가 뚜렷하게 변했다는 것을 알게 되고 그의 삶이 바뀌어졌다는 것을 느끼게 된다. 불·법·승에 대한 그의 신념과 확신은 매우 강하고 확고하게 된다. 그의 강화된 신심으로 인하여 그는 또한 환희와 평온을 얻게 된다. 저절로 행복감이 나타난다.

이러한 황홀한 체험 때문에 열반을 경험하고 난 후에 바로 명확하게 관찰을 하려고 해도 그렇게 할 수 없다. 그러나 이러한 경험은 시간이 가고 날이 갈수록 차츰 줄어든다. 그리고 나서 그는 현상을 명확하게 다시 알아차릴 수 있게 된다.

경우에 따라서 열반을 성취하고 난 후에는 커다란 짐을 벗어버린 것처럼 느껴지고 자유롭고 편안함을 느낀다. 그리고 관찰을 계속하길 원하지 않는다. 그들의 목표는 성취되어졌고 그들의 만족은 이해할 만하다. 그때에 그들은 수련의 더 높은 단계로 가야 한다.

- 역자주: 이 단계에서 마하시는 어떻게 열반을 체험하는가를 상세하게 설명한다. 그러나 이 설명이 대부분의 명상자들에게는 도움이 되지 않는다. 현재에 일어나고 있는 것을 명확하게 보지 않고 너무 많이 기대하거나 알려고 하는 것은 위험하다. 그러나 이 부분은 다른 책에는 상세하게 설명되어 있다. 그래서 역자가 엮은 위빠싸나 I, II에 상세하게 설명했다(위빠싸나 II권 364쪽 열반의 성취 참조).

붓다의 후예, 위빠사나 선사들

특별한 주의

이 책에 개요를 설명한 지혜 명상의 방법은 상당히 지식이 있는 사람에게는 충분하다. 그러한 사람은 이것을 읽고 난 후 체계적인 방법으로 확신을 가지고 지극한 간절함과 용맹스런 노력으로 관찰을 수련해야 한다. 그러나 미세한 경험과 명상자가 통과한 지혜의 단계를 이와 같이 짧은 지면에 자세하게 설명하는 것은 불가능하다는 것을 지적하고 싶다.

아직도 설명할 만한 중요한 것이 많이 남아 있다. 반면 여기에 설명되어진 것이 모든 명상자들에게 다 경험되는 것은 아니다. 자신의 능력과 업에 따라서 차이가 있을 수 있다. 또한 자신의 신심, 원력, 부지런함은 항상 변하지 않고 유지되는 것은 아니다. 더군다나 스승 없이 책에만 전적으로 의존하는 명상자는 특별한 여행을 해보지 않은 여행자처럼 조심스러워하고 주저할 것이다.

그를 안내하고 격려해 주는 스승 없이 계속 노력한다면, 열반의 길[道]과 과위(果位)에 이르는 것이 쉽지 않다는 것은 명백한 사실이다.

그러므로 그의 목적인 열반을 성취할 때까지 참으로 명상하기를 원하는 사람은 가장 낮은 단계부터 가장 높은 단계인 열반의 도(道)와 과(果)의 지혜에 이르기까지 전 과정에 걸쳐 그를 안내해 줄 수 있는, 직접 깨달아 충분한 자격을 갖춘 스승을 찾아야 한다.

이 충고는 경전에 서술되어 있는 것에 따른 것이다.

"생·노·병·사를 철견(徹見)하고 있는 지혜를 갖춘 스승을 찾아야 한다."

(더욱 상세한 것은 필자의 위빠사나 Ⅱ권 참조. 참고로 마하시 선사의 깨달음의 16관문인 청정의 7단계를 역자가 번역하여 여기에 첨부한다.)

금생에 깨닫고자 하는 이를 위하여
청정의 7단계(Seven stage of Purification 清淨의 7단계)
-마하시 사야도의 The progress of insight를 중심으로-

Ⅰ. 도덕적 행위의 청정(Sīla-vissuddhi, 戒清淨)

수행자는 5계, 8계, 혹은 10계를 지켜야 한다.
(①살생 ②도둑질 ③음행 ④거짓말 ⑤술, 환각제 ⑥오후불식 ⑦a:춤, 가락 b:향수, ⑧사치 등 사치스러운 침대 ⑨귀금속, 돈을 받음 [(⑦b포함해서10계) 이상 10가지 부도덕한 행위 삼감])
계를 지키지 않으면 수행의 진보가 없고, 몸과 마음의 본성을 철견(徹見)할 수 없다. 계를 지키면 쉽게 선정(定)을 얻어 깨달음에 이른다. 부처님의 제자였던 우띠야(Uttiya) 존자가 병에 걸려 누워 있을 때 방문한 부처님께 존다는 여쭈었다. "세존이시여, 제 병은 회복되지 않고 점점 악화되어 오늘, 내일 합니다. 저는 죽기 전에 네 번째 마지막 깨달음인 아라한과를 얻어 고(苦)의 멸(滅)에 이르고 싶습니다. 아라한과를 이루기 위한 가르침을 주십시오."
부처님께서 말씀하셨다. "너는 시작을 청정하게 해야 하느니라. 시작이 청정하면 그때 너는 아라한과를 얻을 수 있느니라. 시작이란 무엇인가? 그것은 청정한 계행과 올바른 견해[正見]니라. 바른 견해란 인과의 법칙, 업의 법칙에 대한 믿음을 받아들이는 것이니라. 그리고는 정화된 계행을 바탕으로 사념처 위빠사나를 닦아야 하느니라. 이와 같이 하면 너는 괴로움의 소멸을 얻게 되느니라."

Ⅱ. 마음의 청정(Citta-visuddhi, 心淸淨)

수행을 계속, 꾸준히 연마함에 따라 마음 챙김이 일어나는 대상에 미끄러지지 않고 쉽게 고정되고 관찰력도 향상된다.

이때는 마음의 방황이나 망상이 일어나는 바로 그 순간에 포착되어 다시 마음이 고요하게 집중되어 순일하게 중단없이 '알아차림'이 계속된다. 이 때 마음이 5장애*로부터 잠시 벗어나서 집중이 계속된다.(이때 3가지 종류의 선정이 있음, 본문 참조)

이것을 마음의 청정(purification of mind)이라 부른다. 이 청정을 얻은 후에라야 정신적·육체적 흐름의 그 참된 본질을 꿰뚫어 알 수 있다.

Ⅲ. 견해의 청정(Diṭṭhi-visuddhi, 見淸淨)

이때부터 깨달음으로 가는 지혜의 16단계가 시작된다.

1. 정신적·육체적 현상을 구분하는 지혜(nāmarūpaparicchedañāṇa, 名色區別智, Knowledge of body and mind)

---

*필자의 위빠사나 1권 Ⅱ부 참조. 5장에 극복에 관한 상세한 수행법 있음.

수행자가 '배의 일어남'과 '꺼짐'을 계속 관찰할 때 다음과 같은 현상을 자각하게 된다. '배의 일어남'이 하나의 과정이고 '배의 꺼짐'이 또 다른 과정이며, '앉아 있음' 신체 각 부위가 '닿아 있음' 등도 하나의 독립된 형상이다. 더 나아가 '배의 일어남과 사라짐'이 있고 이것을 아는 마음의 형상이 따로 있다. 신체의 이러한 변화 현상과 이 변화 현상을 인식하는 마음의 기능이 따로 있다는 앎을 체득한다. 이러한 자각은 관찰의 체험에서 오는 것이지 생각의 추리나 지식으로 오는 것이 아니다.

그리하여 눈으로 대상을 볼 때는 눈[眼根]이 있고, 눈의 대상[色]이 따로 있고, 보는 과정(seeing)이 있고, 알아차림(Knowing)이 별개로 있다는 것을 자각한다. 이 과정은 보고, 듣고, 맛보고, 냄새 맡고, 촉감 느끼고, 생각하는 일체의 행위에 똑같이 적용할 수 있다. 일체의 모든 행위나 생각에서 육체적, 정신적 현상을 구분하는 지혜가 체험될 때 육체적 현상과 정신적 현상의 흐름만 있지 거기에는 '존재의 실체', '나', '남자', '여자', '독립된 인격체' 등이 없다는 무아(無我)를 체험하게 된다.

이것을 '견해의 청정(Purification of View)'이라 한다.

Ⅳ. 회의를 극복하는 청정(kaṅkhāvitaraṇa-visuddhi, 度疑淸淨)

2. 인연을 식별하는 지혜(Paccayapariggaha-ñāṇa, 緣把握智, Knowledge by discernin conditionalty)

위의 첫 번째 지혜가 성장됨에 따라 몸의 움직임은 마음의 의도나 명령의 결과로 일어난다는 것을 자각하게 된다. 팔이나 다리를 구부릴 때 구부리겠다는 의도가 먼저 있고 구부리는 동작이 따라 나온다. 모든 행위에도 이와 같은 조건, 관계성이 있다는 것을 체험하게 된다.

눈의 감각문[眼根]과 보이는 대상[色]이 있을 때 안식(眼識)이 일어난다. 인식할 수 있는 대상이 있을 때 관련된 의식이 일어난다. 다른 6근(根)의 경우도 마찬가지다. 일어나는 모든 것은 원인을 갖고 있다.

이렇게 계속 관찰할 때 수행자는 다음과 같이 결론을 내릴 수도 있다. "이러한 조건과 원인은 무명, 탐욕, 업 등이며 이 결과로 몸과 의식이 계속된다."

"몸과 마음은 인연과 업(業)의 형상이며 몸과 마음을 조건 짓는 것과 몸과 마음의 조건되어지는 흐름만이 있다."(물론 이렇게 결론 짓는 생각도 관찰되어져야 함) 독립된 '개체'나 '인간'이 있는 것이 아님을 알게 된다. 이것을 "회의를 극복하는 청정(Purification by overcoming Doubt)"이라 한다.

3. 현상의 바른 이해에 대한 지혜(Sammasana-ñāṇa, 思惟智, Knowledge of comprehension)

두 번째 지혜가 성장됨에 따라 수행자는 관찰하는 일체의 대상에서 처음, 중간, 끝을 알아차리게 된다. 하나의 현상이 사라졌을 때만이 그 다음의 현상이 일어난다. 예를 들면 배의 일어남이 끝난 후 배의 꺼짐이 시작된다. 발의 들어올림이 끝난 후, 발을 앞으로 내밀어 시작되고, 내밈이 끝난 후 땅바닥에 내려놓음이 시작된다. 고통스러운 감각의 경우도 하나의 감각이 특정 부위에서 일어나고 사라진 후, 다른 곳에서 일어난다. 반복해서 고통을 관찰할 때, 고통이 점차 경감되어 마침내 사라지게 된다. 망상이나 이미지도 마찬가지다. 모든 현상이 영구히 계속되거나 사라짐으로부터 자유로운 것은 아무것도 없다는 것을 자각하게 된다. 수행자는 사라져 가는 무상(無常)을 느끼고, 생(生)한 후에는 멸(滅)해지는 괴로움(苦)을 이해하고, 대상이란 주인이 없는 단순한 현상들의 집합으로 된 무아(無我)임을 통찰하게 된다. 이것을 이론이나 추론이 아닌 체험으로 자각하게 될 때 이 지혜를 얻는다.

4. 일어나고 사라지는 현상에 대한 지혜(Udayabbay-ñāṇa, 生滅智, Knowledge of arising and passing away)

수행자가 일념으로 몸과 마음의 현상을 관찰할 수 있을 때 지금 현재의 몸과 마음의 진행되는 흐름만 있다는 것을 알게 된다. 이때 밝은 빛이 나타날 수도 있다. 램프, 번갯불, 달빛, 햇빛 등과 같은 현상이 나타나서 잠시 계속된 때도 있고 오래 지속될 때도 있다.

관찰이 예리하게 됨에 따라, 마치 예리한 칼로 대나무 순을 자르듯이 몸과 마음의 모든 현상을 명확하게 분리해서 관찰할 수 있다. 관찰되지 않고 지나가는 몸과 마음의 현상은 없다.

이때는 망상없이 일념으로 무상·고·무아가 순일하게 관찰되기 때문에 불·법·승에 대한 신심이 확고해진다. 환희심, 경쾌안각, 온몸에 퍼지는 충만한 행복감 등의 7가지 현상이 나타나기 시작하는데 여기에 집착하고 있는 그대로 관찰하지 않으면 마의 장애가 일어난다.(더욱 상세한 것은 필자의 위빠사나 Ⅱ권 Ⅴ부 참조)

V. 도와 비도에 대한 앎과 봄의 청정

(Maggamāgga-ñāṇa dassana-visuddhi, 道非道見淸淨)

수행이 진보됨에 따라 빛, 환희, 경쾌함, 평온 등의 7가지(위빠사나 Ⅱ권 Ⅳ부 참조)를 체험함에 따라 몸이 빛으로 쌓일 때도 있고 몸이 공중을 날아다니는 것 같은 기분이 들 때도 있고 평온의 상태가 계속 될 때도 있다. 이러한 경험들은 열심히 노력하는 수행자는 누구나 체험한다. 사람에 따라 1주일에서 2주일 동안 계속된다.

이때 이것에 집착하여 이 상태를 열반이라고 착각하여 붙들고 있다면 이것은 잘못된 길[非道]이다. 이것은 단지 사소한 부수적인 경험에 불과하고 여기에 만족하지 말고 계속 내관(內觀)을 밀밀면면(密密綿綿), 성성적적(猩猩寂寂)하게 이어가야 한다.

Ⅵ. 수행길에 대한 앎과 봄의 청정
(Paṭipada-ñāṇa-dassanan-vissuchi, 行道智見淸淨)

위와 같은 통찰의 장애에 잡착하지 않고 꾸준히 순일하게 내관해 가면 6근 문두(眼·耳·鼻·舌·身·意)에 나타나는 생멸(生滅) 현상들이 관찰된 즉시 일어난 자리에서 바로 사라진다는 것을 알게 된다. 이와 같이 수행자는 자신의 직접 체험에 의해서 정신적 육체적 현상이 어떻게 일어나고 사라지는가를 자각하게 된다. 장애에 구속되지 않고 매순간 일어나고 사라지는 현상들을 관찰할 수 있을 때 마지막 생멸지(生滅智)를 얻었다고 할 수 있다.

이 네 번째 지혜에서 시작되는 행도지견청정(行道智見淸淨)은 13번째 지혜인 적용의 지혜 단계까지 계속된다.

5. 사라짐에 대한 지혜(Bhaṅga-ñāṇa, 壞滅智, Knowledge of dissolution)

수행이 진행됨에 따라 모든 몸과 마음의 현상들을 부문별로 보게 된다. 무엇이든 일어난 것은 즉각 사라져 가는 흐름의 연속으로 관찰된다. 관찰이 예리해짐에 따라 몸, 손, 발, 얼굴, 손을 뻗을 때, 몸의 동작시 등의 형체가 분명하지 않다.

배의 일어나고 꺼지는 것을 관찰하고 있는 동안에도 처음과 중간은 분명하지 않고 오로지 사라지는 단계만 명백하게 포착된다.

이때는 관찰되는 대상이 이미 사라지고 난 후의 분명하지 않은 부분만 관찰하고 있는 것처럼 느껴진다. 알아차림에 관련된 의식은 대상과의 접촉점을 잃어버린 것 같다.

이때는 두 가지 요소만 현전한다. 즉 알아차림의 대상과 알아차림의 의식이 한 쌍으로 사라져가기만 한다. 배가 일어나는 한 동작에 있어서도 실제로는 수없는 일어남의 현상이 있지만 사라짐만 연속적으로 보여진다. 그것은 마치 매순간 사라져 가는 여름철의 아지랑이처럼 보인다. 혹은 호수 위에 수없이 떨어지는 소낙비의 물방울이 생기고 사라지는 것처럼 보인다.

다른 부분의 몸과 마음에 대한 관찰 역시 이와 같이 사라짐이 하나의 쌍으로 계속 흐르고 있다는 것을 알게 된다.

6. 두려움의 인식에 대한 지혜(Bhayatupaṭṭhāna-ñāṇa, 怖畏智,

Awearness of fearfulness)

사라짐에 대한 지혜가 향상되어 감에 따라 모든 주관·객관의 형채가 사라져 가는 면만 관찰됨에 따라 모든 현상이 두렵게 느껴진다. 매순간 알아차려지는 대상과 알아차리는 의식이 쌍으로 계속 사라짐을 본 후에는 과거에 모든 조건 지워진 현상이나 미래의 모든 조건 지워진 현상도 이처럼 사라져 붕괴되어 갈 것이라는 것을 이해하게 된다. "일체의 조건 지워진 현상은 참으로 두렵구나!"

7. 고통에 대한 지혜(ādīnava-ñāṇa, 過患智, Knowledge of Misery)

모든 현상에 두려움이 내재되어 있다는 것을 이해한 후에는 모든 현상 즉 알아차림의 객관적 대상이나 주관적 의식 혹은 어떤 종류의 삶이나 존재들도 무기력하고 활력을 주지 못하고 불만족스럽게 느껴진다. 이때 모든 현상에 고통이 내재되어 있음을 알게 된다. 무상과 고를 절감한다. 이러한 느낌이나 이해도 관찰되어져야 한다.

8. 혐오감에 대한 지혜(Nibbida-ñāṇa, 厭離智, Knowledge of Disgust)

모든 조건 지워진 현상에서 고통 있음을 보고 혐오감을 강하게 느끼게 된다. 마음은 점점 불만족스럽고 열의가 없게 되지만 수행을 포기하지는 않는다.

모든 현상에 혐오감을 느끼지만 이것이 수행으로 인해 온 것이 아니라 현상 그 자체에 이러한 특성이 있다는 것을 알게 된다. 심지어 인생에 가장 즐겁고 가장 행복하고 신나는 것에 마음을 기울여도 즐거움이나 만족을 찾지 못한다. 반대로 오히려 그의 마음도 오로지 열반을 향한 강한 간절심을 일으키게 된다.

9. 해탈을 달성하려는 마음의 지혜(Muñcitukamayata-ñaṇa, 脫欲智, Kno-wledge of Desire of Deliverance)

모든 현상에 혐오감을 강하게 느낀 수행자는 무상·고·무아를 절감하고 이러한 조건 지워진 현상에서 탈출하려는 해탈에 대한 강한 열망이 솟구쳐 일어난다. 이때에는 여러 가지 고통스러운 감각이 수행자의 몸에서 일어난다. 또한 똑같은 자세에서 오래 앉아 있고 싶어하지 않는다. 이러한 현상이 일어나지 않는 경우에도 모든 현상에서 안심입명처가 없음이 더욱더 수행자 자신에게 이전보다 더 강하게 느껴진다. "하루속히 이 고통의 구렁텅이 속에서 자유로워지기를! 일체의 조건 지워진 현상이 다한 경지에 이르기를! 모든 이러한 현상을 완전히 방하착할 수 있기를!"

10. 다시 살펴보는 지혜(Paṭisaṅka-ñaṇa, 反省智, Knowledge of Reobservation)

모든 현상에서 무상(無常)·고(苦)·무아(無我)의 특성을 뼈저리게 통감하고 몇 번이고 되풀이하여 관찰한 후 여기에서 해탈하기 위한 일념으로 수행에 더욱더 박차를 가해 나간다.

삼법인 중에서도 특히 고(苦)의 현상이 강하게 느껴진다. 이 단계에선 몸과 마음에서 견디기 힘든 고통의 덩어리나 병을 겪기도 하는데 고통의 감각을 확고하고 예리하게 관찰해 나가면 곧 사라진다. 이같이 인내를 가지고 현상을, 예리하고 미세한 변화들을 관찰할 때 고통은 사라지고 초조와 불안은 극복된다.
　이와 같은 기민하고 예리한 관찰력으로 삼법인을 거듭거듭 이해하게 되는 것을 다시 살펴보는 지혜라 한다.

11. 현상에 대한 평등의 지혜(Saṅkhārupekkhā-ñāṇa, 行捨智, Knowledge of Equanimity about Formation)

　다시 살펴보는 지혜가 성숙됨에 따라 몸과 마음의 생·멸 흐름을 순일무잡하게 노력을 들이지 않고도 저절로 관찰하게 되는데 이런 상태를 평등에 대한 지혜라 한다. 이때는 수행은 저절로 자연스럽게 진행되고 오욕 팔풍, 순경계, 역경계에 무심(無心)하게 되어져 가며 단지 관찰만 할 뿐이다.『청정도론』에서도 "두려움(슬픔)과 기쁨을 다 놓아버린 수행자는 어디에도 치우치거나 마음에 동(動)함이 없고 모든 일체의 현상에 중도를 지킨다"라고 했다.
　만약 이때 수행자가 결단심을 가지고 '다시 한 번 용맹정진하리라'고 생각하면 바로 관찰이 저절로 순일하게 진행된다. 더이상의 노력은 필요없다. 관찰은 저절로 2~3시간 정도 일념으로 망상없이 진행된다.

12. 적멸로 나아가는 통찰지혜(Vuṭṭhānagāmine-Vipassanā, 出起觀, insight leading to Emergence)

　11번째 평등지가 예리하고, 강하고 섬세하고 성성적적하게 향상되면 모든 현상을 무상·고·무아로 알게 된다. 이때 삼법인 중 하나가 더욱더 명확하게 이해되면서 신속한 속도로 2~3회 이상 연속된다. 이것을 적멸로 나아가는 지혜라 한다. 연속적인 내관이 진행되다가 마지막 알아차림이 있은 직후 모든 육체적 정신적 현상[行]이 멸한 열반의 상태에 이른다. 소위 선사들이 말하는 "일어나는 성질을 가진 것은 무엇이든 사라져 버린다."는 법의 눈(法眼)을 얻게 된다. 이것을 『밀린다왕문경』에서는 다음과 같이 말했다.

"오! 대왕이시여, 수행자의 알아차림이 연속적으로 일어나는 현상을 초월하여 생멸 현상이 다한 멸(滅)의 상태에 이릅니다. 정확하고 법도에 맞게 수행한 사람은 적멸에 이르는데 이를 열반을 실현했다고 합니다."

13. 적응의 지혜(Anulaoma-ñāṇa, 隨順智, Knowledge of Adaptation)

위의 적멸로 나아가는 내관이 연속되다가 마지막으로 일어난 관찰의 지혜를 적응의 지혜라 한다.

이것은 '수행길에 대한 앎과 봄의 청정(Purification by knowledge and vision of the course of practice)'의 마지막 상태이다.

14. 성숙지 혹은 종성지혜(Gotrabhū-ñāṇa, 種姓智, Maturity Knowledge)

그 직후 모든 조건 지워진 현상이 다해 버린[滅] 열반에 처음으로 도달하게 되는데 이것을 종성지(수다원 성취과에 이르기 직전)라 한다.

이때는 세간과 출세간의 사이에 있다고 볼 수 있다.(더욱 상세한 설명은 생략한다.)

Ⅶ. 앎과 봄의 청정(ñāṇa dassaṇa-vissudhi, 智見淸淨, Purifica-tion by knowledge and vision)

15. 도의 지혜(Magga-ñāṇa, 道智慧, path knowledge)

종성지 직후 즉각 열반을 체험하게 된다. 모든 현상이 멸했기 때문에 비어버린[眞空] 상태를 열반이라 한다. 이것을 도의 지혜라 하며 또한 앎과 봄의 청정이라 한다. 종성지와 마찬가지로 찰나간의 한 차례의 의식상태만 계속된다.

16. 과의 지혜(Phala-ñāṇa, 果智慧, Fruition Knowledge)

곧바로 앞에서 진행되던 마지막 단계에 이르는 지혜가 일어나는데 이를 과의 지혜라 한다. 역시 열반의 상태에 있다.(상세한 것은 위빠싸나 Ⅱ, Ⅴ부 참조)

17. 반조해 보는 성찰지혜(Paccavekkhaṇā-ñāṇa, 省察智, knowledge of Reviewing)

종성지혜, 도의 지혜, 과의 지혜의 3단계는 길지 않다. 한 가닥 알아차림의 순간처럼 짧다. 그 결과 성찰지혜가 일어난다. 성찰지혜를 통하여 수행자는 '적멸로 나아가는 통찰지혜'가 매우 기민한 알아차림과 함께 와서 마지막 알아차림 직후, 도의 의식(path conciousness)은 열반에 든다. 이것을 '도(道)를 성찰해 보는 지혜'라 한다.

또한 도(道, Path)와 성찰(Reviewing) 사이에 멸(滅)의 상태에 있는 의식을 체험으로 감지하게 되는데 이것을 '과(果)를 성찰해 보는 지혜'라 한다. 더 나아가 모든 현상이 공(空)해 버린 것을 체험으로 감지하게 되는데 이것을 '열반을 성찰해 보는 지혜'라 한다.

이것을 성찰해 본 후에 수행자는 다시 몸과 마음의 현상을 관찰해 보면 11번째의 '평등지(行捨智)'보다 더 거칠게 관찰되는데 이것은 4번째의 생멸지(生滅智)부터 다시 나타나기 때문이다. 그러나 숙달된 노련한 수행자는 바로 11번째 단계인 평등지혜[行捨智]부터 일어나서 과의 지혜는 마음이 미리 정한 시간 동안 언제든지 들 수 있다.

18. 보다 높은 도과(道果)의 성취

수행자가 과(果)의 상태에 드는 것이 숙달되었을 때 다시 한 번 재발심하여 대결단심(大決斷心)으로 보다 높은 도과(道果)를 이루기 위한 마음의 전열을 가다듬어야 한다.

그리하여 수행자는 6근 문두(眼·耳·鼻·舌·身·意)에 일어나는 가장 명백한 현상에 마음을 집중하여 내관(內觀)해 들어간다. 4번째 생멸지(生滅智)에서 11번째 평등지[行捨智]까지 하루 혹은 한 시간 만에 갈 수도 있고 더 걸릴 수도 있다. 이것은 5근(信, 念, 努力, 定, 慧)의 성숙, 균형의 정도에 따라 다르다. 5근이 충분이 발달되어 있지 않으면 보다 높은 도과의 성취는 불가능하다. 5근이 균형되게 향상되어 있으면 언제든지 도과에 들 수 있다.

(역자주:수행의 결실여부는 도과에서 나온후 10가지 결박의 번뇌 소멸로 확인한다. 즉 수다원과에서 유신견(有身見-오온이 '나'라는 생각), 형식과 의식에 집착(戒禁取見), 의심이 소멸되고, 사다함과에

서 감각적 탐욕과 성냄이 약화되고 아나함과에서 완전히 소멸된다. 아라한과에서 색계에 대한 집착, 무색계에 대한 집착, 불안정(들뜸), 자만심, 근본 무명이 소멸된다. 여러 선지식을 만나 점검 받는게 중요하다. 사다함·아나함·아라한을 성취하는 설명은 필자의 위빠싸나 Ⅱ권 Ⅴ부에 보다 자세하게 나와 있으므로 여기에선 반복을 피하고 5근을 균형시키기 위한 9가지 방법만 약술하겠다.)

5근(根)의 계발을 위한 9가지 법도(역자 추가분)
5근 - ①신(信, Saddha) : 정견(正見)을 통한 불(佛), 법(法), 승(僧), 인과, 업, 연기, 사제에 대한 이해와 믿음.
　②정진(精進, Viriya) : 불퇴전의 노력, 추가적인 노력.
　③염(念, Sati) : 마음챙김, 알아차림, 기억.
　④정(定, Samādhi) : 일념 집중.
　⑤혜(慧, paññā) : 꿰뚫어 보는 앎, 깨달음.

첫째, 무상(無常)을 관찰하라. 상응부 경전에서 무명을 없애기 위해서는 무상을 통찰하라고 붓다께선 말씀하셨다. 모든 조건 지워진 현상은 멸한다(因緣生, 因緣滅). 사리불, 목련 존자는 이 한마디에 수다원과를 얻었다. 몸과 마음의 변화, 무상, 사라짐과 생함의 그 사이를 꿰뚫어 보라. 달빛이 호수를 투과하듯이, 알아차림의 내관은 현상 이전까지 뚫어보는 특성이 있기에 깨달음이 가능하다.

둘째, 관찰 수행시에 진지하고 소중하게(respectfully) 그리고 꿰뚫어 보는 앎(penetratively)으로 수행해야 한다. 꿰뚫어 보는 앎은 지금 여기 (now, here)에 일어나고 있는 현상의 당처를 미끄러지지 않고 내관(內觀)하는 것을 뜻한다. 그때 현상의 겉모습이 아닌 본질이 드러난다. 구름이 다하면 달이 나타나듯이.

셋째, 수행의 내관(內觀)이 빈틈없이 무간단(無間斷)으로 밀밀면면 (密密綿綿)하게 연속되어야 한다. 수행의 성패는 여기에 달렸다. 계속 꾸준히 땅을 파면 마침내 청정수가 나오는 것과 같다.

넷째, 7가지 수행여건을 갖추는 것이다.
①적절한 수행 장소
②탁발하기 쉬운 곳
③적절한 대화 : 계·정·혜 등 수행에 도움되는 것
④훌륭한 도반
⑤음식 : 많이 먹는 포식은 독약과 같음
⑥기후
⑦적절한 자세 : 行·住·座·臥 균형있게.

다섯 번째, 수행시 삼매에 들거나 깊은 마음챙김으로 높은 단계로 도약했을 때 그때의 방법과 원인을 잘 헤아려서 언제든지 자유자재할 수 있도록 그 테크닉을 숙달한다.

여섯 번째, 7각지(念覺, 法의選擇, 精進覺, 喜覺, 輕快安覺, 定覺, 平等覺)를 계발해야 한다.(자세한 것은 위빠싸나 Ⅱ권 Ⅳ부 참조)

일곱 번째, 몸이나 생명에 대해서 걱정해서는 안된다. 아침에 도를 얻으면 점심 전에 죽어도 좋다는 각오로 수행해야 한다.(爲法忘軀)

여덟 번째, 몸과 마음에 고통이 일어날 때 더 한층 불굴의 노력을 가하여 극복해야 한다. 고통을 사랑하라(love pain)! 인내가 열반으로 인도한다.

아홉 번째, 구경의 아라한과를 성취하여 탐·진·치를 제거하고 영원히 생사해탈하며 일체 중생을 제도할 때까지 도중에 절대로 수행을 포기하지 않고 수행을 습관화하는 수행자의 절개를 지킨다.

"게으르지 않음은 영원한 삶의 집이요
 게으름은 죽음의 집이다.
 게으름을 모르는 사람은 죽음도 모를 것이고
 게으른 사람은 이미 죽음에 이른것이나 마찬가지다."
　　　　　　　　　　　　　　　　　　　　　　　-법구경-

"삶은 덧없고 목숨은 짧다네.

늙음 피하지 못하는 자 조용히 쉴 곳 없으니
죽음의 두려움을 꿰뚫어 보는 사람
세상의 욕망을 버리고
열반을 원하리."

-쌍윳따니까야-

"슬기를 갖춘 영웅은
항상 참선을 즐기면서 선정에 든다.
삶의 존속에 얽매이지 않고
밤낮으로 정진한다.
죽음의 군대를 쳐부수어
다시는 태어나지 않고
완전한 열반에 든다."

-쌍윳따니까야-

이렇게 부처님은 설하시고 마지막 유언으로 다음과 같이 당부하셨다.
"모든 조건 지워진 것은 사라진다. 쉬지 말고 정진하라. 해탈을 이룰 때까지……"

-디가니까야-

제3장
순룬사야도
(Sunlun Sayadaw)

SUNLUN
SAYADAW

1. 고통의 극복을 통한 해탈

순룬 사야도는 중부 미얀마 밍얀 근처에 있는 순룬 마을의 동굴사원 출신이다. 이 인연으로 해서 그의 이름이 순룬으로 불리워지게 되었다. 1878년에 출생했고, 이름은 우 쟈 딩(*U Kyaw Din*)이었다. 그는 사원학교에 다녔으나 배운 것은 별로 없었다. 15세에 밍얀에 있는 지방위원회의 사무실 사원으로 취직했다. 그는 같은 마을의 마 쉐이(*Ma Shweyi*)와 결혼했다.

나이 30세에 직장에서 퇴직하고 농부가 되기 위해 그가 태어난 마을로 돌아왔다. 흉년을 맞이하여 다른 사람들의 농장은 사양길로 접어든 반면 그의 농장은 날로 번창해 가기만 했다. 우 쟈 딩의 농장은 계속 번창해 갔다. 미얀마인들 사이에서는 자신의 재산이 갑자기 증식되면 곧 죽는다는 전설이 있었다. 그는 갑자기 늘어난 재산이 걱정되어 한 점성가를 찾아갔다. 점성가로부터 두발 달린 생명이 그의 집을 떠난다는 말을 들었다. 이것은 그가 죽게 된다는 것과 동일한 말이었다. 겁에 질린 그는 자선을 베풀기로 결심했다.

그의 집안에서 큰 천막을 세우고 3일 동안 사람들을 초청해서 식사를 제공했다. 3일째 되는 날에 어떤 낯선 승려가 그 잔치에 나타났다. 그는 위빠사나 수행에 관해서 이야기하기 시작하였다. 이 이야기를 듣는 순간 그는 크게 감동하기 시작했다. 그날 저녁에는 잠도 잘 수 없었다. 그 수행에 입문하기를 원했으나 경전에 대한 지식 부족으로 그의 희망을 말하기조차 두려웠다.

다음날 그는 경전에 무지한 사람도 수행을 할 수 있는지를 그 스님에게 여쭈었다. 그 스님은 위빠사나 수련은 경전 지식을 요구하는 것이 아니라 단지 간절한 마음과 부지런한 정진력만을 요구한다고 했다.

그리고 나서 그에게 호흡이 들어오고 나가는 것을 관찰하라고 했다. 그날부터 시간이 있을 때마다 호흡 출입을 관찰하기 시작했다.

그러던 어느날 호흡 출입이 관찰하는 것만으로는 충분하지 않다고 말하는 한 친구를 만났다. 그를 코끝을 스치는 호흡의 감각을 알아차려야 한다고 했다. 우 갸 딩은 호흡에서 느끼는 감각의 알아차림을 수련했다.

그의 수련이 더욱 집중됨에 따라 그는 호흡의 느낌뿐만 아니라 옥수수를 자를 때 칼을 잡은 손의 감촉과 물을 길을 때 로프에 닿는 손의 감촉, 걸을 때는 땅에 닿는 발의 감촉 등도 알아차리려고 노력했다. 그가 하는 모든 것에 있어 느껴지는 감각을 알아차리려고 노력했다. 가축을 돌볼 때는 나무 그늘 아래 앉아서 호흡에 마음챙김을 했다. 수행 중에 색깔이 있는 빛과 기하학적인 무늬를 보기 시작했다. 그러한 것들이 무엇인지 몰랐지만 수행의 결실로 생각했다. 이러한 것들에 크게 용기를 얻어 더욱 열심히 수련하기 시작했다.

더 집중적으로 수련함에 따라 때로는 감각이 굉장히 고통스러워지기도 했다. 그러나 그러한 것들이 그를 멈추게 하지는 못했다. 그러한 것을 수행의 결실로 간주하고 보다 더 큰 결실을 얻으려면 이러한 것들을 극복하고 뛰어넘어야 한다고 믿었다. 그래서 더욱더 노력했고 고통스러운 감각을 극복하고 수행의 높은 단계에 다다를 때까지 더욱더 단호하게 마음집중을 연마해 나갔다.

이와 같은 열성적인 노력으로 1920년 중반에 열반을 처음 맛보는 입류과(수다원)를 성취했다. 다음달에 열반의 2번째 단계(사다함)를 얻었고, 세 번째 달에 그는 세 번째 단계(아나함)를 성취했다.

그는 그의 부인에게 승려가 되게 해달라고 허락을 구했다. 완강한 거부 끝에 마침내 부인이 동의했다. 그러나 그런 후에도 부인은 그녀의 곁을 떠나기 전에 마지막 콩 경작을 위해 씨를 뿌려주고 갈 것을 요청했다. 그는 농장에 나가서 그녀의 마지막 소원을 들어주기로 했다. 그러나 그가 씨를 뿌리는 동안에도 세상을 버려야겠다는 강한 충동을 느꼈다.

그의 가축들을 모두 놓아주고 가축 멍에를 나무에 기대어 세워 놓은 채 마을에 있는 사원으로 가서 절차에 따라 사미로서 받아줄 것을 주지 승려에게 간청했다.

승려가 된 후 그는 근처에 있는 동굴로 가서 열심히 수련했다. 마침내 1920년 10월에 해탈의 마지막 도과인 아라한과를 성취했다. 이러한 소문이 승려들 사이에 알려졌다. 많은 승려들이 그를 시험하러 몰려들었다. 비록 그의 지식은 거의 문맹에 가까웠지만 그의 대답은 가장 박식한 스님들까지도 만족시켰다.

종종 그가 설명한 대답에 그들은 동의하지 않는 점도 있었지만 경전과 대비했을 때 경전상의 많은 중요한 내용들이 그의 말을 입증한다는 것을 알았다. 각지에서 많은 학식있는 승려들이 그의 지도를 받으려고 구름처럼 몰려들었다. 그 중에는 용맹정진을 한 후에 완전한 깨달음을 얻게 된, 대단한 학식을 가진 냐웅 사야도(Nyaung Sayadaw)도 포함된다. 순룬 사야도는 1952년 육신을 버리고 대열반에 들었다.

순룬 사야도는 천성적으로 정직하고 과묵하며, 대단한 정신력과 결단력의 소유자였다. 그의 사진을 보면 고정된 시선, 맑은 눈, 꽉 다문 턱 등에서 그가 불굴의 강인한 의지를 지닌 참으로 깨친 성자의 상징인 위대한 용기의 소유자라는 것을 한눈에 알 수 있다.

현재 미얀마 전역에 걸쳐 많은 그의 제자들이 순룬 사야도의 수련을 가르치고 있다. 양곤 주위에서도 순룬 사야도의 수도원을 여러 곳에서 찾아볼 수 있다.

가장 큰 사원 중 하나인 옥카라파의 순룬 사원엔 두 분의 사야도가 상주한다. 우 티로카와 우 통데라인데 두 분 다 순룬의 상수제자이다. 이 거대한 사원에는 20여 명의 승려만이 거주한다. 왜냐하면 대부분의 막사와 법당은 일반 신도들이 이용하고 있기 때문이다. 단체 좌선은 사야도로부터 고구정녕한 경책 법문을 듣고 매일 4번에서 5번씩 한다. "여러분들은 인간으로 태어난 행운을 가졌다. 더욱 운이 좋은 것은 법문을 듣는 것이다. 참으로 수행할 수 있는 이런 특별한 기회를 놓치지 마라. 부지런하여라. 그리고 해탈을 얻기 위해서 열심히 노력하여라."

거울로 꾸민 거대한 홀은 노소 구별없이 수백 명의 수련인들로 가득 메워지기도 한다. 좌선은 2시간 이상도 계속된다. 처음 45분 동안은 모든 법당에서 집중력 훈련인 강한 호흡을 강도 높게 수련한다. 그 후에 수행자는 사야도의 지시에 따라서 몸에 일어나는 감각에 마음을 집중

한다. 2시간 혹은 3시간까지 몸을 움직이지 않고 계속한다.

순룬 사야도의 명상 지도자들은 다른 수련법들도 가능하다고 인정은 하지만 그들의 방법이 가장 명쾌하고 단도직입적인 길이라고 강조한다.

그들은 아찬 차와 아찬 붓다다사의 자연스러운 방법은 너무 느리고 간접적이라고 한다. 그리고 마하시 사야도와 타웅푸루 사야도와 같은 기법은 직접적인 지혜 계발이 아닌 개념을 통한 집중 계발이라고 비판한다.

순룬 수련의 열쇠는 감각(특히 고통)을 직시하는 데에 집중하는 강렬한 노력에 있다. 법당에서 순룬 수행자들이 강하게 하는 호흡으로 절정에 이른 것을 보고 있으면 마치 연주하고 있는 오르간의 중앙에 자신이 서 있는 것 같은 기분을 느낀다. 강한 호흡을 주시함으로써 마음을 집중하게 하는 데는 엄청난 노력이 필요하다. 몸의 고통을 충분히 경험하기 위하여 움직이지 않고 고정되게 앉아 있으면서 행하는 지혜 수련에는 더 많은 인내와 노력이 요구된다.

감각, 특히 고통에 마음챙김하는 것은 순룬 수행을 가장 두드러지게 특징지우는 요소이다. 그것은 매 좌선 때마다 해탈에 필요한 선정과 지혜를 용맹스럽게 계발하게 하는 목표지향적인 수련법이다. 움직이지 않고 오래 앉아 있는 것을 강조한다. 본인이 순룬 수도원에서 승려 신분으로 수행하고 있던 어느날 밤에 미얀마에서 만든 예쁜 염주를 하나 선물받았다. 그 독실한 신자는 나에게 선물하면서 밤새 움직이지 않고 앉아서 오늘 저녁에 바로 열반을 실현하라고 간곡히 부탁했다.

고통과 산만함을 극복하기 위하여 전심전력하는 것이 순룬 사야도의 방법이다. 강한 호흡에 대한 집중력과 감각은 수행자를 산만하게 하는 많은 장애들을 쉽게 극복하게 한다. 아무리 졸음이 오더라도 코 끝에 느끼는 감각에만 집중하게 하는 한 차례의 강한 호흡으로 바로 잠을 깨울 수가 있다. 이 테크닉은 초조하거나 산만한 마음을 고요하게 하는 데도 마찬가지의 효과가 있다. 왜냐하면 강하게 호흡하는 엄청난 노력 앞에서 대부분의 망념들은 바람 앞에 구름처럼 날아가 버린다.

순룬 수련법은 혼침의 상태에 있는 마음을 맑게 깨우고 수행자를 맑고 집중된 상태로 이끌어 준다. 고통과 감각에 더욱더 깊이 마음챙김함으로써 '알아차림'을 더욱더 예리하게 한다. 이러한 수련으로 단시간 내에 고요하고 집중된 마음의 상태를 경험할 수 있다. 그리고 이 상태에서 몸과 마음의 현상을 관찰할 때 맑은 통찰력과 지혜를 얻게 하고 마침내 열반으로 나아가게 한다.

옥카라파의 순룬 수도원에서는 서구에서 온 수행자를 환영한다. 여기에서도 미얀마의 다른곳과 마찬가지로 방문하는 수행자에 대한 환대와 지원은 대단하다. 비록 사야도(선사, 스승)는 영어를 못하지만 방문자를 위하여 영어를 정확하고 유창하게 통역할 수 있는 제자들이 많이 있다. 사야도들은 질문이 있을 때는 언제든지 환영한다. 그러나 불퇴전의 용맹 정진을 가장 강조한다. 이것이 달마[法]에 대한 의심을 실질적으로 답해 주는 유일한 길이라고 강조한다.

2. 수행자와 지혜 명상

　명상에 대한 실질적인 접근방법을 제시하겠다. 이 문제를 순룬 사야도의 수행법에 따라 수행자의 관점, 즉 수행자의 성향과 성격, 수행상에 부딪히는 문제와 어려움, 사소한 관심과 집착 그리고 미묘한 자기 기만의 관점 등에서 고찰해 보겠다.
　수행자에게 가장 먼저 요구되는 것은 집중력이다. 왜냐하면 집중된 마음이 곧 청정한 마음이기 때문이다. 다섯 가지의 장애요소, 즉 탐욕, 성냄, 혼침과 무기력, 불안과 회의를 정화한 마음만이 위빠사나의 지혜를 완성한다. 마음을 정화하는 데는 집중의 대상이 필요하다.
　이 집중의 대상에는 2가지 종류(사마타와 위빠사나)가 있다. 그 하나는 몸과 마음 밖에 있는 것들이다.
　예를 들면 색원반, 시체, 매일 먹는 음식과 같은 외부적인 것들이다.
　그 다음의 대상은 수행자의 몸과 마음 그 자체이다. 이러한 것들 가운데 어떠한 것도 명상의 대상으로 선택할 수 있다. 예를 들면 색원반을 택할 수 있다. 수행자가 색원반이나 반점을 채택했다고 하자. 그리고 약 3야드 정도의 적당한 거리에 그것을 둔다.

---

* 이 법문은 순룬 사야도의 상수제자 중 한분에 의해 몇해전 양곤에서 행하여진 법문이다. (순룬 가르침에 의거하여)

그는 다리를 포개어 앉는다. 원반을 향하여 몸을 바로 세우고 눈을 너무 크게도 작게도 아닌 상태로 뜨고 그 원반을 응시한다. 마음속에 하나의 고정된 상을 얻기 위하여 그 원반에 마음이 고정되도록 열심히 노력한다. 마침내 눈을 감았을 때도 원반에 대한 마음의 영상을 떠올릴 수 있을 때까지 이것을 수련한다. 이것이 처음 얻는 상(像, nimitta)이다. 계속해서 이 상에 대하여 집중하면 더욱 분명하게 대응된 상이 나타난다. 이 대응된 상이 집중된 마음과 함께 나타난다.

만약 그가 그 상을 멀리 보려고 하면 멀리 본다. 만약 이것을 가까이, 왼쪽으로, 오른쪽으로, 내부에, 바깥에, 위에, 아래에 어디에서든 원하는 대로 관할 수 있다. 대응된 상을 얻은 후에 수행자는 끊임없는 노력으로 정성을 다하여 그것을 잘 호지해야 한다. 그리하여 계속 수행하여 익숙해 질 때는 원한다면 언제든지 강한 삼매력을 얻는다. 그 결과 확고부동한 선정이 온다. 이러한 훈련으로 사마타 즉 집중(선정) 명상의 모든 단계를 성취할 수 있다.

이와 같은 방법으로 흙[地]이나 물[水], 불[火] 등을 대상으로 해서 수련할 수도 있다. 흙을 대상으로 수련하여 얻을 수 있는 이익 중 하나는 사람이 땅 위를 걷듯이 물위를 걸을 수 있는 신통력이다. 만약 물에 집중하여 신통력을 얻는다면 비를 내리게도 할 수 있고 물로써 몸을 씻게도 할 수 있다. 불에 집중 수련하여 신통력을 얻는다면 연기나 불꽃을 만들어낼 수 있다.

그러나 오늘날과 같은 환경에서 이러한 능력을 얻는 것은 쉽지 않다. 이러한 수련을 통해서 높은 선정력을 얻을 수는 있다. 그러나 수행상 결과로 신통력을 얻기가 어렵다. 흙에 대한 수련을 한다고 하자. 그는 상(像)을 얻는 데 마스터했다. 연못으로 가서 연못 근처에 앉아서 흙에 대한 명상을 한다. 그리고 나서 연못 위의 물을 본 후에 물을 흙으로 바꾸려 한다. 그 자신이 물위를 걸으려고 시도했을 때, 기껏해야 물이 진창 정도로만 두터워져서 그의 양 발을 지탱할 수 없는 것을 알게 된다.
 아마 다른 나라 수행자들은 더 잘할지 모르지만 나는 4대 요소와 색상 수련으로써 모든 능력을 얻기는 우리 시대에는 이미 어렵다고 믿는다.
 또 다른 명상의 대상은 시체나 죽음에 대한 부정관이다. 이러한 수련은 위험을 수반한다. 이런 예는 순룬 사야도와 한 승려와의 일화에서 찾아 볼 수 있다. 그 승려는 시체를 관하기 위해서 무덤과 사원 사이로 흐르고 있는 시내를 건너서 매일 무덤가에서 시체관을 했다. 어느날 아침 순룬 사야도가 그를 만났다. 그때 그는 매일 하는 명상을 여느 때와 같이 시작 하려고 했다. 순룬 사야도가 웃으면서 말했다.
 "아나파나 호흡 수련은 위험이 따르지 않는다."
 그는 그 제안에 따르지 않고 시체를 관하는 수련을 계속했다. 어느날 저녁 그는 그의 방에 돌아왔다. 문을 열고 방안을 봤을 때 공포에 질려 고함을 질렀다. 문지방에 시체가 누워 있는 것을 봤기 때문이다. 실제로 시체는 그의 명상 대상에서 얻은 환상에 불과했다. 순룬 사야도가 그 이야기를 들었을 때 웃으면서 말했다.
 "호흡에 대한 명상은 위험이 없다."
 4가지 원소를 분석함으로써 명상을 할 수도 있다. 흙의 본성에는 딱딱함, 견고한 부동성, 안정감 그리고 지탱하는 것의 성질이 있다. 물의 본성에는 흐르는 것, 습한 것, 유동적인 것, 똑똑 떨어지는 것, 침투하는 것, 불리는 것, 흐르는 접착성의 성질이 있다. 불의 본성에는 열, 따뜻함, 기화, 익히는 것, 태워버리는 것 등의 성질이 있다. 공기의 본성에는 뜨는 것, 찬 것, 들어오고 나가는 것, 쉽게 움직임, 붙잡는 것 등의 성질이 있다. 수행자는 주시와 관을 통하여 신속히 그리고 미세하게 그 요소들을 파악해야 한다.

 4원소의 본성을 위와 같이 자세히 열거한 것을 몸 안에서 직접 체험적으로 파악하는 것은 어렵다. 간접적인 방법, 다시 말하면 본질적 특성을 말로 반복하고 그 본성을 애써 이해하려고 노력함으로써 접근이 가능하다. 통상적으로 개념의 영역에서 이러한 이해를 할 수 있다.

 그러나 우리가 요구하는 4대 요소에 대한 이해는 설명된 것과 같은 개념적인 것이 아니라 있는 그대로의 본질에 대한 이해이다. 본질은 개념의 영역과 논리적 생각의 영역을 넘어서서 존재한다.

 몸의 자세에 대한 명상도 효과적으로 계발하는 데에 좋은 대상이 될 수 있다. 수행자는 가는 것, 서 있는 것, 앉아 있는 것, 누워 있는 것, 구부리는 것, 펴는 것, 먹는 것, 마시는 것, 씹는 것, 맛보는 것, 배설하는 것, 오줌누는 것 등에 대한 마음챙김을 게을리해서는 안된다.

 자세는 동적이다. 그리고 연속해서 변화하는 것도 명백하다. 모든 자세를 있는 그대로 놓치지 않고 관찰할 수 있을 때 마음은 잘 정화되어 있다고 간주할 수 있다. 그러나 수행자는 자세를 명상의 주대상으로 할 것인지 보조적인 대상으로 할 것인지를 결정해야 한다. 보조적인 대상은 주대상을 잠시 보류하는 동안 마음의 챙김을 이완하려고 할 때

취해진다.

여기 언급된 모든 방법은 전통적인 불교 명상법에 따른 것이다. 이러한 방법들은 집중을 위한 40가지 주제 가운데에서, 혹은 『대념처경』에서, 혹은 대부분은 양쪽 다에서 찾아볼 수 있다. 이러한 모든 것들 중 어느 것에서도 수행자는 집중력을 얻을 수도 있다. 어떤 곳에서는 더 많이, 어떤 곳에서는 더 작게 얻을 수 있다.

수행자는 필요한 선정력을 얻기 위하여 그러한 대상들을 바르게 채택할 수 있다. 그러나 수행자가 추구하는 궁극의 목표까지 이끌어 줄 명상법을 선택하여 수련하는 것이 현명한 방법일 것이다. 궁극의 목표는 위빠사나 지혜인 자유(해탈)이다.

정신적 계발의 수련에는 두 가지 형태가 있다. 사마타 즉 선정 수련과 위빠사나 즉 지혜 수련이다. 사마타는 고요와 평온으로 이끌고 위빠사나는 현상의 본성을 파악하는 직관적인 지혜와 해탈로 이끈다.

사마타는 우리들을 위해서 우리가 만든 개념화의 세계이고 위빠사나는 본질 그 자체로서의 세계이다. 사마타로 이끄는 명상의 대상은 결과적으로 우리들이 우리들 자신을 위해서 지금까지 만들어 왔던 것이다.

예를 들면 심상화(心像化)된 색원반은 우리들 자신을 위해서 상념으로 만든 것이다. 부정관도 우리들 자신 내부에서 우리들이 키워온 것이다.

흙의 안정성, 물의 응집성, 불의 성숙성, 공기의 유통성은 우리들이 그러한 것들을 파악하기 쉽게 하기 위해 개념화한 4대 원소의 특성들이다. 실제 걸을 때는 걷는다는 생각, 구부릴 때는 구부린다는 생각, 닿을 때는 닿는다는 생각까지도 있는 그대로의 자세인 실제성에 보다 효과적으로 접근하기 위해서 우리들 자신의 마음 속에서 만든 관념들 이다.

우리들 자신을 위해서 만드는 모든 영역은 사마타로 유도한다. 즉 우리들이 만드는 모든 아이디어, 상상, 생각, 개념들은 사마타로 유도한다.

사마타 자체에는 아무런 잘못이 없다. 사마타의 수련도 정통적으로 내려오는 수련이다. 권장할 만한 이유가 많이 있다. 그러나 선정은 지혜가 아니다. 그러므로 선정의 결실을 원하는 사람은 선정을 수련해도 좋다. 그러나 지혜의 결실을 원하는 사람은 지혜를 수련해야 한다. 선정 수련을 하고 난 다음이든 아니면 지혜의 길로 직접 인도하는 고속도로 안내하는 수행법을 바로 채택하든 어쨌든 언젠가는 지혜 수련을 해야 한다.

지금 현재 선정 수련을 하고 나중에 위빠사나 수련으로 전환하든가, 아니면 바로 위빠사나 수련을 택하든가 하는 문제는 개인적인 선택에 달렸다. 위빠사나 수행자로서의 본인은 수행자에게 선택을 강요할 정도로 열성적이지는 않다. 순룬 사야도는 한 때 다음과 같이 말했다.

"인간은 그가 하고 싶어하는 것을 한다. 그가 원하는 것을 하는 것은 그를 괴롭히지 않는다."

이러한 의문들이 일어날 것이다. 즉 만약 4대 원소를 이해하기 위하여 일반적인 개념을 만든다며, 만약 걷는 것, 구부리는 것, 닿는 것을 보다 효과적으로 이해하기 위하여 생각을 만든다면, 그리고 만약 우리의 마음이 항상 그렇듯이 상상이나 개념을 만들기 쉽다면, 우리들이 있는 그대로의 본질을 이해하려는 것이 가능하겠는가? 개념이나 관념의 장갑을

끼고 현상의 흐름을 다루는 것이 꼭 필요한 것인가? 여기에 대한 대답이 있다. 만약 개념이나 생각의 장갑을 끼고 현상 과정들을 처리하는 것이라면 그 현상들을 직접적으로 파악할 수는 없다. 그리고 자유로 가는 길은 있을 수 없고 해탈의 지혜도 존재할 수 없다. 그러나 현상과정 그 자체의 본질을 있는 그대로 직접적으로 파악하는 것이 가능하기 때문에 위빠사나가 있고 직관적인 해탈의 지혜를 얻을 수도 있다.

호흡의 출입을 알아차리는 수련을 예로 들어보자. 호흡법은 누구에게나 맞는 수행법이라 한다. 만약 호흡에 마음집중을 수련한다면 평화스러운 생활을 영위한다. 악업과 부도덕한 상태를 극복하게 된다. 몸과 마음은 무서워서 떨지 않을 것이다. 그는 4념처와 7각지를 수련하고 지혜와 해탈을 실현한다. 호흡에 마음챙김하는 수련은 붓다가 수련한 것이다. 더구나 호흡을 관찰하는 것은 이 수련을 완성하기 위하여 다른 추가적인 방편을 필요로 하지 않는 순수한 것이다.

이 수련은 단순한 집중의 방법(사마타)으로 수련될 수도 있고 지혜를 얻기 위하여(위빠사나) 수행할 수도 있다. 호흡을 마시고 내쉬라. 호흡이 들어오고 나감에 따라 코끝이나 윗입술 혹은 코 근처 다른 곳에 부딪힐 것이다. 마음을 접촉 부위에 집중하고 들어오고 나가는 호흡을 세어라. 이것이 한 방법이다. 다시 호흡을 마시고 내쉬라. 마음을 호흡이 닿는 부분에 집중하고 짧으면 짧다고 길면 길다고 알아차려라. 이것이 두 번째 방법이다. 다시 호흡을 마시고 내쉬라. 마음을 호흡이 신체와 닿는 부분에 집중하라. 그리고 호흡이 들어오고 나가는 처음, 중간, 끝부분을 모두 느껴라. 이렇게 하는 데 있어서 당신은 호흡을 배 끝까지 따라가거나 그 이상 따라갈 필요는 없다. 집중의 초점은 호흡과 신체의 접촉 부분에 고정시켜라. 그것은 톱과 같다.

톱의 이빨은 항상 나무와 접촉되는 한 부분에만 한정되어 있지만 그러나 나무에 접촉되는 부분만으로 톱의 전체 길이를 인지한다. 왜냐하면 톱의 전체 길이가 그 접촉 부분을 통과하기 때문이다. 이것이 세 번째 방법이다. 이 모든 세 가지 방법 중에서 수행자는 호흡의 출입을 다른 곳이 아닌 접촉 부위에서 찾아야 한다는 것을 명심해야 한다.

이것은 네 번째 방법에서도 마찬가지다. 호흡을 마시고 내쉬라. 호흡 접촉 부위에 마음을 고정시켜라. 부딪히는 감촉을 알아차려라. 숫자를 세지 마라. 길이의 정도를 알려고 하지 마라. 호흡이 들어오고 나가는 길을 따라가지 마라.

호흡 집중에 대한 네 가지 방법 중에서 처음 세 가지는 단순한 집중 형태의 수련이다. 반면 네 번째는 지혜 수련이다. 첫 번째 방법은 숫자를 센다. 숫자도 개념이다. 두 번째 방법은 호흡의 형태를 아는 것이다. 모양도 상상이다. 세 번째 방법은 호흡의 출입을 아는 것이다. 이것은 관념으로 만들어진다. 개념과 상상 그리고 관념은 우리를 위해서 만든 세계에 속하므로 사마타에 관련된다. 감촉만을 순수하게 관찰하는 네 번째 방법만이 지혜 명상을 하게 된다. 그러나 이 수련도 선정과 결합될 수 있다. 만약 있는 그대로의 실제 감각을 알아차리지 않거나 마음 챙김으로 이러한 알아차림을 지켜나가지 않고, 개념이나 관념을 만드는 옛 습관으로 집중한다면 그 순간 위빠사나 대신에 사마타를 수련하게 된다.

집중하는 것은 실제 현상의 변화 과정보다는 훨씬 느린 속도로 일어나는 경향이 있다. 그리하여 이러한 과정들을 있는 그대로 볼 수 없고 추리하는 마음을 개입함으로써 현상들을 다시 상념화하는 과거로 빠져들기 쉽다. 본질적인 현상 과정을 즉각 포착하기 위해 수행자는 오로지 알아차림만 필요로 한다. 이것을 실행하기는 어렵지 않다. 첫 번째 필요조건은 알아차림이다. 닿음 즉 감각을 알아차려라. 그리고 이 알아차림을 마음챙김으로 보호하고 지켜 나아가라. 알아차림을 마음챙김으로 보호하면 사념은 갇혀 버린다. 생각들은 방해하지 못한다. 개념, 상상 혹은 관념을 형성할 기회를 주지 않는다. 그리하여 현상 과정들은 일어나는 순간에 즉시 사념으로 왜곡됨이 없이 본질 그 자체대로 포착된다. 이것이 참다운 지혜 수련이다.

사념은 항상 방해하려고 한다. 개념과 상상은 바로 문턱 너머에 서서 마음집중을 최소한으로 약화시키려고 대기하고 있다. 현상 과정을 즉각 포착하여 현상에 마음챙김하는 유일한 방법은 빈틈없이 물러나지 않고 부지런히 노력하는 데 있다. 이것이 순룬 사야도가 좌우명으로 말하는 감각을 알아차리는 것에 빈틈없이 용맹스럽게 마음집중하라는 것이다.

그는 필수불가결한 요소로서 '불퇴전(不退轉)'을 강조한다. 왜냐하면 그는 수행자를 이해하기 때문이다. 수행자는 느슨하게 앉아서 마음이 풀려 한가하게 명상하는 경향이 강하기 때문이다. 수행자는 사려깊고 동정적으로 되기 쉽다. 실제로 수행하기보다는 수행되어지는 것에 더 많이 생각하고 숙고한다는 의미에서 사려가 깊다는 것이다. 동정적이라는 것은 자기 자신을 동정한 나머지 용맹스럽게 노력하려고도 하지 않고 고통에 맞서 대항하려고도 하지 않는다는 의미에서 한 말이다. 수행자는 그 자신에 대한 대단한 동정을 갖고 있다. 그리하여 그의 생각을 내적으로 향하여 자신을 관찰하기보다는 생각을 자신으로부터 이탈하여 표류하기를 좋아한다. 자신에게로 생각을 향하게 하는 데는 많은 노력이 필요하다. 이것은 수행자에게 굴욕적인 것이다.

더욱더 강하게 호흡하라는 말을 들을 때 수행자는 더 많은 노력을 할 필요가 없는 것을 합리화하기 위하여 경전상의 말들을 인용한다. 그는 저 유명한 『청정도론』으로부터 몇 줄을 인용하여 말한다.

수행자는 너무 과다하게 노력해서는 안된다.
만약 너무 지나치게 노력하면 불안정하게 될 것이다.

이 말은 사실이다. 너무 과도하게 노력하는 수행자는 불안정하게 될 것이다. 그러나 왜 불안정하게 되느냐? '닿음' 즉 감각에 마음을 집중하지 않고 수행자는 그의 노력에 마음을 두기 때문이다. 명상의 대상으로부터 집중의 초점이 빗나간 채 노력해서는 안된다. 그 대상에 정확하게 집중하여 유지시키기 위해서는 수행자는 우선 집중을 대상에 고정시키도록 해야 한다. 대상이 충분한 '알아차림'으로 고정되었을 때, 그리고 이 '알아차림'을 마음챙김으로 보호했을 때 수행자는 더한층 노력해야 한다. 이런 식으로 계속 수행했을 때 더해진 노력은 집중력을 이탈시켜 노력 자체로 향하게 하지 않고 그 대상에 더욱 고정시키도록 한다. 증가된 노력으로 보다 더 수준 높은 마음의 챙김을 계발할 수 있게 된다. 위에 인용된 『청정도론』의 완전한 원문은 아래와 같다.

수행자는 마음챙김이 되어 있어야 한다.
마음을 산만하게 해서는 안된다.
너무 지나치게도, 너무 느슨하게도 하지 말아야 한다.
너무 느슨해지면 정체되거나 무기에 빠진다.
너무 과도하게 노력하면 불안정하게 된다.

이것이 뜻하는 것은 마음챙김과 지혜를 계발하기 위해서는 충분한 노력을 해야 한다는 것이다. 그러나 얼마만큼의 노력이 충분한 정도인가?
이것을 말한 사람은 윌리엄 브레이크라고 생각한다.
"자신 스스로가 충분한 양보다 많다는 것을 알 때까지는 얼마나 충분한 양인가는 아무도 모른다."
얼마만큼의 양이 충분한가의 척도는 붓다의 설명으로 대신할 수 있다.
즉 얼마만큼의 노력을 해야 하는가에 대한 한 비구의 질문에 붓다는 다음과 같이 말했다.

비구들이여, 머리수건이나 머리카락에 불이 붙었다면 그 불을 끄기 위해 간절히 원하고 전심전력으로 목숨 바쳐 노력할 것이다. 그와 같이 모든 악과 나쁜 상태를 그치기 위해서 간절히 원하고 주의깊게 전심전력으로 끊임없이 노력해야 한다.

붓다는 얼마나 많은 노력이 필요한지 알고 있었다. 또한 수행자에게는 느슨해지려는 성향이 있음도 잘 알고 있었다. 순룬 사야도는 훈시했다. "불퇴전으로 전심전력하여 마음챙김하라."

　전심전력으로 마음챙김하는 것은 자신의 모든 잠재력을 가동하는 것이고 모든 현상을 있는 그대로 관념이나 거듭 생각함 없이 단도직입적으로 직시하는 것이다. 불퇴전은 활기나 올바른 노력의 요소를 불러일으킨다.

　수행자의 또다른 하나의 나쁜 경향은 불안정이다. 그는 가려운 곳을 긁는 것과 자리 옮기는 것을 좋아한다. 호흡을 하더라도 그만두기를 좋아한다. 그리고 나서 다시 시작하고 다시 멈춘다. 이러한 것은 산만함의 표시이다.

　마음챙김이 철저하게 확립되지 않았음을 나타낸다. 산만함을 피하여야 하고 들뜸은 가라앉혀져야 한다는 것을 환기시키기 위해서 순룬 사야도는 "가려워도 긁지 마라. 쥐가 나도 움직이지 마라. 피로해도 쉬지 마라"고 말한다. 또 그는 가렵고, 쥐가 나거나 피로한 수행자에게 만약 호흡을 하고 있다면 더욱 열심히 호흡하라고 요구한다. 만약 감각을 관찰하고 있다면 감각에 마음을 더욱 깊이 침투시키라고 한다. 그리하여 마음챙김을 보다 더 강도 높게 계발하기 위하여, 더 많은 주의력을 가지고 수행하도록 한다.

　『청정도론』에 의하면 일어나서 자세를 바꿈으로 해서 수행자는 기분을 전환하여 명상을 시작해야 한다고 했다.

　명상을 하기 위하여 앉은 수행자가 한 시간 후에 일어나서 앉아 있는 감각에서 벗어나고, 그후 또 한 시간 후에는 경행의 감각을 벗어나 다시 않는다. 계속해서 자세를 바꾼다. 좌선에서는 어떠한 감각이 일어나더라도 사라질 때까지 앉은 자세에서 관찰해야 한다. 감각이나 닿은 곳의 알아차림에 주의를 집중시켜 고요히 앉아 있음으로써 마음챙김의 요소를 불러 일으킨다. 이것이 수행에서 필수불가결한 요소이며, 바른 마음챙김이다. 수행자의 세 번째 행동상 특징이 있다. 단계나 낮은 장애요인들이 제거된 후에 빛, 색깔, 기하학적인 무늬가 나타날 수 있다.

 전에는 이와 같은 것이 결코 나타나지 않았으므로 마음 한편에서 황홀해한다. 다른 한편에서는 이러한 빛, 색깔, 무늬에 집착한다. 이런 두 가지 힘에 의하여 수행자는 그의 관심을 빛과 무늬에로 전환한다. 그러한 것들을 주시한다. 거기에 머문다. 명상의 대상에서 이처럼 멀어짐으로써 그의 본래의 목적을 포기한다.

 일정한 수련의 기간이 경과된 후에 어느 정도 마음을 정화했을 때 수행자는 고요함과 경쾌함을 경험하기 시작한다. 그러한 마음의 평화를 전에는 전혀 경험하지 않았기 때문에 이것이 수행의 최고의 결실이라고 생각한다. 경험에 대한 이러한 평가 때문에 그리고 고요함이나 경쾌함 그 자체가 매혹적이기 때문에 수행자는 그곳에 주저앉아 고요함을 만끽한다. 그는 평화로운 감각에 침잠하기를 좋아하고 바른 길로 되돌아오기 위하여 필요한 노력을 하지 않는다. 순룬 사야도는 이것을 미얀마에서 전해지고 있는 비유를 들어 설명했다.

 밍얀 강변은 1마일 넓이의 모래로 깔려 있다. 강에 다달은 여행가는 하오의 폭염 아래 발 밑에 있는 모래가 극도로 뜨겁다는 것을 안다.

 도중에 나무 밑으로 간다. 잠시 그늘 아래서 쉬기로 마음 먹는다. 그러나 휴식의 순간이 지났을 때 시원한 그늘에서 나와 그의 머리 위와 발 아래에서 찌는 듯한 맹렬한 폭염 속으로 다시 들어가기를 그 자신에게 강요할 수 없다. 그래서 그늘 밑에서 계속해서 쉰다. 그러나 이렇게 하는 것이 강을 건너가는 데에 도움이 되겠는가? 그늘에서 다시 빠져나와 열기 속으로 들어가서 그의 몸을 앞으로 나아가게 할 때만이 목적지에 도달할 수 있다. 이것이 수행장에서 발견하는 조그만 고요함과 경쾌함에 이끌리지 않도록 수행자에게 경고하는 이유이다.

한때 이러한 경쾌함(평온)에 습관적으로 빠져 들어가 그곳에서 나오지 않으려는 한 수행자가 있었다. 순룬 사야도는 그에게 말했다.

"이 사람은 그가 잡은 조그만 도마뱀의 꼬리를 치켜 잡아들고 도마뱀 뒤를 쓰다듬고 있다."

분별력이 있는 수행자는 조그만 도마뱀에 만족하지 않을 것이다.

마음이 맑아지고 정화됨에 따라, 수행자는 가끔씩 초감각적인 것을 더 많이 감지하게 된다. 그것은 진리의 발견에서 오는 천안통과 천이통이 아니고 이러한 것에 다소 가까운 능력이다. 이러한 능력으로 수행자는 다른사람이 못보는 것을 볼 수 있고 다른 사람이 듣지 못하는 것을 들을 수 있다. 사람들이 그를 찾아온다. 그의 예언은 적중된다. 그는 일종의 무당이 된다. 위빠사나 수행자에서 격하되어 무당이 된다. 시간이 점점 경과함에 따라 새로운 일에 대한 심란함이 점점 커져 분열되어지고 명상 수련을 집중적으로 하지 않기 때문에 대답이 점점 부정확하게 되고 차츰 단골손님들이 떠나가서 다시는 오지 않게 된다. 그 수행자는 수련을 도중 하차한 셈이다.

수행자가 자기 기만에 빠지는 경우는 많다. 수행을 강도 높게 해야 함에도 불구하고 궁극의 해탈은 여유있는 자세로도 얻을 수 있다고 잘못 생각한다. 계속 마음을 가라앉혀 앉아 있어야 함에도 불구하고 가벼운 움직임이나 동작은 아무런 해가 없다고 잘못 생각한다. 아마도 수행의 초기에는 옳을지 모른다. 그러나 각 수행단계의 정상에서는 마음챙김의 경미한 동요도 명상 구조를 끌어내릴 수 있고 그 명상 체계를 다시 착수해야 한다. 몸에 대한 문제도 잘못 생각할 수 있는데 미묘한 정신문제에서는 얼마나 더 많은 잘못을 범할 수 있을까? 수행자에게 강하게 나타나는 성향은 수행로상(단계)에서 처음 나타나는 진척 표시를 좀더 향상된 단계의 표시로 받아들이는 것이다.

 예를 들면 불쾌한 감각은 갑자기 견딜 수 없게 된다. 잠시 동안 강렬한 고통스러운 감각이 있다. 다음 순간 그것은 사라져 없어진다. 그리고 그곳에는 깊은 고요함과 평온한 감각이 있다. 수행자는 종종 이것이 깨달음의 지혜를 나타내는 정신작용이라고 믿고 싶어한다. 그리고 그는 깨달음의 네 단계[四果, 수다원 · 사다함 · 아나함 · 아라한] 중에서 한 단계를 성취했다고 생각한다.

 이와 같은 수행단계의 오류는 명상을 지도하는 스승 자신이 그러한 문제에 철저히 정통하지 못했기 때문이거나 혹은 책에 있는 가르침이나 지시사항을 잘 이해하지 못했기 때문에 온다. 그러나 수행자는 깨달음의 단계 중 적어도 한두 단계를 성취한 것으로 등급을 매기고 싶어한다. 그리고 마음에 이런 생각을 가지고 그 자신의 믿음을 확인하려고 한다. 아무리 친절하고 간접적으로 그의 잘못을 알게 해 주려는 명상 스승이 있어도 이를 싫어한다.

 순룬 사야도는 수행자가 참으로 앞에 말한 단계를 성취했는지 안 했는지, 누구에게도 자신의 판단을 말하지 않는다. 그의 유일한 소견은 "만약 그렇다면, 그럴 뿐이다." 어떠한 경우에도 진정한 성취는 다른 곳에서 확인을 필요로 하지 않는다. 수행자 스스로 그것을 안다. 이와 같이 깨달음에 대한 잘못된 인식도 드러내 놓을 필요가 없다. 수행자 스스로 그것을 알 것이다.

 이런 자기 기만 형태에서 오는 주요한 위험성은 수행자가 범하는 깨달음에 대한 잘못된 인식이다. 그가 성취했다는 것에 만족하여 수행을 게을리 하고 실질적인 진척없이 수행로상에서 좌초되고 만다.

 수행자가 싫어하는 것이 하나 있다. 그것은 고통스러운 감각이다. 가벼운 경련, 열, 근육긴장은 수행자가 직시해서 얼마 동안 그것에 대한 마음챙김을 하려고 노력한다. 그러나 뼈와 골수 내의 고통, 뜨거운 감각, 다리를 따라 일어나는 날카로운 고통은 몇분 내로 포기할 것이다. 항상 그렇듯이 그는 변명을 시작한다. 그리고 경전상에서 인용구를 든다.

 누가 명상의 주제로 고통스러운 감각을 채택해야 한다고 말했는지 알고 싶어한다. 즐거운 감각으로 수행함으로써는 아무것도 성취할 수 없단 말인가? 누가 그렇게 많은 고통을 감수해야 된다고 말했는가? 자신을 굴욕스럽게 하는 것이 아닌가?

 대답은 이렇다. 만약 수행자가 유쾌한 길로 갈 수 있을 만큼 충분한 선업을 가졌다면 또한 고통을 감수하지 않고 지혜를 성취하는 수행자라면 그는 유쾌한 감각에서 수행을 할 수 있다. 그러나 주지하는 바와 같이 대부분의 우리들로서는 고통스러운 감각의 길로 갈 수 밖에는 없다. 왜냐하면 우리들은 그러한 선업을 짓지 못했기 때문이다.

실제로는 후회할 필요가 없다. 고통스러운 감각도 궁극의 목적을 성취할 수 있는 적절한 명상의 대상이 된다. 보다 깊고 보다 강도 높은 마음챙김을 확립하기 위하여 수행자가 일반적으로 고통스러운 감각을 좋아하지 않는다는 바로 이 사실을 수용할 수 있다. 자신이 좋아하지 않는 대상을 갖고 수행하라. 그는 고통스러운 감각을 극복하기 위하여 용맹스런 노력을 해야 한다는 것을 기억할 것이다. 그것은 즐거운 감정과는 다르다. 왜냐하면 즐거운 것을 좋아하기 때문에 그것에 침잠하고 즐거운 감각에 마음챙김하려고 하지 않고 쾌감을 만끽하려는 경향이 있다.

그렇게 했을 때 쾌감 속에 내재해 있던 탐욕과 욕망이 그를 덮칠 것이다. 수행자는 감각을 감각으로써 유지하지 못하고 감각으로 인하여 그는 다시 태어나는 윤회의 쇠사슬로 가는 연쇄적인 욕망을 일으키게 될 것이다.

그것은 마치 강한 급류 속에 있는 수영선수에게 결승점에서 꽃다발을 잡으라고 요청하는 것과 같다. 만약 급류에 함께 수영하면서 꽃을 잡으려고 손을 뻗다가 놓친다면 그는 급류의 힘에 의하여 밑으로 밀려날 것이다. 만약 급류를 거슬러서 수영하면서 손을 뻗어 꽃을 잡으려다가 놓친다 하더라도 그는 아직도 꽃다발 밑에 놓여 있으므로 다시 한번 조심스럽고 신중하게 시도해 볼 기회를 갖고 있다. 급류를 따라서 함께 수영하는 사람은 즐거운 감각을 채택하는 수행자와 같다. 만약 즐거운 감각에 탐닉하여 마음챙김을 할 수 없으면 그것에 집착함으로써 낙오

된다. 급류를 거슬러 수영하는 사람은 고통스러운 감각을 수용하는 수행자와 같다. 만약 불쾌한 감각의 경우 그 본질을 관통할 수 없다 하더라도 그는 아직도 그것을 알고 있고 그의 목적을 완수하기 위하여 노력과 마음챙김을 재정비할 수가 있다.

즐거운 감각은 숨은 적과 같다. 방심하고 있는 수행자를 속인다. 불쾌한 감각은 눈에 띄는 적과 같다. 수행자는 그것을 알아채고 정확한 행동을 취하여 불쾌함 속에 내재되어 있는 화가 일어나지 않도록 한다. 불쾌한 감각을 당연히 싫어하는 것과 마음챙김을 확고하게 하려는 강렬한 노력 사이에서 수행자는 자신을 불쾌한 감각에 몰두시킬 수도 없고 꽁무니를 뺄 수도 없다. 불쾌한 감각 속에 머물면서 초연히 일념으로 그 감각을 관찰함으로써 완전히 자신을 불쾌한 감각으로부터 해방시킬 수 있다.

불쾌한 감각은 방황하려는 마음을 확고하게 묶어둘 수 있는 역할을 한다. 고통스러운 감각으로 인하여 수행자는 현상의 참 본성인 고(苦)를 즐거운 것으로 착각하지는 않는다.

고통스러운 감각을 무서워할 이유는 없다. 불쾌한 감각의 아픔과 고통을 극복하기 위한 충분한 마음챙김력과 강렬함을 불러 일으키는 테크닉들이 있다. 이러한 고통의 원인은 수행자들이 아픈 부분과 불쾌한 감각을 동일시하는 데에 있다. 그러나 마음집중이 충분히 확립되어 감각 속에 파고들어 아픔을 받는 '나'라는 인격의 관념과 동일시하는 것을 제거할 때에, 불쾌한 감각은 단지 불쾌한 감각만으로 되고 더 이상 고통의 원천은 되지 않는다.

명상의 궁극적 목적은 환상적인 관념의 '나'를 제거하는 것이다. 수행자는 불쾌한 감각과의 투쟁에서 몇 번이고 거듭 반복해서 '나'라는 관념을 부수어 나가야만 한다. 고통이 일어난다고 해보자. 고통이 사라질 때까지 수행자는 그것에 마음챙김해야 한다. 그리하여 그 원인을 사실상 죽여야 한다. 완전히 숙달되어 마침내 원인 속에서 원인을 죽이고, 원인 내에서 원인을 종식시킬 때까지 몇 번이고 반복해서 수행해야 한다.

그리하여 끝없는 윤회의 사슬에서 또 다른 하나의 원인이 될 결과를 다시는 초래하지 못하게 할 수 있다. 원인 속에서 원인을 죽이는 것이 깨달음이다. 거짓 관념인 '나'를 제거하는 능력의 특성 때문이다. 순룬 사야도는 말했다.

"고통은 당연한 것이다. 편안함으로 인하여 당신은 항상 윤회의 흐름에서 떠돌아 다니고 있을 것이다."

불쾌한 감각은 수행자의 내부에 있는 적이다. 일단 내부의 적을 극복하면 외적 고통의 근원은 더 이상 느낄 수 없다. 격렬한 수련을 한 후에는 수행자가 진정한 자유의 지혜를 누릴 순간이 온다. 이러한 순간들은 매우 드물게 온다. 이러한 순간에 도달하기 위해서 수행자는 몸에 대한 마음챙김을 완벽하게 확립해야 한다. 감각에 대한 마음챙김 또한 완전히 확립해야 한다. 이것은 불쾌한 감각을 완전히 극복했다는 것을 뜻한다. 수행자가 그의 길을 가는 데 있어 고통의 감각은 최대의 장애물이다. 이것이 후퇴하는 곳이다. 그러한 것들을 극복하기 위하여 수행자는 불굴의 노력과 단호함, 올바른 방법뿐만 아니라 강인한 의지를 갖추어야 한다.

이들 감각은 수행자가 다음 단계인 마음에 대한 마음챙김을 확립하는 미묘한 과정을 다루는 데 필요한 충분한 선정력과 마음챙김을 갖추게 한다. 마음[心]에 대한 마음챙김이 충분하게 이루어졌을 때 수행자는 법에 대한 마음챙김을 확립하는 작업을 해야 한다. 여기에서 진리의 장엄한 순간이 온다. 만약 수행자가 마음챙김의 원칙을 완전하게 확립하지 않는다면, 해탈의 지혜가 올 때 그는 수줍어서 도망갈 것이다. 그것을 붙잡는데 실패할 것이다. 그러나 만약 알아차림의 네 측면(4념처)*을 완성시키고 깨달음의 일곱 요소를 충분히 계발한다면 4념처의 완성과 7각지 계발의 순간 진정한 해탈의 지혜가 생긴다. 불행하게도 불완전한 행동이 수행자의 특성이다. 용맹스럽게 노력하려고 하지 않고, 금방 안절부절해지고, 빛이나 색깔 같은 것에 집착하고 고요한 곳에 안주하려 하고, 조그만 성공을 과장하려 하고, 부수적으로 얻는 능력을 오용하려 하고, 쉽게 의심하고, 불쾌한 감각을 두려워하고, 진정한 진리의 순간이 올 때는 수줍어하고 무서워한다. 이러한 수행자를 다른 곳에서 찾을 필요는 없다. 우리들이 그 표본이다.

  좋은 씨앗은 뿌리려고 하지 않고 명상의 이익만을 취하고 싶은 사람이 우리들이다. 투자는 하지 않고 대가만을 원하는 사람이 우리이다. 우리는 많은 노력에 의해서만 도달될 수 있는 목표를 우리들 자신에게 말로만 원한다. 우리는 완전히 진실한 사람에게만 허용되는 상황에 우리가 처해 있다고 자신을 속이고 싶어한다.

  그러면 그 목표는 우리들이 영원히 미칠 수 없다는 것을 뜻하는가?

---

* 아찬 담마다로편 참조.

그것은 그렇지 않다. 순룬 사야도가 지나간 길을 우리도 역시 갈 수 있다. 그의 지시를 성실하게 따르기만 하면 된다. 순룬 사야도는 우리에게 가르쳤다.

우리들은 용맹스럽게, 강도 높게, 불퇴전의 노력으로 마음챙김해야 한다. 피곤해도 쉬지 마라. 가려워도 긁지 마라. 쥐가 나도 움직이지 마라. 우리들은 몸과 마음을 최대한으로 고요하게 해야 하고 끝까지 분투 노력해야 한다. 고통은 참으로 당연한 것이다. 편안함으로 인하여 우리들은 미망의 흐름 속에서 표류하게 될 것이다.

우리들은 고통 속으로 파고들어야 한다. 감각 속에 파고든 사람만이 있는 그대로 보는 것이다.
회의를 버리고 더한층 용맹스러운 노력을 발휘해야 하고 마음집중을 중단하지 않고 빈틈없이 해야 한다. 우리들 자신을 정화하고 고(苦)와 슬픔을 극복하며 바른 길에 들어서 열반을 증득하기 위하여 신심과 노력 그리고 알아차림을 잘 호지하라.

3. 순룬의 마음챙김 계발

현대는 우리가 경계해야 할 욕망과 반감의 대상들이 강하고 다양화된 방법으로 우리의 감각을 자극한다. 많은 감각적인 충동과 유혹의 기회가 도처에 산재해 있다. 삶의 속도가 점점 더 가속화되고 긴장의 연속 속에서 노이로제의 원인이 되는 스트레스가 가중되고 있다. 도시의 소음 공해는 더욱 심해지고 있다. 소음은 집중하는 데 있어 목 안의 가시와 같다.

또한 사람들은 마음챙김을 장기간 지속적으로 할 수 있도록 충분한 시간적 여유를 갖고 있지 못하다. 그 결과 주의력은 점점 분산되어지고 자그마한 행동을 개선하는 데에도 점점 시간적 여유가 없어짐에 따라 정신력은 산만해 진다. 결국 불멸(佛滅) 후 오랜 세월이 지난 오늘날의 현대인들은 직관이 빠르다기보다는 둔한 편이다. 증가되는 충동, 자극적인 상품, 심해져가는 소음 공해, 산만함, 부족한 시간, 자신의 둔한 직관 등을 고려할 때, 마음챙김의 방법은 절실히 요청된다.

순룬 사야도의 마음챙김법은 나태와 감각의 욕망을 신속하게 극복할 수 있는 방법을 제공한다. 그것은 명상자의 주의를 전환하여 소음과 산만함을 차단한다. 직관이 둔한 사람에게는 4념처를 완벽하게 확립하는 데 놀라울 정도로 확실하고 신속한 방법을 제공한다. 그것은 책에서 이론적으로 얻는 방법이 아니라, 자기 애착과 무지에 대항하고 투쟁하여 체득하는 방법이다. 순룬 사야도는 거의 문맹에 가까운 사람이었다. 나약한 의식의 흐름에 병들지 않는 혜택을 누렸다. 강렬함과 용기 그리고 인내로서 그는 1920년에 해탈을 얻었다. 그 테크닉은 순룬 사야도와 같은 불퇴전의 용기와 인내가 없는 일반 시민에게도 현재 이용될 수 있다. 아래에서 그 방법에 대한 간단한 개요를 설명한다.

자세

 움직임 없이 몇시간이라도 지탱할 수 있는 명상 자세를 취하라. 침대에 눕거나 의자에 기대지 말라. 자세는 자신의 모든 기량을 유지할 수 있는 것이라야 한다. 자세는 느슨해지지 않고 열심히 수행하도록 취해져야 한다. 적절한 자세는 다리를 교차해서 앉는 것이다. 등은 똑바로 세워야 한다. 팔은 몸 옆에 가까이 붙인다. 오른쪽 손은 왼손 안에 둔다. 이것은 나중에 일어날지도 모르는 고통에 수행자가 힘을 내야 할 때 손을 꼭 잡기 쉽기 때문이다. 손가락끼리 깍지를 끼지 마라. 그리고 엄지 손가락끼리 가볍게 맞붙이려고도 하지 말라. 머리는 가볍게 약간 숙이게 한다. 느슨하게 앉지 마라. 몸이 확고한 기반을 유지하여 움직이지 않고, 수행자가 정신을 성성하게 할 수 있는 탄탄한 자세를 유지하라.
 명상 중에 아무런 방해없이 마칠 수 있는 장소를 택하라. 바람이 없고 조용한 장소를 택하는 것이 낫다. 그러나 그것이 필수불가결한 것은 아니다. 명상은 개인적으로 할 수도 있고 단체로 할 수도 있다. 장소를 정성들여 만들 필요는 없다. 의식을 거행해도 안된다.

명상을 위해 특별히 정해진 시간은 없다. 시간은 명상자의 편의에 맞추어 정해진다. 명상 시간이 다른 목적을 위하여 희생되어서는 안 된다는 것을 명심해야 한다. 서구의 어떤 책에서 초보자는 하루에 2분 내지 3분의 시간으로 시작해서 차츰 늘여가야 한다고 제시한다.

순룬의 경험에 의하면 처음에는 집중적인 한 시간 정도의 시간이 더 많은 좋은 결실을 낳는다. 보통 한두 시간 이하이다. 이러한 수련을 집중적으로 좌선하면서 하루 종일 보낸다.

자세를 고정한 후에는 어떻게 해서든지 바꾸거나 변화를 시켜서는 안된다. 그것은 한차례 끝날 때까지 계속 유지해야 한다. 순룬 사야도는 말했다.

"쥐가 나도 움직이지 마라. 가려워도 긁지 마라. 피곤해도 쉬지 마라."

호흡

숨을 들이쉬는 것으로부터 시작하라. 호흡이 코끝이나 윗입술을 스치는 곳을 관찰해야 한다. 호흡이 스치는 곳에 예리하게 마음챙김하라. 마음챙김을 방심하지 않고 유지하면서 호흡을 강하고 단호하게 그리고 빠르게 하라. 강하고 격렬하고 신속한 호흡은 바깥 소음을 차단하고 마음을 조절하는 데 도움을 준다. 또한 장애를 빨리 제거하고 집중력을 신속히 키우고 나중에 발생하는 불쾌한 감정을 극복하도록 해준다.

강하고, 힘차고, 신속하게 하는 호흡으로 인하여 들이쉬고 내쉬는 호흡을 코끝이나 윗입술 혹은 그 주위의 다른 부분에 닿는 마찰을 증가시킨다.

호흡이 닿는 부분에 마음을 집중하여라.

"호흡이 코끝이나 윗입술을 스칠 때, 그것을 알아차릴 수 있다. 그 알아차림에 마음챙김하라"고 순룬 사야도는 말했다. 어떠한 감각도 알아차리지 못하고 지나가서는 안된다. 매번 닿는 감각을 알아차려라. 마음챙김은 빈틈없이 지속적으로 해야 한다. 느슨해져서는 안된다. 더한층 나아가는 노력이 있어야 한다.

수행자는 강렬하고 열성적이어야 한다. 숨의 통로를 주시하지 마라. 몸의 안과 밖으로 숨을 따르지 마라. 숨의 출입을 세지 마라. 숨이 닿는 곳이 코끝인가 혹은 윗입술인가를 알아차리려고 하지 마라. 오직 숨이 닿는 곳의 감각을 알아차리도록 하라. 마치 물이 주사기로 들어오는 것처럼 숨을 주의깊게 충분히 들이쉬라. 예리하게 내쉬라. 충분하고 강하게 숨을 들이쉬는 것은 집중력을 빨리 키우는 데 도움이 된다. 그렇게 함으로써 감각이 일어나도록 도와주고 불쾌한 감각과 투쟁하게 될 때 에너지를 준다.

대부분 사람들은 내쉬는 숨이 강하므로 들이쉼과 내쉼에 균형이 되도록 들이쉬는 숨에 좀 더 많은 주의를 기울이는 것이 필요하다. 이러한 들숨과 날숨이 균형되었을 때 감각은 계속 일어난다. 두 개가 균형을 이룰 때 수행자는 순일하고 노력없이 자체 힘에 의해 저절로 나아가는 호흡리듬에 도달한다.

머리와 몸을 흔들지 말고 호흡하라. 이것은 집중력을 빨리 얻게 한다. 강하고 힘차고 신속한 호흡의 초기 단계에선 피로가 올 수 있다. 그러나 수행자는 호흡의 강도와 속도를 중지하지도 말고 줄이지도 말아야 한다. "피로할 때도 쉬지 마라"고 순룬 사야도는 말했다. 피로는 불충분하게 숨을 들이쉬거나 혹은 과도하게 숨을 내쉼으로써 일어난다. 바로잡는 방법은 들숨의 강도를 높이는 것이다. 들숨과 날숨의 강도가 높은 수준에서 균형이 이루어졌을 때 피로는 사라진다. 그때에 수행자는 호흡하기가 힘든 단계에서 벗어나 노력없이도 저절로 되는 순일한 호흡 리듬의 단계로 진입한다. 그리고 나서 호흡이 스치는 곳에 마음이 집중되도록 모든 주의력을 기울인다.

호흡에는 3단계가 있다. 즉 강한 단계(매우 강하고 매우 힘차고 신속한 호흡), 중간 단계(강하고 힘차고 신속한 호흡), 낮은 단계(미세하고 부드럽고 완만한 보통의 호흡)이다. 인간은 기계가 아니므로 때로는 느슨해지고 싫증이 날 수도 있다. 처음에는 강한 단계에 이르는 것이 필요하다. 나중에 속도가 떨어질 때 균형된 중간 단계에 이르고 그것을 유지할 수 있다.

호흡을 위한 시간을 미리 정하지 말라. 강하고 신속한 호흡을 하면 곧 불쾌한 감각이 내부에서 일어난다. 이러한 불쾌한 감각은 고통, 경련, 아픔, 저림, 열이나 차가운 것, 기타 다른 감각들의 형태로 나타날 수 있다. 충분한 감각이 일어나 강한 호흡이 정지되어도 될 때까지 호흡을 계속하라. 여기 일어나는 감각은 호흡하는 시간을 정하게 하는 시계다.

대체적인 방법으로 호흡하는 시간을 45분이나 1시간으로 미리 정할 수도 있다. 그리고 몇 시에 2번째 명상시간을 계속할 것인지를 정한다. 그러나 이것은 첫 번째 방법만큼 좋은 것은 아니다.

50에서 100번 강한 호흡을 하고 나면 그만둘 때가 된다. 이때는 수행자가 전심전력해서 해야 한다. 반면 호흡이 닿는 감각에 대한 마음챙김은 철저하게 해야 한다. 그리고 나서 들이쉰 호흡해서 갑자기 멈추어야 한다. 마음을 가라앉히면서 몸 전체 내부로 향해서 관찰한다.

감각

호흡은 들이쉰 호흡에서 완전히 그리고 갑자기 멈추어야 한다. 몸은 고요해지고 가라앉아야 한다. 빈틈없이 계속 전심전력으로 관찰되어야 한다. 아픈 감각, 경련, 쑤시는 것, 저림, 열기나 찬 기운이 몸에서 일어난다. 가장 현저하게 느끼는 감각에 마음을 집중해야 한다. 무심코 지나치지 말아라. 배꼽이나 태양신경총 혹은 다른 어떤 지점으로 주의를 옮기지 말아라. 가장 뚜렷한 감각에 주의가 기울어지는 것은 당연하다.

감각이 가장 현저하지 않은 곳으로 주의를 돌리면 현재를 즉각 파악하는 데 지체된다.

순룬 사야도는 "만약 감각이 약해지면 약해지는 것을 알아차려라. 만약 강해지면 강해지는 것을 알아차려라"고 말했다. 더함도 덜함도 아닌 있는 그대로만 알아차려라. 무엇이 일어나더라도 일어나는 본래 그대로 알아차려라. 단지 이것에만 마음챙김하라. '나'라는 생각 '나의 것'이라는 생각을 하지 말라. 이것은 자신의 발, 자신의 손, 자신의 몸이라는 것을 생각하지 말아라. "이것은 몸과 마음이다"라고 결론내리지 말아라. "이것은 무상이고, 고이고, 무아다"라고 분석하지 말라. 모든 생각, 기억, 분석하는 것은 개념이다. 그러한 것들은 지혜 명상이 아니다.

순룬의 방법은 실재와 단도직입적으로 전광석화처럼 접촉한다. 사실에 접근하기 위하여 개념적인 교량을 먼저 세우는 데 필요한 시간과 노력을 허용하지 않는다. 코끼리를 찾아나설 때 발자국을 뒤쪽으로 따라가지 않고 곧장 코끼리 쪽을 향하여 추적해 가야 한다. 아픔이 일어날 때는 아프다는 사실을 즉각 감지한다. '아픔', '아픔'이라는 개념을 공식화한 후 아픔의 사실로 돌아가지 않는다. 그리하여 명상자에게 말한다. "이름을 부르는 일을 피하라. 실재를 개념화하지 말라." 감각을 잡으려고도 하지 말고 따라가지도 말아라. 지금 감각이 일어나고 사라지는 당처에 마음챙김하여라. 불쾌한 감각과 싸울 때 극단적 힘과 악한 마음으로 분노하여, 자신의 감각을 넘어서지 않도록 주의하여야 한다.

이것은 확고한 주시를 유지하는 데 있어서 필요 이상의 과도한 노력을 해서는 안 된다는 것을 말한다. 과도한 노력이 있을 때는 명상자의 노력은 불쾌한 감각을 벗어난다. 그 결과로 주시는 감각 자체로부터 이탈되고 격렬한 노력만이 남는다. 이 격렬함은 다름 아닌 화냄이다. 화냄은 윤회의 수레바퀴로 들어가는 또 하나의 조건이다.

다른 한편으로 명상자는 감각의 당처에 미치지 못하는 것에 주의하여야 한다. 이것은 확고한 주시를 유지하는 데 필요한 노력의 양에 못 미치는 것을 말한다. 노력이 불충분할 때 명상자는 혼침과 무기에 빠지거나 혹은 감각이 강렬할 때는 불쾌한 감각에 의하여 압도된다. 마음챙김이 되지 않는 감각들은 두려움과 걱정과 화냄을 불러 일으키고 이러한 모든 것이 윤회의 수레바퀴로 들어가는 하나의 조건을 만든다.

무기와 나태함은 무명에 바탕을 둔다. 이것은 미망과 다시 태어남을 만드는 또 하나의 조건을 형성시켜 준다. 그러므로 명상자는 감각을 넘어서지도 말아야 하고 못 미쳐서도 안된다. 지혜와 집중에 필요한 박력있고 용의주도한 노력을 발휘해야 한다. 감각에 주시하는 시점이 과거도 아니고 미래도 아닌 단순하고 즉각적인 현재임을 뜻하는 것이다.
 일어나는 감각에 수동적으로 주시하거나 미래로 분리시키지 않고 감각이 발생하는 바로 그곳을 능동적으로 관통할 때 이것이 실현된다.
 많은 감각이 머리·팔·몸·다리 등에 동시에 일어날 때 지도받지 않은 명상자는 마음이 허둥지둥 감각들을 쫒아갈 것이다. 바로 지금 당처에 마음챙김이 안될 것이다. 그 결과로 개인적으로 괴롭고 고통스러워질 것이다. 이러한 것을 피하기 위하여 가장 현저하게 느껴지는 감각에만 마음집중을 해야 한다. 성성(惺惺)한 알아차림을 유지해야 한다. 그리고 이 알아차림은 용의주도하게 빈틈없이 마음챙김으로 보호되어야 한다. 수행자는 이 감각을 파고 들어서 그 본성을 실현하도록 해야 한다. 이렇게 하도록 노력해야 한다. 즉 판자에 못을 박는 비유가 있다. 나무는 감각이고 못은 마음이고 못을 똑바로 잡는 손가락은 마음챙김이며 망치는 노력이다.
 마음이 감각을 관통했을 때, 수행자는 더이상 발이나 팔, 혹은 몸의 형태를 느끼지 않는다. 더이상 '내'가 고통을 받고 있다고 느끼지 않는다.
 이들 개념들은 단순하게 명백한 알아차림으로 대치될 것이다. 고통 받아오던 '나'라는 개념이 제거됐기 때문에, 불쾌한 감각에서 더 이상 불편함을 느끼지 않을 것이다. 조금 전에 아프고 뜨겁게 느껴졌던 감각이 지금은 고통없이 강한 감각으로만 느껴진다.
 세 가지 감각 즉 불쾌한 것[苦], 즐거운 것[樂], 중립의 것[非苦非樂] 중에서 중립적인 것이 가장 미묘하다. 마음챙김을 일반인에게 뿌리내리게 하기 위한 최초의 대상으로 중립적인 것은 적절하지 않다. 계속해서 지혜 계발을 해 감에 따라 감각이 일어날 때 수행자는 일어남과 동시에 그리고 일어난 바로 그 감각의 당처에 마음챙김해야 한다. 그렇게 될 때까지는 수행자가 미묘한 중립적인 감각을 포착할 수 있는 능력을 계발해 왔어야 한다.

주지하는 바와 같이 불쾌한 감각은 위빠사나의 길을 가로막는 최대의 장애이다. 명상자가 그 장애를 극복할 수 있을 때라야만 고통을 넘어선 보답을 성취할 수 있다. 그것은 불쾌한 감각을 완전히 극복하고 불쾌한 감각으로부터 배울 때 가능하다. 불쾌한 감각도 역시 무상의 법칙을 따르므로 그것도 곧 소멸하게 된다.

이러한 소멸은 여러 형태로 일어난다. 감각의 강렬함은 가라앉힐 수 있다. 그러나 이것은 진정한 소멸이 아니다. 어느 정도의 불쾌한 감각은 남아 있을 것이다. 불쾌한 감각에 대한 진정한 극복은 수행자가 감각 속에서 감각과 관련된 어떠한 생각도 하지 않고 감각을 관찰할 수 있을 때, 감각은 소멸되어 끝이 난다. 마치 밧줄이 끊어지듯이 뱀이 허물을 벗듯이, 기름이 다 소진되듯이 그렇게 종식된다. 감각이 차츰 가라앉아서 다 소진되었을 때가 감각이 다한 것이라고 한다. 수행자가 더이상 느낄 것이 없을 때 끝이 난다. 마치 길을 가다가 막다른 곳에 올 때나, 긴 밧줄을 따라 잡다가 더이상 잡을 곳이 없을 때처럼 될 때와 같이 감각이 완전히 소멸된다. 그것이 떨어질 때는 굵은 밧줄이 갑자기 잘라지듯이, 뱀이 허물을 벗어버리듯이, 기름이 다한 불이 꺼지듯이 소멸되어 버린다.

고통은 불쾌하다. 아픔도 불쾌하다. 뜨거움도 불쾌하다. 차가움도 불쾌하다. 이러한 모든 불쾌감 속에 불편한 요소가 존재한다. 우리들의 모든 경험의 기반을 이루고 있는 것이 바로 잠재되어 있는 불편의 요소이다.

다리에 피곤함을 느끼는 수행자는 자세를 바꾸려고 할 것이다. 그의 마음이 감각의 작은 부분에 한정되어 있을 때는 불편한 자세와 제한된 마음에서 벗어나려는 관능의 대상을 찾아나설 것이다.

편안하고 즐거운 감각들을 갈망함으로써 어떻게 깨달음을 성취하고 몸과 마음의 무상한 고통으로부터 벗어날 수 있을까?

"고통은 당연한 것이다. 편안함으로 인하여 당신은 언제까지나 윤회의 수레바퀴에서 헤매이게 될 것이다"라고 순룬 사야도는 말씀했다. 그는 고(苦)를 극복하기 위해서 고의 효율성에 관해서 언급했던 것이다. 어떻게 불쾌한 감각을 소멸하고, 종식시키고, 벗어나고, 끊어버리고, 소진시키기 위하여 불쾌한 감각에 마음챙김을 해야 하는가?

유일한 대답은 수행자가 불쾌한 감각이 일어나는 대로 즉각 불쾌한 감각에 빈틈없이 마음챙김해야 하는 것이다. 어떻게 하면 불쾌한 감각에서 벗어난 확고부동한 마음을 유지하는가? 어떻게 불쾌한 감각이 일어나는 순간 일어나는 대로 즉각 포착하는가? 우선, 불쾌한 감각에 마음챙김하는 데 있어서, 몸과 마음을 가다듬고 둘 다 완벽하게 정지(靜止)시켜라. 숨을 가라앉히고 불쾌한 감각을 관찰하라. 자연스럽게 호흡을 할 수 있는 범위 내에서 호흡을 유지하여라. 이것은 호흡을 억제하는 훈련이 아니다. 무엇인가 지대한 주의력을 가지고 행할 때 호흡은 자연스럽게 가라앉게 된다. 예를 들면, 바늘구멍에 실을 꿸 때 사람들은 보통 숨을 멈추게 된다. 이와 같이 수행자는 숨을 죽이고 불쾌한 감각을 관찰해야 한다.

이런 수련을 통하여 보다 더 깊은 알아차림과 보다 더 엄격한 마음챙김을 할 수 있게 될 것이다.

불쾌한 감각이 너무 강렬하여 숨을 죽이고 적절한 마음챙김을 할 수 없을 때는 수행자는 그것에 대항하기 위하여 자신을 재무장해야 한다.

마음챙김을 지원하기 위해서 그 감각에 대항해서 전신을 강화시킨다. 양 손을 양 옆구리에 단단히 갖다 댄다. 주먹을 꽉 쥐고 목을 바로 세우고 입을 꽉 다문다. 완강한 적과 대항해서 싸울 때처럼 에너지를 강화시킨다. 항상 감각에 엄격하게 마음을 집중시킨다.

만약 불쾌한 감각이 계속 괴롭히고 호흡의 조절과 강화된 몸의 자세로도 극복되지 않는다면 수행자는 그에 대항해서 마음을 고정시켜야 한다. 강하고 단호하게 호흡할 때와 마찬가지로 자신의 마음을 불쾌한 감각에 집중시킬 때에도 강하고 단호하게 해야 한다. 감각에 대적하기 위해서 호흡과 몸과 마음의 모든 힘을 동원해야 한다. 숨을 죽이고 몸을 긴장시키고 마음을 강화하여 감각을 투과하여 그 속에 머물면서 감각과 관련된 어떠한 생각도 하지 않고 관찰할 수 있을 때까지, 마침내 감각이 완전히 소진되어 종식될 때까지 감각의 압박에 대항해서 노력을 더한 층 강화해야 한다.

이 기법에서 가장 중요한 요소는 전념이라는 것을 알아야 한다. 수행자는 불요불굴의 노력을 경주해야 한다. 그는 강렬하고 열성적이고 진지하고 정력적이어야 한다. 붓다가 그의 제자에게 요구한 모든 것을 갖추어야 한다. 미혹으로부터 탈출은 사려깊고 느슨한 노력으로는 결코 이루어지지 않는다. 그것은 명상자의 명령에 따라 가장 용맹스럽고 불퇴전하는 전심전력이 정진에 의해서만 성취될 수 있다. 순룬은 바로 이것을 요구한다.

명상에서 마음대상과 관련해서는 전념이 요구되지만 감정적인 느낌을 관찰하는 데는 반드시 육체적 힘을 분발시키는 것이 필요하지는 않다. 그러나 끊임없는 마음챙김을 위해서는 열망적이고 간절한 마음을 북돋아야 하는 것은 필요하다. 이러한 특성들을 계발하기 위해서 불쾌한 감각의 수련은 도움이 된다. 이 수련을 하는 명상자에게 감정적인 느낌을 수련하는 마음집중법은 별로 어렵지 않다. 더구나 감정은 항상 불쾌한 감각을 동반하기 때문에 명상자는 그의 집중을 육체적인 감각에 전환해야 한다. 그리하여 불쾌한 육체적 감각을 정복함으로써 감정에 대한 집착을 극복한다.

감각을 넘어서서

수행자가 완벽하게 감각 속에서 머물고 감각과 관련된 어떠한 생각도 없이 관찰할 때에 그리고 감각에서 벗어나고 감각이 완전히 소진될 때 수행자의 마음은 정화되고 청정해지고 확고부동하게 되며 자비로워진다.

모든 살아 있는 존재에 자비를 베풀 수 있으며, 그들과 진정한 자비 속에서 충만해질 수 있다. 이것은 단순한 말의 반복이 아니며 욕심과 아집의 소멸이며, 미워하는 사람과 좋아하는 사람, 무심한 사람들 간에 차별을 두지 않는 것이다.

정화되고, 청정해지고, 부동하게 되고, 자비로워진 마음으로 마음에서 마음을 관찰한다. 탐욕이 있는 마음을 탐욕이 있는 마음으로 알아차리고 탐욕이 없는 마음을 탐욕이 없는 마음으로 알아차린다. 성냄이 있는 마음을 성냄이 있는 마음으로 알아차리고 성냄이 없는 마음을 성냄이 없는 마음으로 알아차린다. 탐욕과 성냄이 일어났을 때 여기에 마음을 집중하면 더이상 새로운 탐욕과 성냄을 못 일어나게 하는 원인이 되어 또다른 윤회의 수레바퀴에 들지 않는다. 이것이 결과에서 원인적인 요소를 말살하는 것이다. 탐욕이나 성냄을 일으키는 대상과 접할 때 수행자는 단호하게 여기에 마음챙김하여 탐욕과 성냄을 일어날 수 없게 한다.

이것이 원인에서 원인을 말살하는 것이다. 후자의 마음챙김법으로 경전상에 있는 것을 완벽하게 수련할 수 있다. "보이는 것에서는 보이는 것만, 들리는 것에서는 오직 들리는 것만, 감각되어지는 것에서는 감각되어지는 것만, 생각되어지는 것에서는 생각되어지는 것만이 있어야 한다."

수행자는 이렇게 할 수 있다. 왜냐하면 불쾌한 감각에 대하여 집요한 마음챙김을 함으로써 그의 마음을 정화해 왔고 흔들림 없고 자비스러운 마음을 길러 왔기 때문이다. 둔한 직관을 가진 보통의 수행자가 처음으로 마음챙김법을 수련할 때 보이는 것에서는 보이는 것만 보도록 하는 것이 지극히 어렵다. 왜냐하면 마음은 미묘한 관찰 대상이므로 정화되지 않고 연약하고 길들여지지 않은 마음으로는 신속하게 포착되거나 잡혀지지 않기 때문이다. 그러나 수행자의 마음이 불쾌한 감각에 마음집중함으로써 강화되었을 때는 보이는 것에서는 보이는 것만을, 들리는 것에서는 들리는 것만을, 생각에서는 생각만을 알아차릴 수 있다.

만약 마음챙김 수련 중에 망상이 일어나면 망상을 관찰해야 된다고 배운다. 이론적으로는 매번 망상을 마음챙김하여 포착할 수 있다. 그러나 실수행에선 어떠한 망상이 일어나더라도 일어난 망상에 마음 챙김하기가 극히 어렵다. 만약 집중력이 강하다면 본래의 명상 대상에서 전혀 이탈되지 않을 것이다. 더구나 망상을 관찰하는 데 있어서 실제로는 망상에 이끌려 가고 있는데 그 자신은 망상에 마음챙김을 하고 있다고 믿고 있는 위험에 종종 빠진다. 그러므로 가장 안전하고 효과적인 방법은 본래의 명상 대상인 감각이나 접촉 부분에 더 잘 마음챙김하기 위하여 더욱 용맹심을 발휘하는 것이다.

 법(mental elements)의 관찰에 있어서는 마음의 관찰보다 훨씬 더 미묘하다. 법에 대한 관찰은 감각에 대한 강렬한 마음챙김에서 연마된 수련이 있어야 한다. 감각을 집중적으로 관찰하고 있는 동안에 5가지 장애의 마음현상이 일어날 수도 있다.

 감각이 소멸되고 종식되었을 때는 7각지분(覺支分)이 나타날 수도 있다. 명상자는 이러한 현상들이 일어나고 사라지는 것에 마음챙김해야 한다. 만약 '성냄'이 일어날 때는 명상자는 그것을 '성냄'이라고 관념으로 주시하지 않고, 단지 성났다는 사실을 즉각 알아차리고 있어야 한다. 만약 7각지 중 평등각의 요소가 일어났을 때는 명상자는 빈틈없이 평등각의 사실을 알아차리고 있어야 한다. 이런 곳에서도 명상자는 그의 의무를 잘 완수할 수 있을 것이다. 왜냐하면 감각에 대한 마음챙김 수련을 통하여 강한 삼매와 맑고 확고부동한 마음을 계발해 왔기 때문이다.

사실 몸[身], 감각[受], 마음[心], 법(法)의 사념처는 각각 독립해서 일어나지 않는다. 그것들은 서로 함께 공동으로 발생한다. 명상자가 감각의 알아차림에 마음챙김하고 있을 때 감각 속에 신·수·심·법이 들어 있다. 하나에 집중함으로써 명상자는 다른 모든 것에 집중한다. 그것은 마치 과즙의 유리잔 속에 물·레몬·설탕·소금의 네 가지 요소가 공동으로 함께 들어 있는 것과 같다.

하나의 요소가 현저히 많을 때 그 과즙은 물이 많다든가, 시다든가, 달다 혹은 짜다라고 부른다. 감각이 현저할 때는 감정에 대한 마음집중이라고 부르고 마음이 현저할 때는 마음에 대한 마음집중이라고 한다.

4념처가 완성되었을 때 7각지분은 완전히 계발된다. 7각지가 완성되었을 때 명상자는 깨달음을 얻는다. 그러나 이것은 미래의 결과이다. 순룬의 마음집중법에 대한 간단한 개요에서는 이 문제에 대한 상세한 고찰은 제공되지 않는다. 만약 망고 씨가 뿌려지면 망고 나무는 싹이 틀 것이다. 얻을 수 있는 최상의 망고 씨를 잘 뿌리는 데에 우리는 전력을 기울여야 한다.

그 결과는 저절로 온다.

결론

순룬의 마음챙김법은 열렬한 비구와 신도들에 의해서 수련되고 있다. 열렬함의 강도가 다소 떨어진 명상자에게는 수도원에서 하루에 5번 내지 7번의 정진시간을 제공하나, 한 번의 정진시간은 1시간에서 3시간 계속된다. 사업이나 일로 너무 나쁜 사람은 하루에 두 번 수련할 수 있다. 반면 정진과 정진시간 사이에도 방심해서는 안된다.

명상자는 계속해서 마음챙김하도록 노력해야 한다. 닿는 감각에 마음챙김함으로써 이것을 성취할 수 있다. 하루 중 한순간도 몸에 감촉없이 지나가지는 않는다. 만약 앉아 있다면 몸은 의자에 닿아 있을 것이다. 누워 있다면 머리가 베개에 닿아 있을 것이다. 걸을 때는 발이 매 걸음마다 땅에 닿을 것이다. 만약 도구나 물건을 다룬다면 손가락이 닿을 것이다. 명상자는 의자에 닿는 몸의 감촉, 베개에 닿는 머리의 감촉, 땅에 닿는 발의 감촉, 물건이나 도구에 닿는 손가락의 감촉 등에 마음을 집중해야 한다. 가능하면 눈에서는 시각, 귀에서는 청각, 입에서는 미각, 코에서는 후각의 감촉에 마음챙김하여야 한다. "감각의 알아차림에 단호하게 마음챙김하라"고 순룬 사야도는 말했다.

순룬의 방법은 단순하다. 선을 긋거나 원을 그리는 것만큼 간단하다. 어린애들까지도 연필로 종이에 처음부터 원이나 선을 그릴 수 있다. 그러나 완벽한 직선이나 동그란 원은 극히 어렵다. 그러나 간절한 열망과 열성으로 수련한다면, 결과를 빨리 얻을 수 있다. 대부분의 다른 방법들은 설명하기가 어렵다. 수련하기는 쉬울지라도 결과는 천천히 온다.

순룬의 방법은 설명하기에는 쉽다. 순룬의 방법에 이론적 요소는 거의 찾아볼 수 없다. 미얀마어로 된 팸플릿에서 그 방법을 설명하고 있으며 순룬의 생애에 대한 것으로는 소책자가 하나 있다. 그 방법은 설명하기가 용이하므로 이론적인 것은 거의 없다. 따라서 책은 많이 씌어지지 않았다.

순룬 방법은 수행하기가 어렵다. 이것이 수행의 순서가 복잡하다는 것을 뜻하는 것은 아니다. 그 순서도 간단하다. 이것이 뜻하는 것은 단지 그 방법이 느슨하고 편한 방법이 아니라는 것이다. 그것은 강한 호흡의 어려움과 불쾌한 감각에 맞부딪칠 용기와 그것들을 극복할 용맹심과 이 목적을 달성하기 위한 불요불굴의 마음챙김을 요구한다. 이것을 잘할 수 있을 때, 수행은 잘된다. 결과는 급속히 이루어진다. 왜냐하면 순룬은 실재와 즉각적이고 단도직입적으로 접촉하게 하고 수행자의 열망을 북돋아서 강렬한 속도로 진보하게 하기 때문이다.

오늘날과 같이 무엇을 위해서라도 시간을 거의 내지 않는 게으른 사람과 개념화, 논리성, 합리성으로 인하여 더욱더 근원적인 실재로부터 멀어진 사람에게 순룬은 많은 것을 제공한다. 그것은 실재를 즉각적이고 직접적으로 파악하기 위하여 그의 사고 체계를 버리게 한다. 그것은 단호하게 하고, 유연하게 하며, 그의 거대한 육체·정신적 잠재력을 사용케 한다. 변화무쌍한 삶에 대처하기 위한 수단과 힘을 준다. 모든 불행과 불만의 원인인 '나'에 대한 어리석은 애착인 미혹의 심장부를 강타한다.

순룬은 강렬하고, 불퇴전의 용맹스러운 방법으로 4념처를 확립하여 본성을 청정하게 하고, 슬픔과 불행을 극복하게 하고, 고통과 비탄을 소멸시키고, 바른 길에 들어서게 하고, 열반을 이루도록 한다.

"감각의 알아차림에 빈틈없이 쉬지 말고 마음챙김하라."

4. 수행에 대한 질문과 대답

질문 : 처음 저희들이 심호흡을 시작할 때 처음 몇 분 동안은 매우 피로를 느낍니다. 그리고 나서 좀더 오래 호흡하면 더이상 피로를 느끼지 않는 것은 무엇 때문입니까?

대답 : 호흡이 균형되지 않았을 때는 피로를 느낀다. 보통은 내쉬는 호흡이 들이쉬는 호흡보다 더 강한 경향이 있다. 들이쉬는 숨을 증가시켜야 한다. 일단 호흡이 적당하게 균형되면 그리고 호흡이 리듬을 타면 더이상 피로를 느끼지 않고 실제로 장시간 호흡을 계속할 수 있다.

질문: 왜 들이쉬는 호흡에서 숨을 중지해야 합니까?

대답 : 그렇게 해야만 우리들의 에너지를 모아서 감각과 투쟁할 수 있다. 만약 내쉬는 숨에서 중지하면 이완되기 쉬워서 마음챙김에 적당하지 않다.

질문 : 특정한 자세로 앉아 있을 때 경련과 같은 강한 감각을 느낍니다. 감각이 가라앉을 때까지 계속 앉아 있어야 합니까? 그러한 감각은 얼마 동안 계속됩니까?

대답 : 그렇다. 모든 감각이 가라앉도록 해야 한다. 시간의 길이는 개인에 달려 있다. 어떤 사람은 짧게 걸리고 다른 사람은 수시간 걸린다. 일어나는 모든 감각은 자연스럽다. 두려워해서는 안되고 마음 집중하며 인내해야 한다. 앉아서 움직이지 말아야 한다. 모든 감각이 완전히 소멸할 때까지 마음챙김을 계속해야 한다.

질문 : 가장 강한 감각이 사라진 후에도 얼마 동안은 약간의 마비(저림)가 발같은 곳에 남아 있습니다. 이것마저 사라질 때까지 계속해야 합니까?

대답 : 그렇다. 일체의 감각이 사라질 때까지 계속해야 한다. 모든 감각이 사라질 때까지 오랫동안 앉아 있어야 한다. 이것이 필요하다. 물론 단호하고 강렬한 마음챙김을 할 수 있다면 오랜 시간이 안 걸린다. 전념이 중요하다.

질문 : 만약 오래 앉아 있는 시간이 없다면 저림이 완전히 사라지기 전에 중지할 수 있습니까?

대답 : 할 수 있다. 비록 바람직한 현상은 아니지만, 몸은 경쾌하지 못할 것이며 마음은 충분히 정화되지 않을 것이다. 만약 시간이 충분하지 않으면 시작하는 호흡을 오래할 필요는 없다. 대신 당신의 감각이 충분히 뚜렷하게 느껴지지는 않을 것이다. 모든 감각이 사라질 때까지 오래 앉아 있지 않아도 된다. 그러나 당신이 해야 할 것을 참으로 하지는 않았기 때문에 수련과 자신에

대해서 불만이 일어날 수도 있다.

질문 : 감각이 단순히 발 같은 것을 움직임으로써 사라지게 할 수 있는 것을 발견했습니다. 그러면 왜 감각이 다 사라질 때까지 앉아 있어야 합니까?
대답 : 명상의 본질은 감각들을 극복하기 위하여 철저히 감각을 파악하는 것이다. 물론 감각을 간단하게 팔이나 다리, 혹은 몸을 움직임으로써 사라지게 할 수도 있다. 이런 식으로는 감각을 파악할 수 없다. 감각으로부터 도망가는 것이다. 그렇게 하는 동안 새로운 감각과 만나게 된다. 우리들은 어떠한 감각으로부터도 피할 수 없다는 것을 명심해야 한다. 우리가 피할 수 없는 것은 본래부터 있는 몸의 고통이며, 유일한 길은 감연히 맞서 대항함으로써 극복하여 지혜를 통하여 자유해탈로 가야 한다는 것을 명심해야 한다.

질문 : 마음챙김이 무엇을 뜻합니까? 예를 들면 저희들 내부에 일어나는 감각의 원인에 마음챙김해야 합니까?
대답 : 천만에. 마음챙김은 깨어있는 알아차림이며 어떠한 개념적 생각이나 어떠한 관념도 없이 이 알아차림을 빈틈없이 유지해야 한다.

질문 : 사마타 명상과 위빠사나 명상의 차이점은 무엇입니까?
대답 : 사마타 명상은 대상, 관념, 상(像)에 집중하는 것이다. 위빠사나

명상은 집중력을 몸안에 있는 감각에 사용한다. 사마타는 마음을 강력하게 한다. 반면 위빠사나는 마음을 정화하여 지혜를 얻도록 한다. 예를 들면 오직 집중에만 성공한 사람은 논쟁에서는 매우 설득력이 있다. 모든 사람이 그에 의해서 영향을 받는다. 그러나 일반적으로 반응은 늦게 온다. 위빠사나에 있어선 다르다. 위빠사나에 성공한 사람은 너무나 맑은 지혜로 충만하여 조만간 의심없이 모든 이들이 그를 따르게 된다.

질문 : 위빠사나를 수행하는 사람이 사마타로 갈 수 있습니까?

대답 : 사마타는 가장 주요한 주춧돌로 선정(집중)을 이용한다. 반면 위빠사나는 선정(집중)과 감각의 두 다리를 사용한다. 선정을 수련한 사람은 위빠사나 없이도 그렇게 할 수 있다.

그러나 위빠사나를 수련한 사람은 어느 정도의 집중 즉 순간순간의 집중을 이용하여 이 집중으로 감각을 수련한다. 당신이 이 수행로상에 있는 한 순수한 집중상태로 빠져들 수 없다. 그러나 만약 당신이 선정만을 전적으로 익힌다면 사마타의 길로 들어갈 수 있다. 빛이나 상(像) 등을 볼 수도 있다. 산만해질 수도 있다. 문제는 사마타에 빠져든 사람은 무엇인가를 얻었다고 생각하는 것이다. 그리하여 실제로는 그들의 경험이 진정한 자유의 길로 가는 데는 장애가 된다. 사마타에 잘 발달된 사람은 위빠사나로 나아가기가 힘들다. 그러한 사람을 돕는 유일한 길은 그에게 마음챙김법을 함께 가르치는 것이다.

질문 : 만약 감각이 견디기에 너무 강렬하면 어떻게 해야 합니까?
대답 : 참고 견디어라. 이것이 아무리 감각이 강렬할지라도 감각에 용감히 대항해서 극복해야 하는 것을 요구하는 특징이다. 마음챙김하라. 그러면 감각은 사라질 것이다. 가장 강렬한 감각들까지도 정복해야 한다. 정복된 감각이 강렬하면 강렬할수록, 마음은 더욱더 정화될 것이다.

질문 : 만약 확고한 주시가 몸의 감각에 지속되고 생각의 방해없이 감각을 알아차릴 수 있다면 저희들의 마음에 어떠한 이익이 있습니까?
대답 : 그것은 마음의 방해에 대한 문제가 아니고 마음의 기능에 대한 문제이다. 마음은 알아차림의 수련을 통하여 그 기능을 계속하여야 한다. 생각의 기능이 개입되어서는 안된다. 감각에 관해서 생각을 해서는 안된다. 어떠한 감각에 마음챙김하더라도 감각이 소멸될 때는 마음은 정화되고 확고해진다. 따라서 자비와 고요함이 일어난다. 또한 감각은 육체적 감각뿐만 아니라 정신적인 감각도 있다. 그러나 이러한 것은 나중 단계에 남겨두는 것이 낫다.

질문 : 매일의 생활에서는 어떻게 마음챙김할 수 있습니까?
대답 : 걸을 때는 발이 땅에 닿는다. 이 감촉에 마음챙김하라. 어떤 대상을 잡을 때는 손에 감각이 있다. 대상을 볼 때는 눈에 감각이 있다.

소리를 들을 때는 귀에 감각이 있다. 냄새를 맡을 때는 코에 감각이 있다. 먹을 때는 혀 끝에 감각이 있다. 이런 방법과 그 외 많은 다른 방법으로 마음챙김할 수 있다. 그러나 몸의 한 부분에 집중하는 것이 가장 좋다. 이것이 보다 쉽게 포착해서 유지할 수 있는 방법이다.

질문 : 이러한 명상으로부터 무슨 이익을 얻습니까?
대답 : 이 명상의 효과는 우리들 자신을 정화하고 슬픔과 불행을 극복하고 고통과 비탄을 소멸하고 올바른 길에 이르러 열반을 증득하게 한다. 정화는 마음을 깨끗이 하는 것과 도덕적 감각을 강화하는 것을 말한다. 마음은 5장애 즉 탐욕, 진심, 혼침과 무기력, 불안, 근심 등을 제거함으로써 안정된다. 마음은 적어도 일정 기간 동안 탐·진·치로부터 정화된다. 도덕적인 감각은 사회적 제재를 수용함으로써 강화되는 것이 아니라 부도덕할 때라도 일어나는 것에 더 잘 알아차림으로써 강화된다. 슬픔, 불행, 고통, 비탄에는 정신적, 육체적 두 가지 형태가 있다. 육체적 불행과 고통은 몸이 아프거나 기능이 원만하지 못할 때 일어난다. 이 명상은 육체가 적절하게 기능을 발휘하도록 도와준다.(육체적 혼란이나 병을 명상에 의해서 치료한 경우가 많다. 그러나 이러한 것은 진정한 자유를 추구하는 데서 얻어지는 사소한 부산물이다.) 그리고 이러한 명상은 마음의 평화를 얻게 한다.
평화스러운 마음에는 집착이나 급격한 동요가 일어나지 않으며

슬픔과, 기쁨, 비탄이나 성냄에 의해 아무런 영향을 받지 않고, 마음 자체를 다른 무엇과도 일체화하기를 거부하며, 고통과 즐거움에 물들지 않는 마음이다. 바른 길에 이르는 것은 실상과 허상에 대한 감각을 얻는 것이다. 그 자신에서 무엇이 진실인가를 실현하기 전까지는 아무도 이것을 진실로 알 수 없다. 열반은 오직 불퇴전의 용기와 부단한 노력으로만 얻어진다.

제4장
타웅푸루 사야도
(Taungpulu Sayakaw)

TAUNGPULU
SAYADAW

1. 몸의 관찰을 통한 욕망의 극복

본 편역 인이 타웅푸루 사야도에 관해서는 수년 동안(1977년 현재) 미얀마에서 가르침을 펴오고 있다는 것 외에는 별로 아는 바가 없다. 그의 본원은 메익티라 거리에 있다. 수행에 관한 이 법문은 양곤에서 만난 명상 도반인 한 승려로부터 받은 것이다. 몸의 각 부분에 관한 명상 수련 방법을 여기에 포함한 것은 현재 불교 명상의 가르침을 폭넓게 소개하기 위해서다. 전통적으로 타라 바다 경전 상에 있는 선정 명상은 40가지의 대상을 가지고 있다. 몸의 각 부분에 대한 마음챙김도 그들 중 하나에 속한다. 수련법은 여기에 적혀 있는 대로 기억하고 심상화(心像化)함으로써 시작한다. 이 수련은 몸의 외형에 대해서 특별히 강한 집착을 가지고 있는 수행자에게 균형을 이루도록 사용된다.

이 수련을 일정 기간 수행한 후에는 자신의 몸에 대한 집착, 타인의 몸에 대한 욕망, 몸과 '나' 혹은 '나의 것'이라는 동일시가 사라진다. 나 자신이 수행을 시작할 때는 호흡에 관한 명상을 하는 동안에 나는 저절로 몸의 각 부분, 특히 뼈와 해골 모양을 보았다. 그 경계가 나타났을 때 라오스 스승은 이러한 심상(心象)을 마음에 고정시켜 집중력을 예리하게 하고 춤추는 여자 환상과 균형을 맞추기 위한 한 방법으로 사용하라고 지시했다. 결국, 이 수행은 나 자신의 심상과 가까운 동료들의 심상뿐만 아니라 죽음관, 시체관, 수도원 화장터에 타고 있는 시체관과 같은 일련의 명상들로 유도되었다. 자기 자신의 죽음과 관련된 감정으로 바로 향하게 하는 그러한 명상은 에고와 멜로드라마와 같은 감정을 분명하게 노출시키는 데에 강력한 수단이 된다. 우리들이 죽음을 충분히 이해하며 존재에 대한 애착을 제거함으로써 죽음의 공포에서 벗어날 때, 참으로 자유로워질 수 있다.

  신체의 각 부분과 죽음에 대한 명상은 테라바다 불교의 숲속 수도원 전통에 있어서는 승려들 사이에 가장 보편적으로 가르쳐지고 있는 것이다. 타웅푸루는 불교가 오로지 깨달음을 이루기 위한 수단으로서 가르쳐진다고 강조한다. 이러한 깨달음은 존재의 본성(무상·고·무아)을 볼 때 실현된다. 신체의 각 부분에 대한 명상은 우리들 존재에 대한 욕망과 견고성에 대한 집착을 부수어 버린다. 우리들의 본성에 대한 이러한 자각은 자유와 깨달음으로 이끌 것이다.

2. 몸의 32부분에 대한 마음챙김

불교는 정신수양이나 명상에서 완벽한 시스템을 제공한다. 마음은 불교에 있어서 가장 본질적인 요소이다. 그러므로 마음을 잘 수련해야 한다. 왜냐하면, 수행된 마음만이 밝음[明]과 진리를 볼 수 있게 해주는 지혜를 계발할 수 있기 때문이다.

불교의 모든 가르침은 사성제(四聖諦)에 바탕을 둔다. 그들은 고(苦)에 대한 진리, 고의 원인에 대한 진리, 고의 멸(滅)에 대한 진리, 고의 멸로 인도하는 길[道]에 대한 진리이다. 이 진리는 (몸과 마음의) 오온을 가진 모든 유정(有情) 중생이 모든 종류의 고통과 불행의 원천이라는 것을 가르친다. 이러한 존재는 집착이나 욕망에 대한 피할 수 없는 필연적인 결과이다. 존재는 또한 진리에 대한 무지의 결과이다. 욕망에 의해서 계속적인 존재가 만들어진다.

존재나 고통의 멸(滅)은 욕망을 제거할 때만이 가능하다. 정견(正見), 정사(正思), 정어(正語), 정업(正業), 정명(正命), 정정진(正精進), 정념(正念), 정정(正定)으로 이루어진 성스러운 여덟 가지의 길은 욕망의 소멸로 이끈다. 이러한 욕망의 소멸은 깨달음의 4단계를 거쳐 열반으로 나아간다. 이러한 깨달음 없이 열반을 실현할 수 없다.

붓다의 근본적인 교리에 의하면 태어남(生)이란 자아에 대한 그릇된 믿음에서 오는 무지와 욕망의 결과로서 간주된다. 이것이 고와 불행의 연속으로 이어진다. 그러므로 붓다는 그를 따르는 모든 사람들에게 끊임없는 마음챙김의 수련을 통해서 깨달음을 이루도록 했다. 불교의 목적은 보리(苦提), 깨달음, 즉 실재에 대한 각성이다. 이것은 모든 고의 멸인 열반을 실현하는 것을 뜻한다. 불교는 깨달음을 이루기 위한 수단이다. 바꾸어 말하면 불교의 모든 수행은 실재에 대한 올바른 이해[正見]를 달성하는 과정으로 간주되어질 수 있다. 정견(正見)은 마음챙김으로부터 계발된다.

사실을 있는 그대로 여실히 볼 수 있는 것은 오로지 마음챙김 수련, 즉 몸과 마음에 대한 주의 깊은 알아차림과 명상을 통해서만 가능하다. 이러한 마음챙김은 몸과 마음의 관찰, 경험에 바탕을 두어야 한다. 몸을 구성하고 있는 각 부분에 대한 분해적인 관(觀)은 영원한 영혼이나 자성이 없다는 사실을 나타내 준다. 이러한 사실을 알아차림으로써 환상적인 개념에 바탕을 둔 자아·개성·인격에 대한 그릇된 견해에 종지부를 찍게 되고 윤회의 고통 세계로부터 탈출케 한다.

근본적으로 불교는 자신의 구제를 위해서는 자신에게 의지해야 한다고 가르치고 있다. 인간은 고통의 본질, 고통의 원인, 고통의 소멸로 이끄는 길을 완벽하게 실현함으로써 무서운 생사윤회의 수레바퀴와 고통으로부터 자신을 해방시킬 수 있다. 자신 이외에는 아무도 자신을 구할 사람은 없다. 열반으로 나아가는 지혜의 길을 걸어야 하는 사람은 바로 그 자신이다.

정신적 수련과 훈련은 지혜(정견)에 필수불가결한 요소이다. 이러한 계발은 마음의 절대적인 정화를 위하여 체계적인 방법으로 행해져야 한다. 마음의 정화와 올바른 지혜가 얻어지는 것은 바로 마음챙김의 수련에 의해서이다. 우리들은 마음챙김을 몸(身), 감각(受), 마음[心], 법(法)에 적용할 수 있다. 마음수련과 알아차림을 향상 함으로써 이런 것들의 본성을 더욱 더 명확하게 볼 수 있게 된다. 몸·감각·마음·법에 대한 마음챙김의 알아차림(사념처)은 사제·팔정도 수련에 있어서 가장 중요한 제일의 요소이다. 바른 마음챙김[正念]으로 팔정도의 모든 요소들을 동시에 수행하는 결과가 된다. 사념처의 수련은 마음의 평화를 달성하고, 열반의 실현을 위한 유일한 길이다. "이것이 유일한 길이다."라고 붓다는 말했다.

"마음의 청정을 이루게 하고, 슬픔과 비애를 극복하고, 고통을 종식시키고, 올바른 길로 들어서서 열반을 실현하게 하는 유일한 길이다."

어떻게 하면 이 마음챙김을 가장 잘 수련할 수 있을까? 만약 명상자가 자신의 존재를 부분적인 구성요소로 분해하면 즉 색·수·상·행·식으로나 혹은 더 상세하게 세분화하면 결국 어디서나 자아나 영혼은 발견되어질 수 없다는 사실을 깨닫게 될 것이다.

그 자신이 '영혼이다', '자아다'라고 간주해 온 것은 단지 그 자신 존재를 이루고 있는 구성요소들과 함께 붙잡고 있는 관념에 불과하다. 참모습을 간파하는 데 있어서 방해가 되는 것은 바로 이 완강한 환상이다. 아래의 말들이 붓다의 설법 중에 나타난다.

오! 로히타타, 고통스런 세계의 소멸은 열반없이 이루어질 수 있다고 나는 말하지 않았다. 생각과 감정을 가진 6척 몸 안에서, 고의 세계, 고의 원인, 고의 멸에 이르는 길이 발견되어진다고 선언하다.

   바른 선정을 신속하게 얻기 위해서 붓다는 기본적인 명상으로서 몸에 대한 마음챙김을 가르쳤다. 그리하여 몸의 각 부분에 대한 관(觀)과 끊임없는 관찰은 해탈로 나아가기 위한 이상적인 명상 주제이다.
   만약 우리가 몸에 대해 마음챙김을 한다면, 다른 세 가지 부분에 대한 마음챙김, 즉 감각·마음·법에 대한 마음챙김을 위해서 특별히 다른 노력이 요구되지 않는다. 몸에 대한 마음챙김이 주된 명상이고 이를 통해 다른 세 부분에 대한 마음챙김을 자동으로 일으킨다.
   실제로는 수련이 깊어짐에 따라 몸·감각·마음·법에 대한 마음챙김의 확립은 서로서로 독립해서 일어나는 것이 아님을 알게 될 것이다. 즉 그들은 동시에 일어난다. 신체의 32부분에 대한 체계적인 마음챙김 수련법이 여기에 있다. 자신의 몸에 대한 성스러운 마음챙김 수련으로부터 얻는 이득을 붓다의 설법 중에서 찾아볼 수 있다. 20개 부분의 딱딱한 것과 12개 부분의 액체적인 부분으로 구성되어 있는 32개 부분은 6개 그룹으로 분류되어 있다. 각 그룹은 적어도 5일 동안 계속해서 관찰되어지도록 한다. 6그룹은 아래와 같다.

 1. 머리털, 몸의 털, 발톱, 손톱, 이빨, 가죽
 2. 살, 근육, 뼈, 골수, 신장
 3. 심장, 간, 막(횡경막), 지라, 폐

4. 창자, 장간막, 배설물(똥), 골
5. 담즙, 담, 고름, 피, 땀, 지방
6. 눈물, 임파액, 침, 콧물, 관절액, 오줌

  165일 코스를 수련하기 위해서 명상자들은 위의 6그룹 중 매 그룹마다 5일 동안씩 처음부터 끝까지 관하고 그 다음에는 매 그룹당 5일 동안씩 뒤로부터 역순으로 계속 염송하고 관하면서 진행한다.
  이렇게 60일이 지난 후에는 그룹별로 처음부터 끝까지, 역순으로 끝에서부터 처음까지 5일 동안씩 되풀이한다. 그리고 나서 명상자는 처음에는 하루, 다음에는 이틀, 이렇게 여섯 그룹에까지 날을 더하여 앞에서 뒤로 하는 데 5일 더 걸리고, 역순으로 하는 데도 5일이 더 걸린다. 결국 6개월 정도가 흐른 뒤에 명상자는 전체 32개 부분에 대한 마음챙김의 한 목표에 이르게 된다.
  반복된 수련의 효과는 신체를 구성하고 있는 부분들이 더욱더 명확하게 마음에 떠오르고, 몸의 부정적(不淨的)이고 분해적인 본성이 더욱더 반조되어지고 산만한 마음이 더욱더 모이고 차츰차츰 집중되어진다.
  입으로 반복하는 것도 관을 하는 과정에서 병행돼야 한다. 효과적인 계발을 위한 수련에는 반복적인 염송과 관이 같이 행해져야 한다. 이것은 필요불가결한 것이고 또한 붓다의 다음과 같은 법문과 일치한다.

  구두염송은 마음염송을 위한 한 조건이고, 마음염송은 몸을 구성하고 있는 신체 각 부분들의 부정(不淨)한 특성들을 꿰뚫어 보기 위한 것이다.

머리카락에서부터 시작하여 오줌까지로 해서 끝나는 몸의 각 부분에 대한 마음챙김 명상은 네 곳에 마음챙김[四念處]을 확립하는 모든 명상 가운데에서 가장 뛰어난 명상이라는 것을 아는 것은 중요하다.

몸에 대한 마음챙김 명상은 다른 명상들과는 다르다. 그것은 붓다가 출현한 당시에야 비로소 빛을 가져오게 되었고 전파되었다. 이 유일하고 단순한 명상수련으로 각성된 지혜를 달성할 수 있음을 보장한다.

붓다는 이 수련을 독특한 명상법으로 선언했고 승려와 평신도 모두에게 필수적인 명상으로 정했다.

붓다가 제자들에게 설한 법문 가운데서 다음과 같이 언급했다.

"비구여. 유일한 한 법(法)이 이익으로, 속박이 멸한 곳으로, 위대한 마음챙김과 알아차림으로, 지혜의 완성으로, 지금 여기에서 행복한 삶으로, 맑은 통찰과 해탈의 실현으로 이끈다. 그 유일한 법이 무엇이냐? 그것은 몸에 대한 마음챙김이다.

그러므로 비구여, 몸에 대한 마음챙김을 맛본 사람은 죽음을 초월한 자유의 맛을 체험한다. 비구여, 몸에 대한 마음챙김을 맛보지 못한 사람은 죽음을 초월한 경지의 맛을 경험하지 못한다. 그러므로 비구여, 몸에 대한 마음챙김 수련을 완성한 사람은 죽음을 초월한 경지의 맛을 경험한다. 그들은 무지하지 않고 미천하지 않다. 그리고 그들은 분별없거나 불안정하지 않다.

몸에 대한 마음챙김 수련을 게을리한 사람은 죽음이 없는 경지의 맛을 보지 못한다. 그들은 무지하거나 미천하다. 또한, 그들은 분별없거나 불안정하다."

명상자는 여기에 설명되어진 방법대로 계속해서 수련을 해 나가야 한다. 그 보답은 대단히 크다. 그리고 몸에 대한 명상으로 열반을 얻은 사람은 숫자로 헤아릴 수 없을 만큼 많다. 반복된 염송을 통하여 몸을 구성하고 신체 각 부분들에 대해 더욱더 잘 알게 되고, 마음은 고도로 집중되어지며, 수행의 노정에서 길을 잃지 않고, 몸의 부분들이 그들의 참 본성을 명백하게 드러낼 것이다.

마음챙김을 굳건히 하기 위한 설법[四念處]은 지혜명상에 있어서 가장 높은 과정으로서 설해졌다. 몸의 부분에 대한 마음챙김 수련은 지혜로 이끌 뿐만 아니라 마음의 평온을 위한 집중에서도 가장 수준 높은 수련의 과정이다.

붓다의 최후 메시지는 마음챙김이었다.

"오, 제자들이여, 나는 그대들에게 이것을 말한다. 조건지워진 모든 것은 변한다. 게으르지 말고 마음챙김하라. (*Be mindful*)"

걷고 앉고 서고 눕는 가운데에서, 붓다의 최후 유언에 따라 몸에 대한 마음챙김을 실제 수련해 보자. 육척 신체를 이루고 있는 32가지 부분에 대해 관찰하면 몸 안에는 실재나 본질 같은 것은 없다는 것을 깨닫게 될 것이다.

명상자는 우리가 몸과 마음이라고 부르는 비인격적인 집합 속에, 영속하는 '자기'는 발견되어지지 않고, 만족시킬 욕망도 없으며, 지켜야 할 가치 있는 것이 없다는 것을 보게 될 것이다. 참으로 그것은 인격화된 구역질 나는 것으로, 절대적으로 불결하고 바랄 것이 못되는것으로 보일 것이다.

이것은 비어 있음[空]과 고제(苦諦)로 그리고 점점 더 맑고 집착이 없는 청정한 마음으로 이끌 것이다.

이렇게 훌륭한 수행을 하는 모든 사람들이 행복하고 자유로워지길 기원한다.

제5장

몬힌 사야도
(Mohnyin Sayakaw)

붓다의 후예, 위빠사나 선사들

MOHNYIN
SAYADAW

1. 학식과 수행을 겸비한 선지식

여기 소개된 내용은 1960년대 미얀마에서 몬힌 사야도에 의해서 설해진 법문을 옮긴 것이다. 미얀마 전역에 걸쳐 몬힌의 가르침을 받은 많은 제자들이 있고 양곤에도 몬힌 수도원이 있다. 그의 가르침은 지혜 명상의 통달과, 그리고 불교심리학인 아비달마의 학식으로부터 온다.

미얀마에서 아비달마의 가르침은 아마도 다른 어느 불교국가보다도 더 많이 강조되고 이용된다. 처음에는 아비달마에 대한 개념적인 연구를 하고 다음에 그것을 실수행에 적용한다. 그의 달마 접근법은 미얀마에서 인기가 좋아 많은 추종자들이 따르고 있다. 테라바다 삼장 중 마지막 부분인 아비달마는 마음 현상을 상세하게 설명하고 있다. 마음과 몸에 대한 특성을 매순간 찰나지간에 가장 섬세하게 정사(精査)하도록 하고 있다. 미얀마 사원에 들어서면 마음 진행을 생산공정 도표처럼 대단히 복잡한 인공두뇌학으로 연구하는 승려를 발견할 것이다. 아비달마에 바탕을 둔 이러한 연구로 무아와 이에 관련하여 끊임없이 변화하는 무상과 고(苦)에 대한 명확한 지적 이해를 할 수 있게 된다. 그 후에 명상을 수련함에 따라 이러한 이해는 명확한 직접적인 경험에 의하여 더욱 깊어진다.

몬힌 사야도는 명상자에게 수련을 하기 전에 아비달마의 가장 기본적인 개념을 정통해야 한다고 강조한다. 이렇게 얻은 지식은 명상자들로 하여금 모든 현상의 참본성을 정확하고 명확하게 바로 주시하게 한다. 명상하기 전에 이해해야 할 가장 본질적인 개념은 외관상 견실하고 영속적인 세계로 보이는 것을 구성하고 있는 궁극적인 실재에 대한 설명이다. 우리들이 인식하는 요소인 의식, 감각기관과 그 대상 그리고 물질적인 신체그룹들은 급속한 변화로 인해서 견고한 세계로 보여진다. 명상자가 통찰 지혜를 계발하는 것은 몸과 마음에 있는 이러한 그룹과 요소 그리고 의식의 일어나고 사라짐을 관찰함으로써 가능하다. 이것이 깊어감에 따라 그는 모든 인식할 수 있는 현상은 무상하고, 실체성이 없고 행복을 바라거나 거주할 만한 곳이 없다는 것을 안다. 그들의 본성을 앎으로써 더이상 놀림을 당하지 않고, 더이상 집착하지 않게 된다. 그는 진정한 자유를 경험한다.

2. 통찰지혜의 수행

모두들 행복하고 성공하길 바란다.

아래의 개요는 두 부분으로 되어 있다. 첫 번째 것은 아비달마에 나타난 기본적인 개념세계에 관한 가르침이다. 두 번째는 이러한 개념에 바탕을 둔 지혜명상의 수련법에 관한 설명이다. 이 수련은 자세의 변화와 움직임의 관찰에서 오는 통찰을 특별히 강조한다. 이것은 더 깊은 통찰과 지혜의 단계로 이끈다.

기본적인 개념 이해를 위한 질문

질문 : 몸과 마음의 현상에 대한 본성을 설명해 주십시오.

대답 : 모든 신체적 현상은 부서지기 쉽고 고정된 모양이 없고 실체가 없다. 모든 정신적 현상도 고정된 인격이 없고 실체가 없다. 더욱 상세히 말하면, 28가지 종류의 신체적 현상이 모든 중생들의 몸안에 존재한다. 또한 수많은 정신적 현상도 존재한다. 그것은 의식, 마음 요소들, 열반을 포함한다. 모든 신체적 현상의 물질적 특성에 대한 본성을 알고 여기에 초점을 맞추는 것은 지혜 수련에 중요하다. 모든 신체적인 실체는 여덟 가지 부분으로 분류될 수 있다.

　네 가지 기본 요소로서 견고함이나 딱딱함의 요소[地], 점착

(粘着)이나 유동성의 요소[水], 뜨거움이나 차가움의 요소[火], 움직임이나 지탱의 요소[風], 여기에 덧붙여 색깔, 냄새, 맛, 영양물의 특성이 그것이다.

질문 : 이것이 궁극적인 진리를 발견하기 위하여 수행자가 공부해야 하는 것입니까?

대답 : 형성된 모든 것은 궁극적인 진리의 특성을 가지고 있다. 그러므로 궁극적인 진리는 모든 육체적, 정신적 현상 안에 존재하며 그들의 기능과 성질을 관찰할 때 발견된다. 이러한 진리는 발견하기 힘들다. 왜냐하면 우리들이 갖고 있는 개념과 마음과 육체의 견고성이나 영원성에 대한 착각 때문이다.

질문 : 물질(몸)의 견고성과 응집성에 대한 개념을 어떻게 넘어설 수 있습니까?

대답 : 한 가지 방법은 부분으로 구성된 그들의 본성을 발견하기 위해서 평범한 대상을 관찰하는 것이다. 예를 들면 물이 우유 속으로 부어질 때, 우유의 '그룹(여기서는 요소들의 모임·집합·온(蘊)의 의미로 사용)'은 물의 '그룹' 사이에 있는 공간을 채운다.

　　이것은 모든 다른 무정물(無情物, 無生物)에 있어서도 마찬가지다. 그들은 점착성과 견고성의 착각을 주지만 궁극적으로는 여러 가지의 결합으로 우주를 구성하고 있는 사대와 오온으로 이루어져 있다. 수행자가 명상에서 직접적인 경험을 통하여 이것을 이해할 때 청명한 지혜가 그 결실로 온다.

질문 : 궁극적인 진리에 대한 의문을 어떻게 유정물(有情物, 生物)에 적용할 수 있습니까?
대답 : 무정의 대상과 같이 유정의 대상도 그 숨겨진 본성을 밝혀내기 위해서는 수행자 자신이 관찰해야 한다. 모든 유정물은 그들이 어떠한 형태일지라도 견고성과 응집성을 통하여 그들의 본성을 감춘다. 이러한 자아에 대한 착각을 부숴버리기 위하여 수행자는 유정 대상을 정신적, 물질적 '집합(그룹)'·'부분'·'요소'로 이루어져 있고 자아가 없고 그들 배후에는 아무것도 없음을 알아야 한다. 이 원리에 입각해서 마주 대하는 모든 대상을 우리가 남자, 여자, 동물 등으로 부르며, 이름의 관념에 집착해 있는 단순한 요소로 보도록 노력해야 한다. 이러한 구분은 단지 관습적인 차원이지 궁극적인 진리는 아니다. 그리하여 위빠사나에서 계발된 무아(無我)적인 앎은 모든 대상을 영원한 영혼이나 인격체로서 보지 않는다.

　수행자가 개념과 관념을 넘어서서 보면, 모든 유정물의 대상은 단지 육체적 그룹 혹은 요소들의 덩어리라는 것을 알게 될 것이다. 이러한 앎은 본성과 마음과 형상의 관계를 꿰뚫어보는 명확한 통찰로 나아가고, 마침내는 모든 대상의 가고 옴에 대하여 무심하게 되어 심오한 내적 평화에 도달한다. 수행자는 자비, 도덕, 사랑의 행위들도 겉모양의 가치로 받아들이지 않고 연관성으로 보게 되고 이러한 것에 집착하지 않는다.

질문 : 불교에서 말하는 오온의 개념을 어떻게 현대물리학에 적용할 수 있습니까?

대답 : 견고성의 개념을 버림으로써, 과학자들은 모든 물질을 100개 이상의 요소들로 분석했다. 궁극적으로 이러한 요소와 원소를 조사해 보면 거대한 빈 공간 속에 있는 에너지의 파동으로 드러난다. 입자/파동은 항상 동적(動的)인 것이다. 그래서 현대 물리학에서는 모든 물질이 근본적으로 변화하고 있고 영혼이 없음을 가르치고 있다.

질문 : 불교심리학에 의하면 궁극적인 실제는 무엇입니까?

대답 : 첫째는 물질적인 형상[色]이고, 둘째는 정신적 요소[受・想・行], 셋째는 의식[識], 넷째는 열반(涅槃)이다.
이러한 것들은 어떠한 개념과 관념도 초월하며 수행자에 의해서 직접 체험되고 관찰되어져야 한다. 처음 세 가지에서는 항상 끊임없이 변화하고 있다는 것을 보게 될 것이다.

질문 : 의식은 어떻게 이해할 수 있습니까?

대답 : 여섯 종류의 의식이 있다. 즉 안식(眼識)・이식(耳識)・비식(鼻識)・설식(舌識)・신식(身識)・의식(意識)이다. 이러한 것[識]들은 각각의 대상들을 '알아차리거나 대상을 향하여 나아가는 특

성'을 가지고 있다. 여기에서 붓다가 가르친 대로 우리들의 이해를 전체 '세계'로 확장 할 수 있다. 그것은 6근(감각기관), 6경(대상), 6식(의식) 이다.

이러한 열여덟 가지[18界]가 우리들의 세계를 만든다. 수행자는 안식은 눈과 보이는 대상에 연(緣)해서, 이식은 귀와 소리에 연해서, 나머지도 마찬가지로 서로 연관되어서 발생한다는 것을 알 수 있다.

매순간 6근(根, 감각기관)·6경(境, 대상)과 관련해서 6가지 식(識) 중의 하나가 일어났다가 사라진다. 꿰뚫어 보는 알아차림을 계발함으로써 수행자는 영구적인 '나' 혹은 '자아'는 없으며, 오직 18가지 근, 경, 식의 연속적인 일어남과 사라짐만이 있다는 것을 알 것이다. 수행자는 영혼이나 영원한 인격체라는 믿음에서 벗어날 때까지 계속 관찰해야 한다.

질문 : 무엇이 형상과 대상을 만들며, 무엇이 정신적 현상을 만드는가에 대한 의문에서 자유로워질 수 있습니까?
대답 : 형상과 마음 현상의 기원에 대한 의문에서 자유로워지는 것은 올바른 관찰에서 온다. 업(몸, 말과 마음의 행위), 의식, 체온, 영양물은 모든 살아 있는 대상을 만드는 것이다. 이와 마찬가지로 6근·6경은 마음의 현상을 만드는 것이다.

모든 업에 따른 행위는 그것이 선이냐 악이냐에 따라 그 결과를 가진다. 이러한 업의 과정은 모든 세계가 존재하게 되는 끝없는 순환의 핵심이다. 깨닫기를 원하는 수행자는 이러한 과정들이 그 자신의 마음속에 어떻게 작용하는가를 분명하게 볼 수 있을 때까지 자신의 몸과 마음 현상을 완전하게 보아야 한다. 그때 그는 달마의 본성과 붓다와 그의 가르침에 대해서 더이상 의심하지 않을 것이다. 그는 윤회의 시작과 끝, 혹은 생사(生死)의 반복을 볼 수 있고 마음과 물질(몸)의 연기성을 이해할 수 있게 된다.

 더욱 상세히 설명하면 연기는 모든 육체적, 정신적 조건성의 순환이며, 이것에 대한 이해는 무아(無我)의 이해와 함께 붓다의 가르침을 깨닫는 근본이다. 인습적으로 '자아', '인격체', '남자', '여자', '동물' 등으로 불리우는 여러 가지 정신적, 물질적(육체적) 존재의 현상들은 우연히 이루어진 것이 아니라 원인과 조건성에 의한 결과이다. 그것은 재생과 고통이 조건들에 연(緣)하여 생(生)기며, 이러한 조건들을 제거함으로써 어떻게 모든 고통이 사라지는가를 설명한다. 상호 의존해서 일어나는 12연기는 다음과 같다.

1. 무명(無明) : 지혜의 부족이며 모든 죄악의 뿌리이다.
 이것은 행을 일으키는 조건이다.
2. 행(行) : 무명에 연(緣)하여 일어난다.
3. 식(識) : 행에 연하여 일어난다.
4. 명색(名色) : 식에 연하여 일어난다.
5. 육처(六處) : 명색에 연하여 일어난다.

6. 촉(觸) : 육처에 연하여 일어난다.
7. 수(受) : 촉에 연하여 일어난다.
8. 애(愛) : 수에 연하여 일어난다.
9. 취(取) : 애에 연하여 일어난다.
10. 유(有) : 취에 연하여 일어난다.
11. 생(生) : 유에 연하여 일어난다.
12. 노사(老死) : 생에 연하여 일어난다.

무명·행·애·취·유는 생을 일으키는 업인(業因)이고, 식·명색·육처·촉·수는 생의 순환에서 업과(業果)이다. 이것은 간단하지만 인과의 연쇄적인 순환과 생을 일으키는 정신적, 물질적 현상에 대한 완벽한 일람표이다. 만약 수행자가 이러한 물질과 마음의 원인을 관찰하여 궁극적으로 이해한다면, 그는 의심에서 벗어나서 청정심을 얻을 것이다.

마음 청정을 위한 수행

성위과(聖位果 : 열반)의 지혜를 얻기 위해서, 수행자는 다음과 같은 종류의 지혜를 얻어야 한다.

모든 존재의 현상을 확실하게 무상·고·무아로 보는 지혜.
생·멸(生滅)의 현상에 대한 지혜.
그 결과로 오는 두려움의 인식에 대한 지혜.
고통 있음의 지혜.

혐오감 있음을 깨닫는 지혜.
그리고 마침내 해탈을 이루려는 마음의 지혜.
몸과 마음의 모든 현상에 대한 평등의 지혜.

　열반을 이루기 위해서는 마음의 완벽한 균형상태에 도달해야 한다. 이러한 것들 중에서 세 가지 특성(무상·고·무아)에 관련된 지혜를 계발하기 위해서 수행자는 그의 몸 움직임과 자세에 대한 변화의 과정을 관찰해야 한다. 여기에서 그는 그 자신 내부에서 일어나는 변화의 본성을 명확하게 볼 수 있다. 이것은 개념을 넘어선 지혜를 불러일으키고, 몸과 마음의 내부에 영원한 자아나 인격체는 발견되지 않고, 존재하는 것은 단지 연속적으로 변화하는 몸과 마음 현상의 과정에 지나지 않는다는 궁극적인 진리를 알게 해준다. 보다 높은 수준의 지혜 계발을 하기 전에 세 가지 특성을 경험하고 이 수준의 지혜로 시작하는 것은 대단히 바람직한 것이다.
　위빠사나를 시작할 때, 수행자는 자세의 변화와 움직임의 양태를 현미경으로 보듯이 관찰해야 한다. 왜냐하면 여기에서 세 가지 특성을 매우 명확하게 볼 수 있기 때문이다. 그의 손을 한 곳에서 다른 곳으로 움직이는 데 있어서도, 수행자는 우선 손 전체의 움직임을 봐야 한다.
　이러한 과정을 보다 면밀히(특히 감각을 통하여) 관찰함에 있어서, 수행자는 매번 육체적 물질 에너지의 먼젓번 '그룹'이 일어나서 사라지면서 새로운 '그룹'을 형성하게 되는 것을 보면서 무상을 이해하게 된다.
　그의 손을 한 곳에서 다른 곳으로 반복해서 움직이면서 형상과 감각의 무상을 관찰한다. 근원적인 의미에서 보면 발산(정신 활동의 파동이나 진동의 과정)이 손의 움직임을 나타나게 한다. 집중과 지혜를 이용하여 이 과정을 관찰하면 모든 정신적, 육체적 현상의 경험에서 덧없이 지나가는 실체가 없는 성질을 통하여 무상의 지혜를 계발할 수 있다. 무상에 대한 지혜가 계발될 때 수행자는 모든 현상이 불만족스럽고 불안정하며 무아라는 것을 깨닫게 된다.

비록 일반 사람도 모든 자세에서 똑같은 손이 있다고 말하지만, 근원적인 의미에서 보면 물질 에너지의 구성 배열인 수많은 '그룹'이 손의 움직임에 따라 파동 속에서 일어나고 사라진다. 그것은 마치 한 양동이의 모래와 같다. 양동이 바닥에 구멍을 뚫은 다음 모래를 쏟아내리게 해 보라.

비록 당신은 양동이에서 한줄기의 모래가 떨어지는 것을 발견할지 모르나, 사실은 모래알들이 결합해서 한 줄의 흐름을 만든다. 그리하여 모양, 계속성, 빽빽함에 대한 우리들의 관념, 개념이 참 본성을 감춘다.

만약 수행자가 명확하게 본다면, 인과적으로 조건지워진 정신적, 물질적 현상들이 한줄기의 모래 흐름 속에 있는 모래알들처럼 즉각적으로 일어나고 사라지는 과정을 보게 될 것이다.

이것을 염두에 두고, 수행자가 모든 일상생활, 자리에서 깨어나서 세수하고, 화장실 가고, 밥 먹고, 오고 가는 모든 자세 속에서 몸 내부에 있는 정신적, 물질적 현상들의 사라짐을 관찰해야 한다.

붓다는 몸에서 몸을 관찰하라고 설했다. 한 곳에서 다른 곳으로 손을 움직이는 데에 있어서, 육체적 현상의 사라짐을 관찰할 수 있는 수행자는 앉아있는 동안에도 몸 전체에 걸쳐 일어나는 육체적 현상들의 사라짐을 쉽게 볼 수 있다. 이것이 몸에서 몸을 정확하게 관찰하는 것이다. 눈을 감아라. 그리고 몸 전체에 걸쳐 일어나는 육체적 그룹, 즉 물질/에너지의 소멸하는 것을 관찰해 보라. 그리고 몸을 오른쪽으로, 왼쪽으로, 앞으로, 뒤로 움직여 보라. 이러한 모든 자세에서 매순간 먼젓번 육체적 현상이 일어나고 사라지면서 새로운 현상을 만드는 것을 볼 것이다.

 이러한 것을 명확하게 경험할 수 있을 때까지 이 수련을 반복하라. 또한 수행자는 호흡을 이용해서 모든 현상의 일어나고 사라지는 것을 꿰뚫어 보는 통찰을 계발할 수도 있다. 호흡과 관련해서 육체적 현상의 사라짐을 관찰하는 데에도 손의 움직임과 마찬가지로 수행자는 몸 가운데 부분에서 일어나는 육체적 현상의 특성을 관찰해야 한다. 호흡수련에서 하듯이 코끝에서 들어오고 나가는 호흡을 반드시 관찰해야 할 필요는 없다. 당신의 마음을 몸의 가운데 부분에 두고 호흡이 들어오면서 일어나고, 호흡이 나가면서 사라지는 몸의 움직임을 볼 것이다. 호흡이 들어오고 나가는 양쪽 모두에서 육체적 현상의 사라짐을 관찰하라. 그러면 끊임없이 변화하는 본성을 바로 깨달을 수 있을 것이다.

 수행자가 궁극적인 달마를 가장 잘 이해할 수 있는 것은 몸과 몸의 감각, 특히 여러 가지 자세에 관련된 감각들의 관찰을 통해서이다. 몸에서 몸을 관찰하고 현상의 생멸(生滅)을 꿰뚫어 보는 데 있어서 수행자는 정신활동으로부터 기인한 육체적 운동인 파동의 과정을 이해할 수 있다. 이것이 연기의 순환을 보는 방법이다.

 만약 '내가 일어서겠다'는 생각이 일어날 때, 수행자는 그 생각이 파동의 과정을 만들어낸다는 것을 안다. 이러한 파동의 과정이 육체적 표현을 만들어낸다. 파동의 진행에서 오는 방출로 인하여, 아래에서부터 위로 일으키는 것을 '일어남'이라고 부른다. 만약 '오른발부터 앞으로 나아가겠다'는 생각이 일어나면 수행자는 파동의 진행 동안과, 그리고 발을 들어올리고 앞으로 내려놓는 동안에도 육체적 현상의 일어나고 사라지는 것을 관찰할 수 있다. 그러므로 수행자는 다음과 같이 관찰해야 한다. '내가 서 있는 동안에도 정신적, 육체적 현상은 매순간 급속히 일어나고 사라지면서 무상을 보여 주고 있다.'

신속하게 일어나고 사라지는 것이 인과적으로 조건지워진 모든 육체적, 정신적 현상의 근본적인 본성이라는 것이 수행자의 마음에 명백해질 것이다. 수행자는 이 방법에 따라 완전히 이해하는 데 얼마나 많은 날과 달이 걸리더라도 계속적으로 무상을 관찰해야 한다.

관찰이 깊어감에 따라 수행자는 모든 체험의 사라짐에 특별한 주시를 할 수 있다. 수행자가 오른발부터 걷기를 시작할 때 육체적, 정신적 현상의 '사라짐'을 '사라짐'으로, '더이상 존재하지 않음'을 '더이상 존재하지 않음'으로, 혹은 '무상(변함)'을 '무상'으로 관찰하면서 명확하게 볼 수 있다. 왼발을 내디디면서 나갈 때도 같은 방법을 적용할 수 있다.

수행자가 빨리 걷거나 천천히 걷는 동안에 육체적·정신적 현상의 사라짐을 꿰뚫어 볼 수 있기 위하여 여러 날, 여러 달 동안 이 수련을 실행하는 것은 매우 중요하다. 이 수련을 계속해서 실행해 가는 것은 내적으로 몸에서 몸을 관찰하면서 살아가는 것이다.

육체적 현상뿐만 아니라 정신적 현상을 관찰하는 것도 똑같이 중요하다. 만약 '내가 걷겠다'는 생각이 일어나면, 수행자는 마음의 '정신활동'

에서 발생하는 마음 현상의 생멸(生滅)을 명확하게 관찰해야 한다. 그는 또한 매번 걸음을 걸을 때 다리에서 일어나는 육체적 현상의 생멸(生滅)을 관찰해야 한다. 그는 이제 매번 걸을 때마다 육체적, 정신적 현상이 일어나고 사라짐에 따라 이 양자를 관찰할 수 있다.

수행자가 걷는 동안에 '나는 걷고 있다'는 것을 알아차려야 한다. 그의 몸이 어떠한 자세에 있더라도 그 자세를 알아차리고 동시에 '걷는다'는 생각에서 일어나는 마음 현상의 사라짐과 다리에서 일어나는 육체적 현상의 사라짐, 그리고 발이 땅에 닿을 때에 경험하는 육체적 현상의 사라짐을 관찰해야 한다. 그리하여 그는 자기 몸을 객관적으로 관찰하면서 살아간다. 그는 몸에서 일어나는 것, 사라지는 것, 혹은 양자 모두 다에 마음 챙김한다. 경행을 시작할 때는 움직이기 전에 먼저 일어나야 한다.

그때에 그의 몸 내부에 일어나는 정신적, 물질적 현상의 본성을 관찰해야 한다. 그리하여 "지금 일어나고 있는 '나'라는 것은 정신적 활동으로부터 오는 파동의 진행으로 인한 서 있는 자세에 포함된 정신적, 물질적 '그룹'의 집합에 지나지 않는다"는 것을 인지하게 된다.

또한 '내가 오른발부터 가겠다.'라는 생각이 일어나면, 그 생각은 파동의 진행을 낳는다. 파동의 진행에서 방출은 들어올림, 앞으로 나아가 내려놓음의 형태를 만든다. 수행자는 모든 자세에서 몸에서 일어나는 육체적 현상의 사라짐을 관찰해야 한다. 그리고 동시에 그의 오른쪽 발이 땅에 닿을 때에도 육체적 현상의 사라짐을 관찰해야 한다. 그는 그러한 종류의 수련을 천천히 혹은 빠르게 움직이면서 여러 날 동안 계속해서 실행해야 한다. 수행자가 존재의 본성을 꿰뚫어 충분히 이해할 때까지 이러한 관찰은 가고[行], 서고[住], 앉고[坐], 눕는[臥] 모든 자세에서 행하여져야 한다.

수행자가 일어나고 사라지는 것을 현재 순간에서 관찰하는 것은 필수 불가결한 것이다. 왜냐하면 그때라야 그 특성을 명확하게 볼 수 있기 때문이다. 육체적, 정신적 현상의 일어나고 사라짐이 보다 쉽게 관찰되어지도록 수행자가 매우 완만하게 움직이는 것이 도움될 때도 많다.

모든 자세에서 현상의 일어나고 사라짐을 관찰하는 수행자는 마치 참깨씨들이 후라이팬에서 열을 가할 때 소리를 내면서 갈라져 버리듯이, 정신적, 육체적 현상이 즉각 사라지면서 먼젓번 것을 대신하여 새로운 현상이 일어난다는 것을 깨닫게 된다. 위빠사나 수련 중 수행자가 모든 현상의 일어나고 사라지는 것을 명확하게 볼 수 있는 수준에 왔을 때, '통찰의 장애'가 그의 내부에서 일어난다. 특히 이러한 현상은 선정 명상(사마타)과 함께 위빠사나를 수련해 온 수행자에게 일어나기 쉽다.

미묘한 장애 가운데에는 희열, 평온함, 행복감, 빛의 발산, 에너지, 평안함, 기쁨 등에 집착하는 것도 있다. 이러한 미묘한 집착이나 장애는 수행자가 그들 중 어떠한 것도 고(苦)를 멸하는 진정한 길이 아니라는 것을 알고 이러한 집착을 포기하고 단지 일어나고 사라지는 모든 현상의 과정을 계속해서 명확하게 관찰해 나갈 때 극복된다.

어떻게 해서 존재의 이러한 현상들이 그렇게 급속하게 사라지는가에 대해 이해를 하기 위해서 수행자는 소나기 올 때 수영장 물 표면에 일어났다가 사라지는 거품을 보면 알 수 있다. 그때에 그는 물거품이 일어났다가 즉각 사라지는 것을 보게 된다. 마찬가지로, 존재하고 있는 오온(五蘊)에 관련된 물질적, 정신적 현상도 또한 대단히 급속하게 일어났다가 사라진다. 또한 양동이의 모래 비유에 있어서도 양동이 밑바닥 구멍에서 나오는 한줄기의 모래는 겉으로 보기에 견고하지만 수많은 모래알로 이루어져 있으며, 이러한 구성 분자들의 일시적인 그룹은 일어났다가 즉각 사라지며 먼젓번 그룹은 사라지고 새로운 그룹을 만든다.

  수행자가 몸의 모든 자세와 모든 외부적인 물질에서 현상의 사라짐을 인지할 때, 끊임없이 새로운 존재를 만들어내고 있는 업의 형태는 불안정하며, 무서운 것이며, 고통스러운 것이며, 불행한 것이며, 세상살이에 혐오감을 느끼게 된다. 그는 차츰 더욱 깊은 통찰로 나아간다. 그는 사성제의 진리와 모든 현상에 내재해 있는 고(苦)의 본성에 관해서 점점 더 명확하게 보게 된다. 정신적, 육체적 감정과 감각 모두 다 고통임이 틀림없다. 고통이나 불만족의 사실은 단순한 고통스러운 감정을 언급하는 것이 아니고 무상(無常)의 법칙으로 인하여 존재의 모든 현상을 불만족스럽고 그들 자체 내에 고통과 불행의 씨앗을 가지고 있다는 것을 가르친다.

  모든 존재의 현상에 대한 혐오감, 그러한 것들에 대한 싫증, 더이상 기쁨을 발견하지 못함으로 인해 수행자의 마음은 이러한 현상 중 어떠한 것에도 집착하지 않고 그의 내부에서는 해탈에 대한 간절한 마음이 일어난다.

  그의 관찰은 그의 내부에서 해탈을 이루려는 간절함이 더욱더 증장하면서 세 가지 특성(무상·고·무아)을 관찰하는 데에 모아진다. 갈대나 물거품, 아지랑이의 실체가 없고, 알맹이가 없이 공허하듯이 색(色)·수(受)·상(想)·행(行)·식(識)도 실체가 없고, 내용이 비어 있으며, 무익하며, 개아(個我)가 없다. 그들은 주인이 없고, 그들은 지배하는 그 누구도 없으며 그들은 어린아이도, 여자도, 남자도, 인격체도 아니며, 개인에 속해 있는 그 무엇도 아니다. '나'도 '나의 것'도 아니며, 다른 누군가에도 속해 있지 않다. 존재의 현상을 계속해서 관찰하는 동안에 수행자는 모든 두려움, 기쁨, 무관심을 마침내 극복하고 그의 내부에는 심오한 평등심이 일어난다. 그는 인과적으로 조건지워져 생멸(生滅)하는 모든 물질적, 정신적 현상은 '나', '나의 것', '누구의 것'과 같이 개아의 본성을 가진 것이 아니라는 것을 알게 된다.

그들은 무아(Anatta : 無我)이다. 즉,

1. 상주(常住)하는 인격적인 실체나 영혼은 없음.
2. 핵심이나 본질은 비어 있음.
3. 지배하거나 조절할 수 없음.

존재의 세 가지 특성(삼법인)을 계속해서 관찰하는 동안, 마음은 열반의 평정을 향하여 나아간다. 마음의 평화와 평등심은 해탈로 가는, 즉 열반으로 들어가는 세 개의 길(삼법인)이 된다.

해탈로 가는 세 개의 문은 조건지워진 현상의 세계로부터 탈출로 유도한다. 마음은 모든 현상들이 무상(無常)하고 유한하다는 것을 안다.

그리하여 '조건지워지지 않은 세계'로 돌진하여 나아간다. 마음은 모든 현상 존재에 본래부터 내재해 있는 고(苦)를 각성하여 '집착이 없는 세계'로 돌진하여 나아간다. 마음은 일체를 무아(無我)로 보아서 '공(空)의 세계'로 나아간다.

그러므로 이러한 가르침에 따라 위빠사나 명상을 수행할 때, 수행자는 현상의 특성(몸과 마음의 변화, 동요, 배열, 변경)들에 끊임없이 주시함으로써 그가 체험하는 깊은 통찰력이 영원성[常見]과 단멸성[斷見]에서 벗어나는 쪽으로 마음의 잠재력을 계발하고 있다는 것을 발견할 것이다.

그의 통찰력은 다음과 같은 환상들을 격퇴할 것이다. ①영원성에 대한 관념, ②세속의 행복, ③자아나 고정된 인격체, ④감각욕, ⑤탐욕, ⑥성취욕, ⑦미련, ⑧견고성, ⑨업보(業報)에 대한 그릇된 견해, ⑩불변성, ⑪무엇인가 되고자 함, ⑫기쁨, ⑬매달림, ⑭본질의 관념에 대한 집착, ⑮자아나 세상에 대한 고정관념, ⑯집착, ⑰무기(無記), ⑱몸과 마음의 경계에 휘말림 등. 이러한 것에서 벗어남은 위빠사나 수행의 결실이다.

이 진리는 나고, 늙고, 병들고, 죽음에서 탈출하게 할 것이다.

이 수련을 원하는 수행자는 불(佛)·법(法)·승(僧)의 세 가지 의지처를 염송하면서 시작해야 한다. 그는 계행을 준수해야 한다. 그리고 다음과 같이 자비의 축원을 반복해야 한다.

일체 생명들이 행복하고 복덕 있는 마음을 갖도록 기원하라. 어떠한 생명도 예외없이 그들이 약하거나, 강하거나, 크거나, 작거나, 보이거나, 보이지 않거나, 가까이 있든가, 멀리 있든가, 이미 태어났거나, 태어날 것에도 일체중생들이 모두 행복한 마음 갖기를 기원하라.

어느 누구도 다른 이를 속이지 않고, 어디서나 다른 생명을 경멸하지 않으며, 화내지 않고, 원한도 품지 않으며, 다른 생명이 고통 있기를 바라지 않음이 마치 홀어머니가 생명을 바쳐 그녀의 외아들을 보호하듯이, 이와 같이 일체 중생들에게도 자신의 한량없는 마음을 계발하고 자비심을 이 세상 일체 중생들에게 널리 베풀어라. 서 있거나, 앉았거나, 누워 있거나, 혹은 언제라도 깨어 있을 때는 자비의 길이 이 세상에서 가장 고귀하다는 생각을 가슴에 품어라. 그리하여 공허한 논쟁과 희론을 버림으로써 바르게 걷고 지혜를 계발하여 감각에 대한 욕망을 굴복시켜라. 그리고 다시는 윤회의 길에 들어서지 말아라. 이것으로 인하여 조건 지워진 세계에 있는 모든 중생이 열반을 성취하기를 기원한다. 일체 중생들이 생·노·병·사에서 벗어나서 해탈을 이루게 염원하라.

제6장
모곡 사야도
(Mogok Sayadaw)

MOGOK
SAYADAW

1. 불교심리학 교수 출신의 선지식

   모곡 사야도는 세기의 전환기에 미얀마에서 많은 제자를 거느리고 널리 존경받는 레디 사야도(**Ledi sayadaw**)의 뒤를 이었다.
   레디 사야도는 미얀마 불교도 사이에서 연기법의 이해를 널리 가르쳤으며, 모곡 사야도는 그것의 중요성을 강조하여 부활시켰다. 모곡은 교계에서 명망 있는 학자였으며, 미얀마 북부에서 불교심리학과 경전의 교수로서 30년 이상을 보냈다. 그러던 어느날 그는 자신이 가축을 돌보지만 가축들이 만드는 우유는 맛볼 수 없는 목동과 같다는 생각이 들었다. 그는 교수로서의 직책을 버리고 밍군으로 여행하여 위빠사나 수련에 맹렬히 몰두했다. 몇 년 뒤 헌신적인 불교신도들의 요청에 의해 몇몇 읍에서 통찰 명상을 가르치기 시작했다. 그가 인기를 멀리하고 수도 양곤에서 가르치지는 않았지만 깨달은 스승으로서의 그의 명망은 널리 퍼졌다. 몇 해 전 모곡 사야도가 세상을 떠난 이래, 몇몇 제자들이 그가 가르치던 방식대로 통찰 명상의 중요한 가르침을 계속해서 펴오고 있다.
   양곤에는 모곡 사야도의 방식대로 위빠사나를 가르치는 큰 수도원이 있다. 그곳은 모곡 사야도 가르침의 영어 번역 편집자인 우 탕 다잉(**U Than Daing**) 스님에 의해 운영되고 있다. 대부분의 가르침은 세속인들을 위한 것이며, 주기적으로 집중명상 수련 기간이 별도로 정해져 있다.

서구인들도 환영 받는다.

명상 수련은 세 부분으로 이루어지며, 이것들은 아래 항목에서 더 자세히 탐구될 것이다. 첫째로 모곡은 명상 수련에 앞서 달마[法]의 지적인 이해의 중요성을 강조한다. 그는 개념과 궁극적인 실재 사이의 구별과 어떻게 궁극적 실재가 요소와 집합들로 이루어지는가를 가르친다. 그 뒤 그는 인과를 통하여 갈애가 어떻게 우리를 생사의 고해에 빠뜨리는가 보여줌으로써 연기의 순환을 설명한다.

이것을 먼저 이해함으로써 명상이 무르익을 수 있다.

우선 명상 수련자들은 마음에 집중하기 위하여 호흡에 전념하는 것으로 시작한다. 다음의 수련은 의식에 대한 명상(마음의 알아차리는 능력)이나 느낌에 대한 명상으로 나아간다. 이들의 각각은 13개의 서로 다른 의식이나 느낌에 전념하는 것으로 설명된다. 마지막으로 모곡은 명상이 깊어짐에 따라, 몸과 마음의 과정인 모든 지각이 단순히 다섯 구성요소(오온)의 일어남과 사라짐에 불과함을 강조한다. 직접적인 경험으로 얻어지는 끊임없는 변화(무상)는 우리의 전존재가 얼마나 불만족스러우며 자아와 무관한 것인가를 보여준다. 오온이 일어나고 사라질 때 그 본성을 꿰뚫자마자 수행자는 이 과정을 그치고, 연기의 수레바퀴를 멈추어 최고의 축복인 니르바나에 다가가는 것이다. 모곡 사야도의 가르침에서 가장 주목할 만한 점은 연기법의 사용에 있다. 그는 어떻게 이 인과의 고리가 작용하는가를 가르치며 우리가 자신의 몸과 마음으로 이 과정을 경험하도록 한다.

여기에서 생기는 통찰은 우리를 이 과정 너머의 자유인, 부처의 진리로 이끈다.

2. 마음과 감각에 대한 명상

 불교를 가르치는 목적은 사람을 고통에서 해방시켜 열반에 이르게 하는 데 있다. 이 가르침은 점차적으로 높아지는 단계로써 설명된다.
 계는 이 가르침의 첫 단계로서 계를 닦음으로써 행복해지고 마음의 평화를 얻는다. 선정은 두 번째 단계로서 선정으로 정화된 마음은 천상적 상태의 여러 단계와, 빛과 축복을 경험하여 더욱 높은 수준의 행복을 가져온다.
 그러나 선정 하나만으로는 우리를 무지와 재생으로 얽혀 들게 하는 우리들 마음속의 번뇌를 뿌리째 뽑지 못한다. 오직 다음 단계인 위빠사나의 지혜만이 우리를 영원히 해방시켜 최고의 행복인 니르바나(열반)로 이끈다.
 우리들이 자유롭기 위해 우리는 위빠사나의 이해를 증진시켜야 하고 그것이 어떻게 수행되며 그 목적이 무엇인가 이해해야 한다. 붓다는 수행자들이 자신과 세계에 대한 그릇된 견해를 없애기 위해 위빠사나를 사용해야 한다고 말했다. 위빠사나는 세계를 분명하게 보는 길이다.
 우리들의 옳지 않은 견해는 우리로 하여금 윤회의 수레바퀴 속에서 고통을 겪게 한다. 그러므로 우리는 이 수행을 마치 머리에 불이 붙은 사람이나, 가슴에 창이 찔린 사람처럼 수행해야 한다. 위빠사나를 수행하는 기회는 참으로 귀중하다. 우리가 위빠사나로 지혜를 계발하면 그것은 우리를 열반으로 통하는 문으로 이끈다. 이 열반의 경험은 세계에 대한 옳지 못한 견해를 영원히 없애는 힘을 가지고 있다.

붓다는 처음 열반을 얻는 이익(수다원과)이 전 우주의 지배자가 되는 것보다 위대하다고 말했다. 왜냐하면 열반의 흐름에 뛰어든 사람은 그가 어떤 비천한 지위에 있다 하더라도 윤회에 떨어질 위험으로부터 완전히 해방된 것이기 때문이다. 열반의 흐름에 뛰어든 사람이 마지막 깨달음을 얻기까지 많아야 일곱 생애가 있다고 붓다는 설했다.

그러므로 수행자는 열반에 이르는 길이요, 또 열반의 결실인 깨달음의 첫 단계에 이르도록 전념으로 노력해야 한다. 이 단계에 이르기 위해 우리는 모곡 사야도가 마음과 느낌의 명상에 기초하여 체계화하고 단순화시킨 실제적인 방법에 따를 수 있다. 감정과 사고가 함께 일어나서, 머물다 사라질 때 둘 중 하나에 대한 명상은 다른 것에 대한 명상과 같다. 실제 적용상의 이 명상은 신체의 고정에 대한 명상보다 이해하기 쉽다. 마음이 호흡의 출입이나 신체의 다른 측면과 관련하여 함께 일어남을 부정할 수 없다. 그러나 직하의 무심에 들 수 있는 마음의 과정에 대해 명상함은 우리 시대의 수행자들에게 가장 직접적이고 효과적으로 보인다.

우리가 어떤 명상에 입문하기 전에 특정 사물에 대한 개념적인 지식을 가지는 것은 기본적으로 필요하다. 이들은 명상의 전제 조건이 된다. 그는 궁극적인 달마와 개념적인 달마의 차이를 알아야 한다. 궁극적 달마는 네 가지로 구성된다. 의식, 정신적 심소, 물질[色], 열반이 그것이다. 위빠사나 명상은 궁극적 달마에 대한 관찰에 근거를 두며 이것은 개념 세계의 근거가 된다.

  더 나은 이해를 위해서, 개념 없이 직접 경험되는 세계의 측면인 궁극적인 달마나 궁극 실재의 범주를 다음과 같이 분류할 수 있다.

1. 의식 : 89종류의 의식이 있으나 위빠사나 명상을 위해 모곡 사야도는 이것들을 모두 포용할 수 있는 13종류의 의식으로 축소시켰다.
2. 정신적 요소 : 52가지 정신적 요소가 있다. 수행자들이 알아야 할 요소들은 감정 · 인지 · 의지 · 주의 · 탐욕 · 증오 · 무지 · 자만심 · 그릇된 견해 · 시기 · 질투 · 의심이다.
3. 물질적 인자 : 28가지 물질적 인자가 있다. 그중 아래의 것들이 수행자가 주의 해야 할 중요한 요소이다.
    굳음과 부드러움의 요소,
    점착성과 유동성의 요소,
    운동과 진동의 요소,
    뜨거움과 차가움의 요소.
    이들이 네 가지 기본적인 요소들이다.
    여기에서 24가지 요소들이 나온다.
4. 열반 : 이것이 궁극적 달마의 네 번째 요소이다.
    왜냐하면 그것은 마음으로 직접 경험될 수 있기 때문이다.

이제 여기에서 개념적 법을 구별할 수 있다. 개념이란 직접 경험될 수 있는 궁극적 달마와 반대로 상황에 대한 관념이다. 개념적 달마는 예를 들어 '내 아들', '여자 목소리', '마차' 등과 같은 모든 개념, 관념, 사상, 이름들을 포함한다. 개념은 편리함과 인습적인 어법에 사용되지만 그것들은 우리 경험의 궁극적 대상은 아니며, 또한 실재를 이해하려는 명상의 대상으로 사용되어질 수도 없다. 많은 종류의 개념이 있으나 단지 몇 가지만 여기서 언급할 필요가 있다. 이들은 다음과 같다.

이름의 개념
아들, 딸, 아버지, 어머니와 같은 관념이나 관계로서의 개념
집합이나 집단, 가족, 민족 등의 개념
탑, 사원, 학교 같은 형상에 대한 개념
봄베이나 실론 같은 위치의 개념
B.C. 600년, 어제, 오늘, 내일 등과 같은 시간의 개념
지붕 위의 구멍, 동굴, 수평선 등 공간의 개념
긴 대열의 대상, 강의 흐름, 영화 등 계속의 개념
토끼의 뿔, 거북이 털 같은 상상력의 개념

위빠사나는 오직 궁극적 달마에 대한 명상에만 관심을 가질 뿐 개념에는 관심이 없다. 수행자가 이것을 이해하고 궁극의 달마와 개념적인 달마의 차이를 구별할 수 있게 되면, 더 나아가서 기본적 존재의 측면인 아래의 가장 중요한 기본 요소들에 익숙해져야 한다. 그것들은 ①오온, ②감각기관, ③사대 요소들, ④연기법이다.

오온은 몸과 마음 전체를 포함하는 달마를 기술한다. 그것들은 다음과

같이 정리할 수 있다.

형상의 요소[色] - 몸과 모든 물질적 요소
- 네가지 기본요소
- 여기서 파생된 요소

느낌의 요소[受] - 마음의 측면
- 즐거운 느낌[樂]
- 괴로운 느낌[苦]
- 즐겁지도 괴롭지도 않은 느낌[非苦非樂]

인식의 요소[想] - 마음의 측면
- 유정물 · 무정물 · 혹은 대상의 색깔과 크기의 인식

의지적 요소[行]
- 노여움, 주의 깊음, 탐욕, 사랑, 침착 등을 포함, 52종류가 있다.

의식의 요소[識]
- 안식 · 이식 · 비식 · 설식 · 신식 · 의식

수행자는 이들 몸과 마음의 요소들에 정통해야 한다. 그는 또한 여섯 종류의 의식에 뒤따르는 감각기관(눈 · 코 · 귀)과 감각대상(색깔 · 소리 · 냄새 등)이 있음을 알아야 한다.

수행인은 의식이 어떻게 일어나는가를 아는 것도 중요하다. 붓다는 여섯 종류의 의식은 감각기관과 그 대상인 두가지 요인에 의지해 일어난다고 설했다. 이와 같이 봄에 있어서는 보이는 대상이 시각기관에

미치는 영향에 의지해서 안식이 일어날 뿐이다. 공존하는 이 세 요소 외에, 다른 보는 자나 보는 나, 너, 그는 존재하지 않는다. 그것은 단지 안식이 일어나는 과정일 뿐이다. 듣고, 맛보는 등에서도 그 과정은 같다. 모든 감수의 경험에 이 텅 빈 과정의 작용만이 있을 뿐이다. 감각이 일어난 후 연속된 두 순간 동안에 똑같은 의식이 아님을 주의해야 한다. 한순간 감각이 일어나고, 다음 순간 그것은 사라져 새로운 의식으로 대체된다.

명상 수행 전에 수행자는 정신적 실재, 오온, 사대 의식에 대해 공부해야 하며, 이것은 철저하게 이해되어야 한다. 더 나아가서 수행자는 어떻게 물질 현상과 정신 현상이 일어나는가 보여 주는 인과법에 정통해 있어야 한다.

연기법

모곡 사야도는 특히 처음 입문하는 수행자를 위해서 연기법을 상술했다. 이것은 명상으로 가는 지름길이라 불릴 수 있다. 왜냐하면 그것은 연기법이 작용하는 현재의 측면을 가르치기 때문이다. 바꿔 말하면 그것은 수행자가 오온에 대하여 그것이 일어나는 순간마다 그 시작과 원인, 소멸을 이해하도록 하기 때문이다. 먼저 눈과 시각 대상으로 시작하자. 안근과 대상이 부딪칠 때 안식이 생긴다. 단지 안식이 일어날 뿐임을 명심해야 한다.

거기에 보는 이도 없고 눈과 시각 대상에 '나'도, '그'도, '그녀'도 없다. 안식에도 '나', '그', '그녀'가 없다. 안식은 안식일 뿐 그 이상도 이하도 아니다. 그리고 안식은 '자아'와 혼동되어서는 안된다. 거기에 인격체가 부여되어서는 안된다.

 눈과 대상, 안식의 화합은 접촉이 일어나는 조건으로 접촉에 의지해서 느낌이 생긴다. 느낌 속에서도 '나'라든가 '그', '그녀', '자아'는 발견되지 않는다. 연기의 과정은 계속된다. 느낌 때문에 갈애가 일어나고 갈애 때문에 집착이, 집착에서 육체적 행동, 언어, 사고, 정신적 행동이 일어난다. 이들 행위는 업을 만들고, 이 업의 힘이 재생의 조건이 된다. 재생에 따라 노쇠·죽음·슬픔·비탄·고통·비애·절망이 일어난다. 이와 같이 하여 산더미 같은 고통이 일어난다. 눈과 대상, 안식의 경우와 같이 귀·코·혀·몸·뜻[意] (6근)과 거기에 상응하는 의식(6식)의 경우에도 동일한 과정이 일어나 이것으로 우리는 연기의 순환과정을 이해할 수 있다.

 뜻을 명백히 하기 위해 일반적인 말로 설명하는 것이 좋겠다.

 A라는 사람이 아름다운 대상을 봤을 때, 그는 그것을 소유하고 싶어하고 그것에 집착한다. 그리고 그것을 얻기 위해 노력한다. 이것이 갈애다. 그는 아름다운 대상을 소유하려는 욕망에 압도된다. 그는 이 집착으로 육체적[身], 언어적[口], 정신적[意] 모든 종류의 노력을 경주한다. 이것이 재생(再生)으로 이끈다. 왜냐하면 가장 미묘한 집착이라도 우리를 다시 태어나게 하기 때문이다. 재생은 불가피하게 노쇠, 죽음, 슬픔, 비탄, 고통, 비애와 절망을 가져온다. 이와 같은 연기의 긴 사슬이 일어난다. 이것은 우리 몸과 마음의 과정인 오온의 일어남과 사라짐을 고찰할 때 명백히 보인다. 우리가 더욱 분명히 보면 볼수록, 우리는 궁극

적으로 이들 오온의 본성과 몸과 마음의 윤회는 다름 아닌 고통 그 자체일 뿐이라는 것을 알 수 있다.

사려 깊은 독자에게는 우리가 하루에도 몇 번씩 행동과 사고를 낳는 갈애와 집착이 일어나는 끝없는 과정을 계속하고 있음이 명백히 보일 것이다.

우리는 행복을 갈망하며 갈애와 집착에 압도당한다. 이것을 만족시키기 위해, 우리는 정신적, 언어적, 육체적 모든 종류의 행동을 다한다. 같은 방법으로 우리가 듣는 어떤 것을 즐기거나 좋아한다면 갈애가 일어나고, 우리가 갈애에 압도당하면 그것이 집착을 낳으며, 집착을 만족시키기 위해 즐거움을 바라거나 연장시키려는 모든 종류의 행동에 빠지게 된다. 이것은 냄새맡고, 맛보고, 감촉하고, 생각하는 데에도 같이 적용된다.

의식적이건 무의식적이건 우리는 언제나 이런 과정에 빠져 있다. 독자는 연기란 다만 그가 하는 일련의 행동에 불과하다는 사실에 주의를 돌려야 한다. 그는 몸과 마음을 이루는 오온에 관심을 돌려 보면 자신의 행동이 얼마나 이 인과와 연기의 법칙에서 벗어나지 못하고 있는지 알 수 있다.

만약 그가 윤회의 과정에 따라 일어나는 일련의 행동을 멈춰야겠다고 생각한다면, 윤회의 수레바퀴를 벗어날 길이 있다. 그러나 그가 계속 전과 같이 행동한다면 윤회는 계속되어 슬픔과 비탄, 절망과 모든 고통으로 인도하는 무자비한 과정이 계속되게 된다. 하나의 실례로서 어떤 부모가 학교에서 돌아오는 그의 어린 아들이 부르는 소리를 들었다 하자. 목소리를 듣자 그는 아들을 보고 싶어하고 껴안고 입맞춤하고 싶어

한다. 그는 그가 그의 아들이고 그를 사랑하기 때문에 이렇게 한다고 생각하고 말할 것이다.

그는 어떤 윤리적 법칙도 범하지 않았기 때문에 그에 대해 잘못한 것도 없고 죄도 없다. 이것은 사실이다. 그러나 여기에서조차 행동 그 자체로서가 아니라 그가 그렇게 행동하게끔 하는 집착에 의해, 연기의 가차 없는 과정이 일어나 그 끊임없는 순환을 계속하게 된다. 우리는 이 언뜻 보기에 해가 없는 예를 통하여 학교에서 돌아오는 어린 아들의 목소리를 듣자마자 연기법이 어떻게 그 끝없는 운동을 계속하는지 알 수 있다. 아들의 목소리를 듣자마자 보고 싶고, 껴안고 싶은 욕구가 일어난다. 욕구로 인해 아들을 껴안는 원인이 되는 압도할 수 없는 갈망이 일어난다. 이 포옹은 집착으로 인한 행동이며, 이 힘이 재생의 원인이 된다.

업력이 일어날 때 탄생은 반드시 뒤따르게 된다. 붓다조차도 업력의 힘은 막을 수 없다. 동트는 때부터 땅거미가 질 때까지 이 과정은 계속된다. 매력적인 대상이 보일 때 갈망이 일어나고, 갈망에 의해 집착이, 집착에 의해 업력이 생기며, 이렇게 하여 전체적인 윤회의 수레바퀴가 그치지 않고 계속되는 것이다.

요컨대 아름다운 시각 대상, 즐거운 소리, 즐거운 향기, 즐거운 맛, 좋은 감촉, 즐거운 생각이 각각의 감각기관을 통해 들어올 때, 갈애가 일어나며 다른 요소들도 연속하여 일어난다. 그런 일련의 과정은 열정의 연속일 뿐으로 이것은 차례로 업이나 의지적 행동의 순환을 일으킨다.

이 행동이 다시 결과의 순환을 낳아, 전체적인 순환의 고리를 완성한다. 접촉으로부터 의식과 집착, 재생의 전 과정은 순간순간 주시되고 위빠사나 명상으로 관찰돼야 한다. 그렇지 않으면 끊임없는 윤회의 과정이 영원히 계속되어 슬픔과 고통이 뒤따르게 된다.

우리가 위빠사나를 수행함에 따라 점점 더 분명하게 의지적 행위[行]가 재생을 낳는 식[識]으로 나아감을 알 수 있다. 이것이 다음에 식(識), 명색(明色)이 일어나는 조건이 되고, 우리는 어떻게 이들이 빗나감 없이 감각[受]과 접촉[觸]에 이르게 되는지 알고 있다. 의(意)를 포함한 여섯 감각기관(6처)에 접촉함은 감정의 조건이며, 이것에 갈애와 집착이 뒤따랐을 때 어쩔 수 없이 업력과 재생을 가져온다. 연기는 다만 우리를 이루는 오온의 끊임없는 과정, 즉 낡은 것이 사라지고 새로운 요소가 대체하는 것에 불과하다. 그것은 신체적, 정신적 현상이 일어났다 사라지는 인과의 연속이다.

윤회의 시작은 인식을 넘어서 있다. 무지에 쌓이고 갈애에 묶여 한 존재에서 다른 존재로 윤회를 계속하는 존재에는 시작이 없다. 한 존재가 윤회하며 얻는 끝이 없는 형상들의 뼈를 모으면 오르는 데 4일이 걸리는 웨풀라(*Vepulla*) 산의 높이에까지 이를 것이다. 무명이 생각할 수 없을 정도로 길다면, 그것은 연기의 순환에 시작이 없으며, 고통은 끝없이 계속된다고 말하는 것과 같다. 재생(윤회)의 잠재력이나 힘은 무지이다. 이것은 최초 원인이나 절대자로 잘못 생각되어져서는 안된다.

그러면 의문이 생긴다. 무엇이 무지인가? 그것은 사성제에 대한 무지이다.

1. 고(苦)에 대한 무지

2. 고(苦)의 원인에 대한 무지
3. 고(苦)의 소멸에 대한 무지
4. 고(苦)의 소멸에 이르는 길에 대한 무지

이를 설명하면 다음과 같다.

1. 우리 몸과 마음의 구성요소가 궁극적으로 고통스러우며 불만족스럽다는 지혜의 결여를 고(苦)에 대한 무지라 한다.
2. 정신적 행복과 물질적 부를 추구하는 것은 우리들 모두의 타고난 바이며, 이 갈망이 고통의 근본인자다. 이 지혜의 결여를 고통의 원인에 대한 무지라 한다.
3. 모든 고통의 소멸[滅]인 열반에 대한 지혜의 결여를 고의 소멸에 관한 무지라 한다.
4. 팔정도(八正道)가 열반에 이르는 길임을 모르는 것을 일러 고(苦)의 소멸에 이르는 바른길에 대한 무지라 한다.

우리의 모든 정신적, 물질적, 언어적 활동은 이 무지에서 일어난다. 그러므로 붓다는 사람이 슬픔과 고통의 근본원인을 모르고 이 무명의 세상에서 재산과 지위를 얻기 위해, 또 행복을 얻기 위하여, 건전한 것이나 불건전한 것이나, 도덕적인가 비도덕적인가의 성질에 구애하지 않고 모든 수단을 동원해 모든 종류의 일을 행한다고 설했다.
어떤 사람은 그가 합법적인 일을 하니 그는 올바른 삶을 살고 있다고 말할지 모른다. 그러나 연기의 관점에서 보면 그는 재생의 사슬을 깨뜨린 것이 아니다. 반대로 그는 그 과정을 계속하고 있다. 그가 무슨 잘못을 했는가 묻는다면, 우리는 그가 잘못을 했는가 아닌가를 말하려는 것이 아니라 그가 업을 계속 축적함으로써 욕망과 윤회의 사슬 고리를 계속 연결하고 있다는 것이다. 여기에서 내생을 바랄 만한 가치가 있는가 하는 것은 수행자가 결정할 문제다. 재생이 무엇을 의미하는가? 마지막 남는 것은 무엇인가?

재생은 필연적으로 고통과 노쇠, 죽음을 동반한다, 이것은 붓다의 가르침에서 보여 준 연기의 순환이다. 위빠사나 수행을 하려는 수행자는 부처님의 달마에 정통해 있어야 한다. 이들 기본 전제들에 대한 충분한 지식이 없으면, 수행자는 위빠사나 명상에서 진보를 이룰 수 없다. 이런 기본을 습득하지 못한 수행자의 안목은 이기적 구조로 제한될 수밖에 없다. 수행자는 가르침 없이는 자아를 넘어설 수 없다. 이들 기본 전제에는 오온, 감각기관(6근), 사대 요소, 연기와 사성제가 포함된다. 누구나 이것들에 대한 습득 없이는 명상에 들어갈 수 없다. 왜냐하면 명상이 수행되는 것은 이들 요소와 과정에 달려 있기 때문이다. 수행자는 영원한 '나' 혹은 '자아'에 대한 그릇된 견해를 제거하기 위해, 궁극적 실재와 개념을 구별할 수 있어야 한다.

이 기본 달마[法]에 흥미를 느끼고 배우려고 애쓰는 사람은 올바른 명상의 기초를 놓은 것이다. 그때서야 그들이 위빠사나 명상으로 나아갈 수 있다.

지혜 명상

지혜 명상은 무상·고·무아에 대해 마음 챙김하여 관찰하는 것이다. 이것은 마음챙김에 대한 붓다의 설법에 나타나 있다. 챙김에는 네가지 측면이 있다. 그들은 탑의 네 계단과 같다. 탑의 중심부인 지혜는 이들 네 계단 중 어디로도 이를 수 있다. 이들 계단은 집중의 네 가지 측면이다.
 ①몸에 대한 관찰, ②감각과 감정에 대한 관찰, ③마음과 의식에 대한 관찰, ④법에 대한 관찰이 그것이다.

명상에서 하나를 취하면 이것이 다른 셋을 포함한다는 것이 중요하다. 이들 네 측면 중에 가장 강한 부분을 관찰한다. 모곡 사야도에 의하면 통찰 명상의 수련은 세 단계로 계발된다. 첫째는 집중으로 알아차림이다. 둘째는 오온의 일어남과 사라짐의 관찰, 마지막은 몸과 마음을 이루는 요소의 일어남과 사라짐, 즉 현상의 소멸에 이르는 길에 대한 분명한 지혜이다. 이들은 아래와 같이 설명된다.

1. 호흡의 출입이나 몸이나 마음의 움직임과 작용과 같은 특정 대상에 주시함을 마음챙김이라 한다.
2. 형상[色]과 감정, 마음과 마음의 대상 및 그들의 일어남과 순간적인 사라짐에 대해 관찰함을 과정 명상(process meditation)에 대한 마음챙김이라 한다.
3. 고통을 나타내는 오온의 요소들이 일어나고 사라지는 것을 봄으로써, 모든 조건 지워진 현상의 본성에 대한 앎을 모든 일어남과 사라짐의 소멸에 이르는 길이라 한다.

오온이 일어나고 사라짐을 알 때까지 모든 것이 무상하고, 고통이며, 무아임을 알 때까지 명상은 진실한 위빠사나에 이르지 못한다. 진정한 위빠사나는 수행자가 심신의 일어남과 사라짐을 '자기'라든가 '나', '내 것'이라고 보지 않고 관찰할 수 있을 때 시작한다. 명상하는 자가 '나'라든가, 집중된 것이 내 마음이라는 생각 없는 이 분명한 자각이 올바른 명상이다. 모든 오온은 분명하게 무상하고 고(苦)이며 무아(無我)라 보여진다.

위에서 언급한 하나나 두 단계의 계발만으로 윤회에서 벗어날 수 없다. 붓다는 열반이 실현되는 것을 집중(사마타)만으로는 불가능하다고 설했다. 단지 위빠사나만이 열반 혹은 자유의 결실을 맺는다. 그럼에도 불구하고 명상의 첫 단계에서 집중은 중요하다. 두세 단계의 위빠사나 명상을 실제 행하기 전에 수행자는 집중하도록 요구된다. 이것은 앉은 채 마음을 코끝에 모으고 들숨과 날숨을 지켜보는 것으로 가장 잘 수행될 수 있다. 수행자는 고요한 가운데 척추를 바로 세우고 가부좌하여야 한다. 집중훈련은 위빠사나 명상을 하기 전 최소한 20분이나 25분 동안 실행되어야 한다. 마음이 고요하고 집중되어야 수행자는 모곡 사야도가 가르친 대로의 의식과 느낌으로 위빠사나 명상으로 나아갈 수 있다. 우리는 어디에서 출발해야 하나? 우리는 마음으로부터 출발해야 한다. 붓다는 마음에 미치는 명상의 중요성을 설했다. "나는 연마되고 계발된 마음보다 더 큰 이익이 되는 다른 법을 알지 못한다"고 하셨다. 그것은 연마되지 않고 계발되지 않은 마음이 그 반대라는 것을 의미한다. 마음은 우리의 행위에 선행하며 모든 현상에 앞서 있다. 물질적이든 정신적이든 마음의 협력 없이는 아무것도 이루어지지 않는다. 우리가 선한 행위나 악한 행위를 할 때 마음이 주요한 역할을 한다.

먼저 생각함이 없이는 어떤 행동도 불가능하다. 생각은 마음에서만 일어난다. 우리 마음이 제어될 때 몸은 따라서 제어된다. 우리의 마음이 분별없고 제어되지 않을 때, 우리의 생각과 감정은 삼독을 함부로 나타내어 육체적인 행동을 제어할 길이 없게 된다. 마음은 육체적 행동을 지배하는 주요한 인자이다. 잘못된 이기주의와 잘못된 개성이 사는 곳도 마음속이다.

'나'나, '자아'의 기만은 미혹된 마음 뒤에 있는 추진력이다. 마음을 구름처럼 덮는 것은 이렇게 개성과 이기주의로(마음을) 동일시하는 요소다. 그러므로 고(苦)와 이기주의, 사견(邪見)을 버리기 위해, 우리는 마음을 꿰뚫어 관찰해야 한다. 모곡 사야도는 현대의 수행인을 위해 가장 적당하다고 여겨지는 매우 간단한 마음에 관한 명상을 체계화했다. 이 명상은 의식과 느낌에 마음 챙김한 위빠사나이다. 이 두 면이 두드러질지라도 위빠사나의 나머지 측면도 무시되지 않는다. 그것은 신선한 라임주스, 설탕, 소금과 물이 구성요소로 포함된 시럽과 같다. 우리가 이들 요소 중 어느 것이라도 알아차린다면, 처음 대상보다 알아차림이 두드러지지 않지만, 나머지에 대한 알아차림도 함께 생김을 알게 된다.

마음챙김의 네 가지 확립[四念處]은 동시에 일어나고 동시에 사라진다.

왜 모곡 사야도는 마음에 관한 명상을 강조했는가? 위대한 스승 사리풋타는 다른 사람의 마음을 읽기는 쉽지 않지만, 자신의 마음속에 갈망이 생긴다면, 그 갈망이 어떻게 생겼는가 쉽게 알 수 있다. 만약 증오, 현혹,

악의, 질투가 마음속에 일어난다면, 즉시 그것이 일어남을 알 수 있고 그것이 사라진다면 역시 그것이 사라진다는 것을 알 수 있다. 마음에 관한 명상, 특히 의식에 대한 마음챙김을 강조하는 다른 이유는, 많은 불교도에게조차도 뿌리 깊게 박혀 있는 잘못된 견해인 의식이 영원하다든가 의식이 곧 '자아'나 영혼이라는 견해를 제거하기 위해서이다.

대부분의 불교도는 영혼이 한 존재에서 다른 존재로 다시 태어난다는 잘못된 견해를 가지고 있다. 어떤 사람은 더 나아가 사람이 죽을 때 영혼이 육체에서 떠난다고 얘기한다. 어떤 이들은 영혼이 살 공간을 발견하지 못하는 한 육체를 떠나지 못하며, 다시 태어날 적당한 장소가 나타날 때까지 주위에 맴돌고 있다고 믿기까지 한다. 이런 잘못된 견해는 뿌리 깊이 한 세대에서 다른 세대로 전해져 내려온다. 영혼의 전생이나 한 존재에서 다른 존재로의 화신 같은 믿음은 옳지 않다. 위에서 언급한 것과 같이 그런 잘못된 견해는 의식이 영원하여 육체가 멸할지라도 존재한다는 믿음에 깃들어 유지된다. 사람들은 의식 역시 순간적이며, 일어나고 사라지는 끝없는 과정을 계속할 수밖에 없다는 것을 이해시킬 수 있는 연기의 올바른 지식을 가지지 못했다. 그것은 시공 속에서 한순간 일어나고, 일어난 곳에서 한 치도 이동할 수 없으며, 연속되는 두 순간 동안 머물 수도 없다. 뿌리 깊게 조건화된 사견을 없애고, 올바로 마음을 이해시키기 위해 모곡 사야도는 의식의 각성과 느낌의 각성에 기초를 둔 위빠사나 명상을 가르쳤다. 둘 다 요즈음 수행인에게 적당한 수련방법이다.

의식 명상의 계발

궁극의 정각을 얻고자 열망하는 사람은 잘못된 견해와 자아가 있다는 믿음을 제거함으로부터 시작해야 한다. 이 목적을 위해 모곡 사야도는 쉽게 적용되고 모든 사람에게 알맞으며, 가장 간단한 의식 명상을 체계화했다. 아래 13종류의 의식은 관찰되어져야 한다.

의식이 일어날 때, 즉시 한 번에 하나의 의식만 관찰되어야 한다. 왜냐하면 의식이란 한 번에 하나만 일어나기 때문이다. 하나의 의식이 사라지자마자 다른 것이 일어난다. 일반적으로 우리에게 일어나는 의식은 많은 종류가 있다고 믿어진다. 비록 수천 종류처럼 보일지라도, 의식은 13종류로 분류될 수 있다. 그들은 아래와 같다.

내부 의식 : 1. 안식(眼識)
        2. 이식(耳識)
        3. 비식(鼻識)
        4. 설식(舌識)
        5. 신식(身識)
        6. 탐욕의 의식
        7. 증오하는 의식
        8. 미혹된 의식
        9. 비탐욕적 의식
        10. 증오가 아닌 의식
        11. 의식(意識)

12. 들숨 의식 (주된 의식)
13. 날숨 의식 (주된 의식)

위의 13종류의 의식은 일반 인간 존재에 속하는 모든 의식을 포함한다. 어떤 의식이 일어나더라도 그것이 대상과 감각기관과의 접촉으로 일어난다는 것은 관찰되어야 한다. 여섯 개의 감각기관을 통하여 의식이 일어난다. 여섯 감각기관을 벗어나서 의식은 생길 수 없다. 의식과 감정은 동시에 일어나는 현상이라는 사실도 주목할 필요가 있다. 감정과 인지는 각 의식과 함께 일어나는 정신적 요인이다. 오온이 함께 일어나서 존재하고 사라지는 현상이므로, 한 요소에 대한 명상은 다른 요소에 대한 통찰을 계발한다. 이들 13개 종류의 의식이 두드러진 정신적 요인이므로 그것들은 의식의 알아차림에 기초한 우리 명상의 초점이 된다.

13종류의 의식 목록을 참조하는 것은 필요하다. 먹고 싶고, 마시고 싶은 속에 그것을 원하는 의식이 있다. 질투와 악의는 증오하는 의식으로 분류되는 한편, 봉사와 자선을 행하려는 생각은 비탐욕적 의식에 속한다. 우리가 눈을 뜰 때, 눈앞에 색깔과 형태를 갖춘 모든 것을 본다. 이것이 의식의 일어남이며 수행인은 안식이 일어날 때 일어남을 이해하고 알아차려야 한다. 우리가 소리를 들을 때 의식이 일어나며 이 일어남도 인지되고 이해되어야 한다. 계속하여 우리가 짜증이나 가려움을 느낄 때, 즐겁거나 불쾌한 감정을 느낄 때 신식(身識)이 일어난다. 수행자는 각각의 새로운 의식이 일어나고 사라질 때, 한 번에 하나씩 이해하고 알아차려야 한다.

수행 과정에 수행자의 이해력 혹은 통찰이 더욱 깊어지고 산란심이 사라지면 그의 마음챙김은 일어남과 사라짐에만 모이게 된다. 의식의 생멸(生滅)에 대한 알아차림이 더욱 예리해진다. 일반적으로 이쯤에서 수행자는 통찰력으로 의식상 무엇이 일어나며 다음 순간 그것이 사라지는 것을 분명히 안다. 의식의 생존 순간은 일시적이다. 한순간의 의식이 관찰된다면, 그 의식은 벌써 사라진 채 발견된다. 왜냐하면 오온이 일어남은 순간적이기 때문이다. 그것이 관찰될 쯤이면 벌써 사라지고 없다. 벌써 사라진 의식 뒤에 새로운 의식이 일어난다. 그러므로 명상 도중 수행자는 그가 관찰하고 있는 의식이 벌써 사라졌다는 것을 발견한다.

일어나는 순간 곧 사라진다. 그러므로 수행자는 명상하거나 의식을 관찰할 때 단지 변화, 즉 각 의식이 사라짐만 발견하게 된다.

만약 처음 관찰에서 수행자가 의식이 사라지지 않음을 발견한다면, 그는 영원의 관념을 넘어설 수 없다. 그는 더욱 집중된 알아차림으로 오온의 생멸하는 본성을 감지해야 한다.

그가 의식의 일어남을 알아차린다면, 의식의 사라짐은 더욱 잘 알아차리게 될 것이다. 이러한 관찰과 인지는 '나'라는 개념 없이 행해져야 한다. 다른 말로 하면 이러한 의식의 생멸현상은 단지 의식이며, 의식을 떠나서 '나'라든가 '나의 것'으로 개체화될 수 있는 불변의 것은 아무것도 없다. 수행자는 점점 더 나를 느끼지 않게 되고 점점 더 의식만을 느끼게 될 때까지 명상하도록 촉구된다. 점점 더 의식만 느끼는 단계에서 더 나아가 점점 더 일어남과 사라짐을 감지하도록 노력해야 한다.

명상 도중 온갖 종류의 생각과 산란심이 끼어든다. 이것들 역시 관찰하여 생멸현상으로 받아들여야 한다. 왜냐하면 실수행상 어떤 의식이 일어나더라도 제거되어야 하기 때문이다. 그러므로 수행자는 그의 몸과 마음속에 변하지 않고 영원한 것은 아무것도 없다는 것을 알아야 한다.

엄밀한 의미에서 무상은 단지 변화를 알거나, '변화', '변화'라고 암송한다 해서 생생히 깨달아질 수 없다. 수행자는 오온이 언제나 드러내 주는 무상을 잘 관찰하고 깊이 경험하도록 하며, 변화라는 단어를 암송함으로써 만들어진 변화의 개념에 현혹되지 않도록 하는 것은 중요하다.

생각이 일어나서 사라지는 덧없는 상태는 너무 빨라서 거의 기술이 불가능하다. 수행자는 그것이 얼마나 빠른가에 대하여 알 필요는 없다.

이 상태에서 본질적인 것은 오온이 일어나고 사라지는 경험, 특히 새로이 일어나는 의식에 주의를 맞추는 일이다. 예를 들어 주된 의식인 호흡에서, 수행자들은 들숨과 날숨의 의식에 주의를 기울여 관찰해야 한다.

그는 위에서 설명한 11종류의 의식과 함께 이들 두 종류의 의식이 일어나고 사라지는 과정을 관찰하고 알아차려야 한다.

언제 어디서 이 의식에 관한 명상이 수행되어야 하는가 하고 물을지 모른다. 위빠사나 수도원이나 사원에서? 그 답은 의식이 일어나는 장소에서 수행되어야 한다는 것이다. 걸을 때 일어난 의식을 관찰하기 위해서 명상은 그때와 장소에 따라서 행해져야 한다. 사무실에 앉아 있을 때 일어나는 의식을 위해서, 명상은 거기에 맞게 행해져야 한다. 명상에서 수행자에게 요구되는 것은 지켜보는 알아차림과 이해로 그의 의식을 관찰하는 것이다. 의식의 생멸에 대한 자각과 관찰이 날카로워짐에 따라 그것을 수행자가 빨리 깨닫는 데 도움이 된다. 만약 분열과 산란, 혼란이 있다면 정화되지 않은 의식이 쉽게 거주할 자리를 발견하여 다시 일어날 것이다.

  수행자가 의식에 들어오는 모든 현상의 일어나고 사라짐을 분명히 관찰함으로써 마음의 오염(번뇌)을 막아낸다는 것은 중요하다.

  더 분명히 하기 위해서 다시 덧붙이면 수행자가 의식을 관찰할 때 그가 본 첫 순간은 사라지고 무상이된다. 곧 뒤따르는 것은 지나간 의식을 관찰하는 의식이다. 이것이 위빠사나 혹은 통찰에 이르는 의식이다. 그러므로 의식을 관찰할 때 무상-통찰-무상-통찰의 연속이 있게 된다.

  수행자가 위빠사나 수행에서 앞선 의식이 사라지는 무상함과 뒤이은 통찰에 사념이 끼어드는 것을 허용치 않고 번갈아 무상, 통찰이 일어난다는 기본지식을 얻는 것이 중요하다. 바꿔 말하면 사라지는 의식을 놓치지 않는다는 것이다.

  처음 의식이 사라지고, 곧 이은 의식이 '통찰'이라 불린다는 것은 잘 주목되고 관찰되고 이해되어야 한다. 왜냐하면 전(前)의식이 이미 사라졌음을 직접 통찰로써 감지하기 때문이다.

  수행기간 동안 수행자는 적절하거나 부적절한, 바람직하거나 바람직하지 않은 온갖 종류의 마음과 접하게 된다. 그들 역시 명상의 대상으로 관찰되어져야 한다. 왜냐하면 이들은 단순히 명상의 대상으로 간주되어야 하기 때문이다.

  달마의 여섯 가지 속성 중 하나는 에피파싯코(*epipassiko*)이다. 이것은 와서 보라는 뜻이다. 따라서 달마는 모든 사람이 와서 보고 그들의 진정한 본성을 관찰하여, 얼마나 변화무쌍하게 끊임없이 일어나고 사라지는 현상을 수행하고 있는가를 와서 보라고 부르고 있다.

수행자의 관찰과 알아차림에 약간의 실수만이 있을 때, 그는 통찰력을 어느 정도 계발했다고 이야기된다. 그가 어떤 사념도 끼어들지 않고 생멸의 과정을 지켜볼 때, 그는 자아의 그릇된 견해를 부수는 상태에 도달했다고 이야기할 수 있다. 여기서 정각의 최초단계가 가까이 있다. 붓다는 설했다.

진정한 수행자는 하나도 놓치지 않고 언제나 마음을 관찰하며 의식이 잠시 머무르며, 무상하고 영속성이 없어서 두 연속되는 순간에도 같지 않음을 통찰력으로 충분히 알고 이해하며 산다. 이와 같이 무상과 오염으로부터 벗어나 수행자는 바로 이 생에서(*this very existence*) 열반을 성취한다.

수행자가 매 순간 어떤 의식이 일어나서 사라지는가를 올바른 지혜와 이해로써 보려고 애써 노력하는 것은 중요하다. 의식이 일어남과 사라짐에 대한 최초의 통찰을 획득함은 오온의 실재를 올바로 보는 데에 이르게 된다. 그들은 분명히(의식의) 일어남과 사라짐에 불과하여 대부분 만족스럽지 못하고 안전하게 머물 곳이 못된다.

여기서 질문이 생길 수 있다. 오온의 생멸을 알아차림의 수준에 도달한 수행자에게 어떤 이익이 있는가? 답으로서 예를 들 수 있다. 탐욕의 마음이 일어날 때 위빠사나를 수행 중이라면 수행자는 탐욕이 일어나자마자 역시 사라져 어디에서도 찾을 길이 없다는 것을 이해한다. 단지 이 일어남과 사라짐을 봄으로써 탐욕과 동일시되지 않는다. 따라서 연기의 과정이 중간에서 흩어져 탐욕이 제거된다. 만약 탐욕에 관한 명상이 없다면 반드시 집착이 뒤따르게 되고 집착 뒤에는 업에 따른 행위가 뒤따른다. 업에 따른 행위 뒤에는 탄생이 뒤따르게 마련이다. 재생이 이루어지면 거기엔 고통과 무명의 굴레가 끝없이 계속된다. 일어남과 사라짐에 대한 관찰의 수련은 윤회를 멈추게 한다. 이것은 무명의 수레바퀴에서 그 살을 부러뜨리는 작업이다. 그것은 연기의 고리와 굴레를 자르는 작업이다. 그것은 마음에 대한 통찰력을 얻음으로써 무지를 제거하는 작업이다. 오온의 생멸에 대해 관찰하고 그것들이 본질에서 고통에 불과함을 아는 것은 위빠사나 수련에 의해서만 계발되고 이해된다. 이 꿰뚫어 보는 통찰력이 획득되면 무명이 사라지고 존재의 진실에 대한 통찰이 생긴다. 연기에 의하면 무명이 지혜로 변할 때, 업에 따른 행위나 의지는 의식과 맺어질 힘을 잃게 된다. 의지가 의식과 맺어지지 않으면 의지는 새로운 생을 가져올 어떤 결과도 낳지 않는다. 바꿔 말하면 윤회의 사슬이 처음부터 부서져서, 해탈이 획득된다.

감각에 대한 명상

의식에 대한 명상의 가르침에 더하여, 모곡 사야도는 감각[受]에 대한 명상으로 통찰력을 계발하는 방법에 대해 서술했다. 의식에 대한 명상과 마찬가지로 감각에 대한 명상도 심신 과정에 대한 깊은 통찰력을 가져다준다. 그것은 연기의 사슬과 재생 및 고통의 순환을 끊게 한다.

어디서 느낌을 관찰할 수 있는가? 느낌은 감각기관, 대상, 의식 세 현상이 만날 때 일어난다. 이들 셋의 영향은 접촉이다. 느낌의 최초 원인은 접촉에 있다. 그러므로 느낌은 애써 찾을 필요가 없다. 접촉이 있는 때와 장소에 느낌이 있다. 눈·귀·코·혀에 의지해서 일어나는 느낌은 대체로 중성이다. 신체에서 일어나는 느낌은 즐겁거나 고통스럽다. 마음에서 일어나는 느낌은 즐겁거나, 즐겁지 않거나 중성이다.

여기서 기술된 느낌이 보통 쓰이는 의미인 감각이 아니라 감각대상의 쾌, 불쾌, 중성의 질적인 면을 의미한다는 사실은 중요하다.

어떤 때, 특히 순경계나 즐거운 환경에서 즐거운 감정을 가지고, 좋지 않은 환경이나 좋지 않은 심신 상태에서 고통과 불쾌감을 경험한다. 가끔 현재의 경험과 관련하여 좋지도 나쁘지도 않은 감정을 가진다. 모곡 사야도는 아래와 같이 명상에서 관찰되는 느낌을 체계화하여 쉽게 분류했다.

여섯 가지 외부적인 느낌
눈에서 일어나는 중성적인 느낌
귀에서 일어나는 중성적인 느낌
코에서 일어나는 중성적인 느낌
혀에서 일어나는 중성적인 느낌
신체에서 일어나는 즐거운 느낌
신체에서 일어나는 불쾌한 느낌

세 가지 내부적 느낌
마음에서 일어나는 즐거운 느낌
마음에서 일어나는 불쾌한 느낌
마음에서 일어나는 중성적 느낌

주된 세 가지 느낌
쾌감을 동반한 들숨, 날숨
불쾌감을 동반한 들숨, 날숨
중성적 들숨, 날숨

　먼저 수행자가 개개의 느낌을 구별하는 것이 중요하다. 그는 불쾌한 느낌이 일어날 때 불쾌한 느낌임을 알고, 즐거운 느낌과 불쾌하지도 즐겁지도 않은 느낌이 일어날 때도 마찬가지로 그렇게 알아야 한다.
　느낌은 '나'라는 생각으로부터 구별되어야 한다. '내가 고통을 느낀다', '나는 행복을 느낀다'는 표현에서 옳지 못한 나와의 연관이나 동일시가 있다.
　느낌 속에 다른 것이 섞이지 않고 느낌이 느낌만으로 분명하게 인식될 때 느낌과 나는 분리된다. 느낌이 나와 합쳐져 내 느낌이 되어서는 안 된다. 느끼는 것은 느낌 자체이다. 그것은 단순한 과정이다. 느끼는 나는 없다. 이 진리가 이해되어야 한다. 수행자가 이 가르침에 지적된 기본적 지식에 철저하지 못하는 한 느낌은 나와 분리시킬 수 없다.
　'명상에서 고통을 느끼는 것은 나다', '행복과 즐거움을 느끼는 것도 나다'하고 생각하는 경우에는 수행자가 아무리 노력할지라도 수행의 결과인 열반에 이를 수 없다.
　수행자에게 중요한 다른 한 가지는 느낌이 일어나는 그 때와 장소에서 느낌에 대한 명상을 해야 한다는 것이다. 어떤 곳에서는 집중을 가슴이나 머리에 고정하는 수련이 있었다. 그러나 느낌은 신체의 어느 곳에서도 나타나고 접촉이 있는 어느 때라도 일어나기에 그와 같은 수련을 옳다 할 수 없다. 그것은 잘못된 과녁에 화살을 겨누는 것과 같다. 누구도 느낌을 특정한 곳에 고정시킬 수 없다. 그것은 감각대상이 앞서는 곳에서는 어디에서나 일어난다. 수행자가 명상 중 한순간 느끼는 느낌이 다음 순간에도 같다고 생각한다면 그는 잘못된 길을 가고 있는 것이다. 통찰력으로 각 느낌은 일시적이고 무상하여 연속된 두 순간에 같지 않다고 인지되고 알려져야 한다. 통찰적 지혜로써 느낌이 무상하다고 인지하고 감지하지 못하면 궤도에서 벗어난 것이다. 일반적으로 느낌은 하나의 오래 계속되는 경험이라고 잘못 알려져 왔다. 그러나 알아차림과 집중으로 수행자는 모든 느낌이 순간순간 일어나고 사라짐을 알게 된다.

 수행자는 느낌의 일어남과 느낌의 사라짐, 느낌의 생멸 양쪽에 관한 명상 속에 살아야 한다. 수행자는 느낌이 억지로 찾아지는 것이 아니라는 것을 기억해야 한다. 일반적으로 누군가 고통을 당하거나 병들어 아플 때, 느낌을 가진다고 생각되나, 느낌은 그것 이상이다. 그것은 언제나 있는 현상이다. 여섯 개의 느낌 중 어느 하나가 의식의 매순간마다 눈·귀·코·혀·몸과 마음에 일어난다. 느낌이 없는 순간은 없으므로 수행자는 그것의 생멸과정을 인지하고 이해해야 한다. 느낌이 충분히 이해되면, 오온의 본성은 명백해진다. 일어나고 사라짐은 무상하다. 이것을 이해하는 것이 진정한 통찰이다. 수행자가 무상과 통찰에서 산란심이 끼어들지 않는 지점까지 수행한다면 열반의 성취는 가까이 있다.

이 고도의 지혜를 성취하기 위해서, 수행자는 우선 느낌 그 자체에 머물러야 한다. 다음에 일어나고 사라지는 그의 마음에 대한 집중으로 나아가서, 마침내 느낌은 사라지고, 단지 생멸 현상의 과정이 경험된다는 것을 분명하게 알게 된다.

이것은 중요하다. 왜냐하면 그가 단순히 느낌에 주의하는 것 대신 느낌에 대해 관찰할 때마다 느낌은 사라지고, 그는 일어남과 사라짐의 과정을 충분히 이해하게 된다. 이것은 통찰에 이르는 길이다.

일어남과 사라짐에 대한 명상은 새로운 기법이 아니다. 그것은 수없이 많은 붓다와 보살, 깨달은 사람들이 걸어간 옛길이다. 그것은 결과가 나타남을 막기 위해 원인을 멈추는 기법이다. 이것이 의미하는 바는 연기의 과정으로 이해된다. 연기의 법칙은 느낌 때문에 갈애가 있음을 보여 준다. 그러므로 느낌을 그침은 갈애를 그치게 하고, 갈애를 그침은 곧 열반에 이르는 길이다. 이들 전 과정은 수행자의 자신감과 노력, 지혜의 결과로 이루어진다. 그는 그 자신의 마음으로, 느낌을 그침이 갈애를 멈춘다는 것을 안다. 그러므로 그것은 산란심에 종지부를 찍는다. 왜냐하면 욕망은 느낌이 그칠 때 일어나지 않기 때문이다. 산란심(번뇌)을 그침으로써 이생에서 열반을 얻는다.

높은 단계의 수렴

여태까지의 설명에서 보았듯이, 수행자는 먼저 사대와 감각기관 및 오온과 연기의 과정에 대한 개념적 지식을 습득해야 한다.

그는 먼저 집중을 위해 호흡에 대해 명상함으로써 이 지식을 계발해야 하며, 다음에 의식이나 느낌에 대해 명상해야 한다.

의식이나 느낌의 자각을 계발함에 있어 그는 이들이 어떻게 일어나고 소멸하는 끝없는 변화의 상태에 있는가를 알기 시작할 것이다. 여태까지 명상은 의식과 느낌의 일어나고 사라짐을 감지하는 데에 초점을 두어 왔다. 지금부터 수행자는, 모든 오온은 함께 일어나서 함께 존재하다 함께 사라진다는 사실을 충분히 알고 있어야 한다.

처음 의식이 일어날 때, 모양[色]이 시각 기관에 이미 작용하며 동시에 느낌[受]은 즐겁거나 즐겁지 않거나, 중성이거나, 혹은 유쾌한지 불쾌한지 기록함으로써 그 역할을 다한다. 인식[想]역시 가만히 있지 않는다. 왜냐하면 그것은 형상, 색상, 길이, 고저, 속도 등을 인식하기 때문이다.

의지[行] 역시 시각기관을 시각 대상에, 청각기관을 소리에, 후각기관을 냄새에, 미각기관을 맛에, 촉각기관을 접촉에, 의식기관을 생각과 사상, 지나간 경험에 돌리도록 함으로써 그 역할을 한다. 매 현상 가운데 모든 오온이 동시에 일어나서 그들의 역할을 한다는 것이 분명하게 보여진다.

그들 모두는 동시에, 또 함께 사라진다는 점에 강조를 해야겠다. 우리의 전 신체와 마음은 단순히 오온이 함께 일어나고 사라지는 것에 불과하다.

그러므로 일어나고 사리지는 오온 외에 이 과정에는 영원한 나, 너, 남자, 여자, 사람이 없다. 명상이 깊어감에 따라, 마침내 수행자는 그가 단지 일어나고 사라지는 현상만 감지하지 그외 아무것도 없다는 것을 아는 단계에 도달하게 된다. 그의 모든 주위에 사방팔방에 그가 인지하는 것은 이 현상뿐이다. 그는 느낌이나 의식에 내용이 없다는 것을 안다.

이식(耳識)이 일어날 때 그는 단지 일어남과 사라짐을 감지한다. 비슷하게 비식(鼻識)이 일어날 때 비식의 내용을 감지하는 것이 아니라 일어남과 사라짐을 감지한다.

설식·신식·의식이 일어날 때도 이들은 단지 일어나고 사라짐으로 감지된다. 모든 정신·물질 현상에서 그가 감지하는 것은 잠깐 머무르며, 무상하여 변하기 쉽다. 형상이나 느낌, 의식이 무상하여 오래가지 않음을 감지하고 인지함이 너무나 확고부동하여, 수행자는 세 가지 사항을 분명히 안다. 즉 그는 무상(無常)과 고(苦), 무아(無我)의 진리를 본다. 이리하여 무상·고·무아의 진리를 깨달음으로써 그는 오온의 실재성을 본다.

즉 일어남과 사라짐으로 끊임없이 고통을 당하므로 그것들은 혐오스럽고 불안정함을 안다.

그는 모든 이루어진 것은 무상하다고 안다. 그가 더 무상을 느끼면 느낄수록 오온에 더 싫증이 난다. 현재나 미래의 삶에 대한 갈망은 그가 불만족[苦]과 무상, 무아의 진리로 인해 적어지게 된다. 이 지점에서 수행자는 고(苦)로부터의 해방과 윤회의 사슬로부터의 탈출에 훨씬 더 가깝게 된다. 그는 이제 이 과정을 멸(滅)하는 경험, 최고의 축복인 니르바나의 경험에 결실을 맺으려 한다.

열반의 경험과 오온의 진정한 본질을 앎으로써 생기는 지혜는 특히 자아의 관념에 집착하는 잘못된 견해를 없애준다. 사견이 제거되었을 때, 갈애와 자만심 역시 사라지고 연기의 순환은 부서진다. 달마에 의하면 모든 심신(心身)의 생멸(生滅)은 사성제의 고(苦)성제이며, 이것을 각성함이 열반이다. 집착을 끊으면 고(苦)를 소멸하고, 탄생·노쇠·죽음의 과정에 종지부를 찍는다. 그러므로 오온의 생멸에 대한 명상은 사성제 전부를 포괄한다. 이 통찰이 위빠사나의 진정한 목적이다. 위빠사나 명상은 가능한 한 빨리 수행되어야 한다. 우리는 절박한 질병과 죽음의 위험이 가까이 있음을 기억하여 곧 명상해야 한다.

위빠사나 수련은 잠재되어 있는 재생의 위험을 제거할 수 있고, 이 생애에서 고통에 종지부를 찍는 유일한 길이다.

제7장
우 바 킹
(U Ba Khin)

U BA KHIN

1. 이론을 경시한 실천 위주의 수행

  명상 지도자이며 일반 재가인이었던 우 바 킹은 우리 시대의 가장 특이한 존재다.
  그는 정부관직에 있었던 나이 40세에 명상 수련을 시작했다. 잘 알려진 마얀마의 재가 불자인 사댜 테토 지(*Saya Thet Gyi*) 밑에서 피나는 수련을 하였다. 그는 몇 가지 종류의 선정 명상에 통달하여 위빠사나 통찰 명상을 매우 강력한 기법으로 계발했다. 이 기법은 신체를 통하여 마음을 청정하게 하는 것을 포함하는데 이것은 감수되는 감각의 끊임없는 변화 및 활동에 특별한 주시를 기울이는 것이다.
  우 바 킹은 극히 영향력 있는 사람으로 알려졌으며 그의 삶의 양식은 이런 내면적인 힘의 표시였다. 영국이 미얀마를 떠난 후 그는 내각의 고위 공무원으로 회계 국장이 되었으며 동시에 양곤에 국제 명상 수도원을 설립하여 거기에서 가르쳤다. 사실상 공직에서 은퇴한 후 수년 동안 그의 수도원을 발전시키고 크게 명상법을 지도했을 뿐만 아니라, 미얀마 정부 4개 부문장의 서리였었다.
  집의 가장과 저명한 공무원으로서 세속 생활에 깊이 관여한 우 바 킹은 가르침의 체계와 방법에서 그 특징이 드러난다.
  그는 달마[法]의 이론적인 면보다 직접적이고 강력한 수련방법으로 실제 수행하는 것을 강조했다. 우 바 킹의 가르침은 주로 그의 경험에 의지해 있기 때문에 그가 이해한 것을 설명하는 술어는 대부분의 전문 불교인의 감각이나 현대 과학적인 엄밀성에 비추어 정확하지 않게 보일지 모른다. 이것은 그가 달마[法]를 이론적으로 체계화시키는 것에 관심이 없어서가 아니라 단지 명상지도의 기초를 제공함에 있어 그의 경험을 충실히 나타내려 했기 때문이다. 그는 불교를 이야기해야 될 어떤 것[口頭禪]이라기보다 실수행(實修行)해야 할 어떤 것으로 여겼다. 한때는 국제 명상 수도원에서 공부하는 사람들이 많았지만 지난 십년 간 서구인들이 명상 수도원에 가는 데는 여권의 규제가 있었다.

명상 수도원에는 그 곳에 항시 거주하며 수행하는 사람들을 위한 법당과 방 및 중앙에 사리가 안치된 탑이 있다. 그곳에서 설법을 하고 명상을 지도하고 있다. 우 바 킹은 몇 년 전에 세상을 떠났지만 사이야마(Saiyama)가 가르침을 주도하며 지금도 그의 제자들을 가르치고 있다. 양곤에 오는 서구인들은 여전히 잘 대접받고 시간이 허락하는 한 충분한 가르침을 받는다. 가르침은 철저하며, 우 바 킹이 여러 가지 다른 명상을 가르쳤지만, 호흡에 대한 집중이 그의 통찰 수련과 관련하여 가장 많이 이용된다. 약간의 집중수련을 한 후 몸 전체(머리, 어깨, 가슴, 팔…)를 단계적으로 주시함으로써 신체적 감각을 알아차리는 특별 수련이 있다. 이들 감각을 관찰함으로써 명상자는 무상의 특성을 알아차리는 힘을 계발한다. 우 바 킹의 말에 의하면 무상에 대한 각성력이 활성화되면, 마음의 오염을 정화하는 과정이 우리가 인간 존재라 이름 하는 오온 안에서 일어난다.

우 바 킹이 정화작용을 일으키는 인자 혹은 그것의 양식을 열반의 인자라 했다. 이 '열반의 인자(nibbana dhatu)'의 본성은 기술하기 어렵다.
  왜냐하면 그것은 이론적이거나 개념적인 것이 아니기 때문이다. 그것은 사실에 있어 하나의 경험이다.
  무상을 무상의 실제 상태에 더욱더 가까이 관찰함으로써 실제의 본성을 꿰뚫으면 꿰뚫을수록 다른 양태, 다른 요소(인자 : dhatu의 문자상의 의미)가 나타나는데, 이 요소는 존재의 가장 기본적 수준에서 번뇌(무명)에 접근하여 그것을 뿌리채 뽑아낸다. 이것은 우 바 킹이 잘 알지만 설명하기 힘드나 경험할 수 있는 과정을 대략 개념화한 것이다.
  그가 그것에 관해 기술한 것은 은유적이다.

  무상과 고, 무아를 알아차림으로써 수행자는 모든 불순함과 독을 몰아낼 힘인 소위 열반의 인자가 뿜어내는 빛을 그 내면에서 계발하게 된다. 불순과 독은 악업의 결과로서 그의 신체적, 정신적 질병의 근원이 된다. 점화함으로써 연료가 타는 것과 같은 방식으로 내면의 부정적인 힘은 열반의 인자에 의해 제거된다.
  이 열반의 인자는 수행 도중 무상을 올바르게 자각함으로써 생긴다. 여기에 주의가 필요하다. 열반의 인자를 계발할 때 내면의 불순함과 독에 끼치는 영향은 참고 견뎌야만 할 일종의 대변동을 야기한다. 이 변동은 내면에서 원자단위의 방사와 마찰, 떨림의 강도를 증가시킨다.

  이것은 점점 강도가 증가하여 마치 신체가 전기이며 또한 고통의 덩어리인양 느껴진다.

불교 명상의 본질은 태어남의 이해와 오온의 소멸에 있다. 열반의 인자가 내면의 불순물에 대한 영향으로 어떤 경우에도 저항할 수 없이 타는 듯한 감각을 일으키는 것은, 올바른 무상의 이해에 따라 열반의 인자가 계발되었을 때 뿐이다.

열반의 인자는 무상을 자각함으로 생긴 힘, 즉 무상에 대한 실제 명상적 경험이다. 이것은 정화의 과정이며, 이 과정은 명상자로 하여금 내면에 있는 열반의 평화를 경험하게 한다. 이것이 우 바 킹의 가르침의 핵심이다. 서구 명상가들이 이용할 수 있는 것으로 우 바 킹의 가르침을 전하는 스승들이 몇 있다. 인도에서 스승인 우 바 킹의 방식대로 가르치는 훌륭한 스승 고엥카(*U Goenka*)가 5년 동안(현재까지도) 열흘 간의 집중적인 명상 수련을 이끌어 오며, 수천 명의 서구인들에게 지혜 명상을 지도해 왔다. 미국에서는 최근에 로버트 후버(*Roobest Hover*)와 루드 데니슨(*Ruth Dennison*)을 동조하는 학생들이 설립한 수련원에서 집중적인 명상 수련을 지도하며 순회하고 있다. 다른 강력한 방법과 같이 이 수련은 진지한 수련자들이 짧은 기간에 법에 대한 통찰을 깊게 한다. 물론 수행자는 그가 얻은 통찰의 진리를 일상생활과 하나가 되도록 계속해야 한다.

2. 불법 수행의 정수

전쟁에서 수천 명의 사람을 수천 번 정복했다 하더라도, 그 자신을 정복한 사람이 가장 위대한 전사이다. (『법구경』)

불교의 목표는 고(苦)와 죽음으로부터 해탈에 있다. 법륜을 굴리기 시작한 붓다의 최초 설법에서 설해진 사성제는 이 교리의 내용에 바탕을 두고, 그 기초를 형성하고 있다. 사성제의 셋은 부처님의 교리를 상술하고 있는 반면, 네 번째 도제는 도덕과 철학의 규약인 팔정도로 목적을 이루기 위한 수단의 역할을 한다.

최초 설법은 콘단냐를 위시한 다섯 비구들에게 설해졌는데 그들은 일찍이 진리를 함께 찾던 붓다의 도반들이었다. 콘단냐는 최초로 깨달은 붓다의 제자였다. 지금 우리는 사성제를 말하게 되었다. 그것은,

1. 고(苦)의 진리
2. 고(苦)의 원인에 대한 진리
3. 고(苦)의 소멸에 대한 진리
4. 고(苦)의 소멸에 이르는 길에 대한 진리

붓다의 교리에 있어 기본적인 개념을 완전히 이해하려면 고통의 진리

[苦諦]를 충분히 이해할 필요가 있다. 이 점을 절실히 느끼기 위해 두 개의 다른 각도에서 이 문제에 접근했다. 우선 이성의 과정을 통해서다. 그는 제자들이 삶은 투쟁과 고통으로 보도록 했다. 태어남은 고통이며 늙음과 질병, 죽음도 고통이다. 그러나 인간에 있어 관능의 영향이 너무 강하여 우리는 보통 우리 자신을 잊어버리며 그 결과 우리가 주의를 기울여야 할 것을 잊는다. 잠시 동안만이라도, 태아기에 삶이 어떻게 이루어져 있는가, 출생의 순간부터 어린이가 생존을 위해 어떻게 투쟁해야 하는가, 삶에 직면하기 위해 그가 어떤 준비를 해야 하는가, 그리고 인간으로서 마지막 숨을 몰아쉬기까지 투쟁해야 한다는 것을 생각하기만 하라.

삶은 진정 고통이다. 자아에 집착하면 할수록 고통은 커진다. 사실상 인간은 자신이 겪어야 할 고난과 고통을 어둠 속에서 가끔 비치는 섬광과 같은 순간적인 감각의 즐거움 때문에 이 고통을 회피한다. 진리에서 눈멀게 하는 이 미혹이 없다면, 그는 윤회와 고통, 죽음으로부터 해방될 길을 찾을 것이다.

또 붓다는 제자들이 인간의 몸은 탄생과 동시에 죽는 깔라파(*Kalapa*: 용어해설 참조)로 구성되어 있다는 것을 이해 하도록 가르쳤다. 각 깔라파는 아래의 성질을 가진 원소들로 형성된 덩어리이다.

1. 유지성, 지탱성(地)
2. 응집력(水)
3. 방사(열, 차가움) (火)
4. 운동(風)

5. 색깔
6. 냄새
7. 맛
8. 영양소

　우주에 존재하는 모든 것은 생명이 있는 것이든 없는 것이든, 매 순간 태어나고 사라지는 깔라파로 구성되어 있다. 각 깔라파는 여덟 개의 기본 원소로 구성된 덩어리이다. 처음 넷은 깔라파 단위에서 두드러진 물질적 성질이다. 다른 넷은 처음 넷에 의지하여 일어나는 부수적인 것이다. 깔라파는 물질 영역에서 가장 미세한 입자이며, 여전히 오늘날에도 과학의 범위 너머에 있다. 깔라파의 실재가 형성되는 것은 오직 여덟 요소가 합쳐졌을 때이다. 바꿔 말하면 여덟 요소가 잠시 공존함으로 물질이 잠시 그동안에만 만들어진다.
　깔라파의 크기는 먼지 입자의 수천 수만 분의 일에 불과하다. 깔라파의 수명은 눈을 깜박이는 순간의 일조 분의 일의 순간이다. 이들 깔라파는 영원한 변화, 즉 흐름 속에 있다. 위빠사나 수행자가 된 사람에게 그것들은 에너지의 흐름으로 느껴진다. 인간의 신체는 보이는 것처럼 그렇게 고정된 실재가 아니라 생명력을 가진 물질의 집합 연속체이다.
　내 설명을 현세대가 쉽게 알아듣도록 하기 위해서 나는 이삭 아시몹(*Isasc Asimov*)의 저서 『원자 속에서』에 있는 '원자 내용에 관한 글'에 주의를 기울이고 싶다. 그는 화학 반응이, 살아 있는 유기체의 모든 부분에서 끊임없이 계속된다고 썼다. 이것으로 모든 것이, 보기에 달라 보이지만 원자라고 하는 작은 입자로 되어 있다는 견해를 절실히 느끼기에 충분하다. 이들 원자들은 일어나고 사라지는 변화의 과정에 있다는 것이 과학에 따라 증명되었다. 그러므로 우리는 모든 합성물은 반드시 변화하여 소멸 한다는, 즉 무상하다는 붓다의 견해를 받아들여야 한다. 그러나 무상의 이론을 상술함에 붓다는 물질을 만드는 과정에서 출발했다. 붓다에게 알려진 물질은 오늘날 과학이 발견한 원자보다 더욱 미세하다. 일반적으로 관찰하면 쇳조각은 움직이지 않는다. 과학자는 그것이 영원한 변화의 과정에 있는 전자로 구성되어 있다는 것을 안다. 만약 한 조각 쇠의 경우가 그렇다면 살아있는 유기체인 인간의 경우에는 어떻게 될까? 인간의 몸속에서 일어나는 과정은 더욱 맹렬하다. 사람이 내면에서 부딪치는 진동을 느낄 수 있는가? 모든 것이 변하는 상태에 있다는 것을 아는 과학자는 그 자신의 몸이 단지 에너지와 진동일 뿐이라는 것을 느끼겠는가? 내관하여 그 자신의 몸이 단지 에너지와 진동일 뿐이라는 것을 아는 사람은 정신적인 태도에 어떤 영향을 받을까? 갈증을 해소하기 위해 마을 우물에서 쉽게 한 컵의 물을 마신다. 만약 눈으로 현미경같이 물속을 볼 수 있다면 그 물을 마시길 주저할 것이다. 그 속에서 확대된 미생물이 보일 것이다. 마찬가지로 사람이 내면의 영원한 변화(즉 무상)를 자각함에 따라 그는 반드시 내면 깔라파(아원자 단위)들이 방사와 진동, 마찰에 의한 날카로운 느낌에서 오는 고통의 진리를 이해하게 된다. 참으로 인생은 고통이다. 내면에서, 외면에서, 모든 형태에서, 궁극적 실재에 있어서……

'삶은 고(苦)다.'라고 붓다가 가르친 바대로 내가 말할 때, 삶이 고통이며, 인생은 비참하고 살 가치가 없으며, 불교에서 말하는 고통의 의미는 온당하게 행복한 삶을 살 기회를 박탈하는 무서운 것이라는 생각을 하지 말길 바란다. 무엇이 행복인가? 과학으로 물질의 영역에서 이룩한 모든 업적에도 불구하고 세상 사람들은 그런 것들 때문에 행복한가? 그들은 이따금 감각적 즐거움을 발견한다. 그러나 그들 가슴 깊은 곳에서 그들은 지나간 일과 지금 일어나는 일, 앞으로 일어날 일에 대해 행복하지 못하다. 왜 그런가? 이것은 인간이 물질을 정복했지만, 그의 마음은 여전히 정복하지 못하고 있기 때문이다.

감각의 즐거움은 불교 명상에서 얻어진 내적인 기쁨인 법열에 비교될 수 없다. 감각의 즐거움은 고난과 고통으로부터 자유롭지 않다. 그것은 마치 상처난 딱지 위를 긁는 것과 같다. 반면 명상의 내적인 평화는 고난과 고통에서 자유롭다. 감각의 영역에서 보면 그런 기쁨이 어떤 것인지 짐작하기 어렵다. 그러나 나는 여러분 역시 상대적이나마 그것을 즐기고, 거기에 취미를 가지게 될 것을 안다. 그러므로 불교가 악몽 같은 고통으로 당신을 비참하게 할 무엇을 가르치고 있다고 생각할 필요는 없다.

연꽃이 수정 같은 연못에 있다면 그 주위의 불길에서 안전한 것과 같이 명상의 기쁨은 일상의 조건적인 삶으로부터 탈출구를 마련해 준다. 이 기쁨으로 당신은 나날이 부딪히는 삶의 문제거리로부터 벗어날 뿐만 아니라, 천천히 그리고 확실하게 삶, 고통, 죽음의 한계로부터도 벗어나고 있다는 사실을 자각하고 자신을 만족시킬 내면의 평화를 가져다 준다는 것도 깨닫게 된다. 그러면 고통의 시작은 무엇인가? 붓다는 그것의 시작은 갈애에 있다고 말했다. 일단 욕망의 씨가 뿌려지면 그것은 탐욕으로 자라나서, 권력이나 물질적 획득을 원하는 열망이나 갈애로 불어난다. 이 씨앗이 뿌려진 사람은 이 갈애의 노예가 되고 자동으로 그 종말에 이를 때까지 갈애를 따르는 격렬한 심신의 노동을 겪어야 한다.
 결과적으로 마지막에는 악한 업의 힘을 모으게 된다. 이 악한 업의 힘은 내면의 욕망과 성냄에서 기인한 자신의 행동, 말, 생각에서 생긴다. 이처럼 시간이 경과함에 따라 각 개인에게 반응하는 것은 행동으로 표출되는 정신적 힘[行]의 작용[業力]이다. 이것으로 인하여 내면 고통의 원인인 마음과 물질의 흐름은 계속된다. 오직 깨달은 성인인 아라한만이 고통의 진리[苦諦]를 완전히 이해한다. 고(苦)의 진리를 깨닫게 되면 고의 원인은 자동으로 파괴되고 궁극적으로 고의 멸(滅)에 도달하게 된다. 붓다의 가르침을 이해하는 데 가장 중요한 것은 붓다에 의해 시작된 가르침에 따라 시작한 명상의 과정을 통하여 고(苦) 혹은 악(惡)의 진리를 터득하는 데 있다.
 그러면 무엇이 고의 소멸에 이르는 길인가? 그 길은 붓다의 최초 설법(초전법륜)에서 설해진 팔정도 외의 다른 것이 아니다. 이 팔정도는 세 가지 주요한 덕목으로 나누어진다. 즉 계, 선정, 지혜이다.

1. 올바른 언어[正語]
2. 올바른 행위[正業]
3. 올바른 생활수단[正命]

이것이 계의 세 가지 특징이다. 올바른 언어는 진실하고 유익하며,

불결하지 않고 악의가 없는 언어를 의미한다. 올바른 행위는 도덕의 기초로서, 죽이고, 훔치며, 간음하고, 술 마시는 것과 반대된다. 올바른 생활 수단은 노예상, 무기 제조 및 판매 등 모든 인간의 고통을 증가시키는 일이 아닌 작업을 생활 수단으로 살아가는 것을 의미한다. 이들은 붓다의 초전법륜에서 처음 언급된 것과 같이 일반적으로 계율을 나타낸다.

그러나 나중에 계율을 강화하여 승려와 재가 신자를 위한 별개의 계율을 제정했다. 승려에게 적용되는 계율로 여러분들에게 부담을 주고 싶지 않다.

나는 단지 불교의 재가 신자를 위한 계율이 무엇인가만 알리겠다. 이것은 5계라 불린다.

1. 살아 있는 것을 죽이지 말라. (삶은 모두에게 귀중하다. 이것을 규정함으로써 붓다의 자비는 모든 존재에게 확대된다.)
2. 주지 않는 것을 취하지 말라. (이것은 재물에 대한 부당한 욕구를 금지하는 역할을 한다.)
3. 사음하지 말라. (성욕은 인간에게 잠재되어 있어 거의 모두에게 불가항력적이다. 불법적인 성적 탐닉은 금해진다.)
4. 거짓말하지 말라. (이 계율은 진리의 본질을 충실히 하기 위해 설법의 형태로 포함되었다.)
5. 술을 마시지 말라. (음주는 진리의 실현에 본질적인, 마음의 확고부동함과 이성의 능력을 잃게 한다.)

그러므로 오계는 행동과 말을 다스리고, 마음의 집중과 청정함의 기초가 된다. 불교 명상의 수련 과정을 거치고 싶은 사람은 누구든지 팔정도와 함께 살아가야 한다. 첫 단계로 수행인은 오계를 지키겠다는 수계를 함으로써 최소한의 도덕 수준을 유지해야 한다. 이 약속(수계)은 어떤 다른 종교의 신앙을 가지고 있는 사람에게도 해롭지 않다고 믿는다.

이제 불교의 정신적 측면인 올바른 명상에 이르게 되었다. 팔정도의 2단계에는 아래의 것들이 포함된다.

1. 올바른 노력[正精進]
2. 올바른 마음챙김[正念]
3. 올바른 선정[正定]

물론 올바른 노력은 올바른 마음챙김에 필요조건이 된다. 방황하고 고정되지 않은 마음에서 나오는 생각을 통일시키려는 노력을 굳게 하지 않는다면, 그 대가로 올바른 집중에 의해 마음을 한곳에 모으고 고요한 상태를 가져오는 정념(알아차림)을 확보할 수 없다.

여기에서 마음이 방해로부터 자유롭고, 순수하고, 고요해져 내외가 밝게 비치게 된다. 그런 상태에서 마음은 강력하고 밝게 된다.

마음은 정신적 반사작용인 빛을 경험하는데 빛은 별빛에서부터 태양빛의 수준에 이르기까지 다양하다. 명백히 완전한 어둠 속에서 마음속의 눈에 반사되는 이 빛은 순수와 고요, 평온의 표시이다.

힌두교 인은 그것을 위해 일한다. 빛에서 공(空) 속으로 공에서 다시 빛으로 돌아오는 것은 진정 브라만만이 할 수 있다. 신약성서의 마태복음에서 마태는 빛으로 가득한 신체에 관해 얘기했다. 우리는 또한 이 기적의 빛을 위해 정기적으로 명상하는 로마 가톨릭의 사제에 대해 듣고 있다. 코란에서 역시 신적 빛의 나타남에 탁월성을 부여한다.

 이 빛의 정신에 대한 반사는 마음의 청정을 나타낸다. 그리고 마음의 청정은 불교, 힌두교, 기독교, 이슬람교에 관계없이 종교적인 삶의 본질을 이룬다. 참으로 마음의 정정(正定)은 모든 종교의 공통적 지표다. 인류가 하나되는 오직 하나의 수단인 사랑은 지고한 것임이 틀림없다. 그리고 사랑은 마음이 초월적으로 순수하지 않다면 그렇게 지고해질 수 없다. 균형 잡힌 마음은 다른 사람의 불안정한 마음의 균형을 잡는 데 필요하다.

"화살 만드는 사람이 그의 화살을 바르게 하는 것과 같이, 지혜로운 사람은 떨리고 불안정한 마음을 곧게 다스린다. 이 마음은 지키기 어렵고 거두어들이기 어렵다."라고 붓다는 말했다. 마음의 훈련은 육체의 훈련만큼이나 필요하다. 그러면 왜 마음을 훈련하여 내면의 지고한 평화인 집중의 고요함을 즐길 수 있도록 마음을 청정하고 강하게 하지 않는가?

 내적 평화가 마음에 스며들기 시작할 때 확실히 진리에 대한 지혜에 진보를 이룬다. 올바른 지도하에서는 이 내적 평화와 빛을 동반한 마음의 순수성은 모든 사람이 얻을 수 있다. 이것은 그들이 진실한 목적을 가지고, 수련 기간 동안 지도자에게 순종할 준비만 되어 있다면 그들의 종교와 신념과 관계가 없다. 이 점에서 스승은 단지 안내자이다. 그러나 집중력의 계발에서 깨달음의 완성에까지 이르는 것은 전적으로 수행자의 올바른 노력[正精進]과 마음챙김[正念]에 달려 있다.

고도의 선정과 중간단계의 선정은 고도의 훈련을 쌓은 수행자에게만 가능하다.*

계속되는 수행으로 마음을 완전히 제어하게 되면, 선정의 상태에 들게 되고 점차 초능력을 얻게까지 되는 재능을 계발할 수도 있다. 그러나 이 세속적인 영역에서 초능력을 얻는 그런 수행을 붓다는 권장하지 않았다. 선정을 계발하는 그의 유일한 목적은 진리를 깨닫는 데 필수적인 마음의 순수성과 힘을 가지는 것이다.

불교에는 40가지의 집중 방법이 있다. 그 중 가장 뛰어난 것이 호흡을 관하는 것(anapana-sati)이다. 즉 모든 붓다들이 수행한 방법인 호흡의 출입에 집중하는 것이다. 국제 명상 수도원의 수행자는 코끝이나 윗입술의 한 점에 의식을 집중시킴으로써 한 점에 집중하는 힘을 계발하도록 유도된다. 이때 호흡의 출입이 코끝을 부딪치는 부분에 마음을 밀착시켜 이곳을 생생하게 알아차리게한다.

인생이 불교에서와 같이 자신이 한 행위의 정신적 힘으로부터 유래하건, 기독교에서와 같이 신으로부터 유래하건 그 표상은 같다. 그것은 인간에 잠재된 리듬, 파동, 진동이다.(사실 호흡은 이러한 표상의 반영이다.) 국제 명상 수도원에서는 호흡에 마음 집중하는 명상기법을 채택하고 있다. 그것의 큰 이점은, 호흡이(명상에) 자연스러울 뿐만 아니라 집중의 힘을 모으는 데 언제나 유효하며 다른 사념을 제거하는데도 도

* 아찬 마하 부와 선정 계발편 참조

움이 된다는 데 있다. 확고한 노력을 통한 집중으로, 집중대상의 범위를 먼저 코 주위의 한 지점으로 좁혀서 윗입술 위의 한 곳에 집중하여 호흡의 감촉을 알아차린다.

　명상을 열심히 하는 수행자가 며칠 동안의 수행으로 마음이 확고히 한 곳에 집중하게 하지 못할 이유가 없다. 명상이 올바른 방향으로 진행되었을 때, 명상의 진보를 나타내 주는 현상들이 있다. 그것은 '검은 것'과 반대되는 '흰색'의 어떤 시각적 형태로 나타난다. 처음에 그것은 구름이나 목화, 양털의 형태로 보이며, 가끔 연기나 거미줄, 꽃, 원판과 같은 흰색의 모양을 띤다. 그러나 주시가 더욱 집중될수록 그것들은 섬광이나 한 점의 빛, 혹은 작은 별이나, 달, 태양으로 나타난다. 만약 이들 수행의 진척표시들이 명상중(눈을 감은 때) 나타난다면 그것은 집중이 잘 되는 것으로 간주해도 좋다. 그때 기본적인 것은 수행자가 짧은 휴식이 지난 후에 가능한 한 빨리 빛이 나타나는 상태 그대로(그것에 집착하지 않고) 집중으로 되돌아가는 것이다.

　"야생마의 고삐를 제어할 능력도 없이 말 위에서 여행하는 사람이 멀리 가지 못하듯이, 오래 집중할 수 없는 수행자는 그의 수행에서 진보를 이룰 수 없다. 그래서 나는 그대들에게 마음의 노예가 되지 말고, 혁신적인 정신계발로 마음을 길들여 마음을 이용할 수 있기를 당부한다."

　이 정도의 선정 상태에 이르면, 궁극적 진리를 통찰하고 열반의 크나큰 평화를 즐길 수 있기 위한 위빠사나로 전환해야 한다. 만약 어떤 사람이 그의 마음을 코 아래 한 지짐에 집중하여, 거기다 미세한 한 점의 빛이 잠시동안 움직이지 않고 머문다면, 그것은 더욱 좋다. 왜냐하면 그때 그는 중간단계의 선정으로 알려진 마음의 상태에 도달하기 때문이다. "마음은 본래 청정하나 더러움에 물들어 오염된다."라고 붓다는 말했다. 소금물을 증류하여 순수한 물을 얻듯이, 호흡에 대한 명상으로 수행자는 궁극적으로 오염된 마음을 정화하여 완전히 청정한 상태가 된다. 이것이 계에 기초하여 선정을 수련한 힘이다.

팔정도의 세 번째 단계에서 불교의 교리적인 면을 다룰 때가 되었다. 즉 지혜 혹은 통찰이 그것이다.

지혜의 두 측면은, 올바른 생각[正惟], 올바른 이해[正見]이다. 진리에 대한 올바른 이해는 불교의 목표이자 대상이며, 올바른 생각이란 진리의 실현에 이르기 위해 내면과 외면에서 물질과 마음을 통찰적으로 연구하는 것이다. 마음[心]은 감각의 대상으로 향하는 경향이 있다. 형상[色]은 연속적으로 변화하는 무상이 그 특징이다. 어휘는 비슷하긴 하지만 뜻은 정확하지 않다. 마음은 엄밀히 말해 아래의 것에 적용되는 술어다.

1. 의식(viññaṇa : 識)
2. 느낌(vedanā : 受)
3. 인식(saññā : 想)
4. 의지력과 정신적 형성(sankhārā : 行)

이들이 물질적 상태에서의 형상과 함께 우리가 오온이라 부르는 것을 만든다. 붓다가 존재의 모든 물질적, 정신적 현상을 요약한 것은 이 오온이다. 존재란 본질적으로 마음과 물질이 함께 존재하는 집합 연속체이나 일반인들은 이것을 개성이나 자아로 잘못 받아들인다.

올바른 생각[正惟]에 있어서 고도의 집중력을 계발한 수행자는 주의를 그 자신에게 맞춘다. 내관(內觀)에서 오는 견해는 우선 물질의 본성을 밝히고 다음에 마음과 정신적 요소를 밝힌다. 그는 진정한 상태에서의 깔라파를 느끼고 가끔 본다. 그는 물질과 마음은 끊임없는 변화로 무상하다는 것을 인식하기 시작한다. 그의 집중력이 향상함에 따라 내면의 힘은 점점 더 활기를 띤다. 그는 이미 오온이 고통이란 것을 부인하지 않는다. 그는 고통 너머에 있는 상태를 열망한다. 계속되는 수행으로 그는 마침내 고통의 굴레를 벗어 현세에서 초월상태로 나아가 열반의 흐름에 들게 된다.

이 점에서 그는 자아에 대한 관념과 달마에 대한 회의, 형식과 의식에의 집착으로부터 자유로워진다. 더욱 수련하면 그 단계의 자유가 온다. 이것은 감각적인 욕구(탐심)나 악의(진심)가 줄어드는 지혜의 수준이다. 수행을 계속함에 따라 수행자는 어떤 열정(탐심)이나 분노(진심)도 그치게 된다. 마침내 그는 마지막 목표인 아라한의 완전한 자유를 경험한다.

열반을 경험한 사람 모두는 그가 선택하는 매번, 내면의 지고한 평화를 주는 결실의 단계에 감으로써 이 경험을 자유자재로 되풀이할 수 있다.

열반으로 알려진 이 내면의 평화는 초월적인 상태이다. 언어로 표현할 수 없는 상태로 그 무엇과도 비교할 수 없다. 열반의 평화와 비교할때, 먼저 집중을 논하면서 언급한 선정 단계에서의 마음의 평화는 열반의 평화와 비교할때 무시할 정도로 미미하다. 내면의 열반적 평화는 존재의 모든 영역의 한계를 넘어서게 하는 반면, 선정의 평화는 여전히 이들 영역에 묶어 두기 때문이다. 지혜의 계발과 무엇이, 존재와 열반의 진리인가에 대한 궁극적 통찰은 직접적인 명상의 수련에 달려 있다. 우리 수도원에서 수행자가 수일간의 호흡 명상을 마친 뒤에 상당한 수준의 집중단계에 이르면 수행방법은 위빠사나, 즉 지혜 명상으로 전환한다.

위빠사나는 이미 계발된 중간단계의 선정상태에서 자신의 내부에 내재해 있는 모든 특성을 관찰하게 된다. 수행자는 자신의 신체에서 진행되는 과정에 민감해지도록 배운다. 거기서 그는 모든 살아 있는 존재 안에서 일어나는 반응을 경험한다. 수행자가 자연의 소산인 그런 감각에 몰두했을 때 그의 심신 양면에서 전 육체는 결국 변화하는 집합체에 불과함을 알게 된다. 이것이 불교에 있어 무상의 기본개념이다. 즉 유정들이나 무정들이나 우주에 존재하는 모든 것 속에 일어나는 변화의 본성이 곧 이것이다.

그는 또한 삶과 동일시된 고통과 질병의 개념을 체험으로 알게 된다. 이것은 존재의 전 구조가 끊임없이 충돌하는 깔라파로 구성되어 있기 때문에 그렇다. 이제 분명하게 알게 되는 마지막 개념은 무아의 개념이다. 보통 물질로 보이기 때문에 물질이라 부르지만 실제에 있어 변하지 않는 물질은 없다.

명상의 과정이 진행됨에 따라 수행자는 그가 소위 자아라 부르는 것에 실재성이 없고, 존재의 핵이라 할 만한 것도 없다는 것을 알게 된다. 궁극적으로 심신 양면에서 자아 중심주의를 부수어 버린다. 그는 새로운 시야를 가지고 명상 속에서 나온다. 그것은 우주에서 일어나는 모든 것을 기본적인 인과법칙에 따른다. 그는 내면의 눈으로 개아라 하는 환상의 본질을 안다.

 지금부터 우리 수련의 본질에 관해 더 들어가 보자. 수도원에서 통찰력을 계발함에 있어, 우리는 특히 무상의 진리를 수련한다. 만약 당신이 진정으로 무상을 안다면, 당신은 고의 진리와 무아의 진리도 알게 된다. 왜냐하면 이 셋은 함께 나타나기 때문이다.

 무상은 수행으로 체험되어야 하고 이해되어야 할 기본요소다. 단순히 불교에 대한 독서나 불법(佛法)의 서적을 통한 지식으로는 진정한 무상을 이해 하는데 충분치 않다. 왜냐하면 체험적 면이 빠져 있기 때문이다. 그대는 붓다가 가르친 대로 바르게 이해해야 된다. 무상을 이해하기 위해 팔정도를 엄격하고 근면하게 준수해야 한다. 이 점과 관련하여 나는 각각의 모든 행위는 그것이 행동이든, 말이든, 생각이든 그 행위 뒤에 업의 힘을 바로 남긴다는 것을 말하고 싶다. 이 업의 힘은 자기가 지은 선악에 따라 자신의 대차대조표가 된다.

 우리가 업의 힘이라 부르는 보이지 않는 그 무엇은 각각의 행위와 관련된 마음의 산물이다. 그것은 '콩 심은 데 콩 나고 팥 심은 데 팥 난다'라는 말과 같다. 우주는 유정의 업의 힘으로 충만해 있다. 삶을 귀납적으로 설명하는 이론은 이들 힘에 기원을 두고 있어, 끊임없이 자신의 행위의 힘[業力]을 흡수함과 동시에 행동, 말, 생각으로 새로운 힘을 방출하면서, 말하자면 삶의 상징으로서 진동, 파장, 리듬의 끊임없는 삶의 사슬을 창조한다.

 선행의 힘을 긍정적으로, 악행의 힘을 부정적으로 간주하자. 그러면 우리는 긍정적 반응과 부정적 반응을 얻게 되는데 이것은 우주 모든 곳에서 언제나 일어난다. 그것은 모든 유정과 무정, 나의 몸에서도 당신의 몸에서도 모든 유기체의 몸에서도 일어나고 있다. 삶을 유지시키는 에너지의 근원이 되는 업을 끝없이 축적하며 이것 뒤에는 고통과 죽음이 뒤따른다. 오늘은 성인이 되었다가 그 뒤 불한당이 되기도 한다. 오늘 부유하다가 곧 가난해진다. 삶의 영고성쇠는 매우 두드러진다. 변치 않는 사람은 없고 변치 않는 가족, 변치 않는 사회, 변치 않는 국가도 없다. 모든 것은 업의 법칙을 따르고 있다. 이 업이 끝없이 변하는 마음에서 나오므로 업의 결과도 반드시 변화무쌍하다.

개인의 대차대조표 계정에 있는 업을 제거하는 것은 무상, 고, 무아를 이해함으로 생기는 내면의 힘을 계발하는 데 있다. 매일 우리는 자신의 행위로 새로운 업을 짓고 있으며 오직 무상을 꿰뚫는 통찰력만으로 이 과정을 단절시킬 수 있다. 자신의 업을 모두 제거하는 것은 일생을 건 작업이며 그 이상의 시간이 필요할 수도 있다. 자신의 업을 모두 소멸한 사람은 고(苦)의 종말에 이르게 된다. 이것은 어떤 형태의 삶이라도 유지하는데 필요한 에너지를 주는 개아가 없기 때문이다. 이것이 불법을 닦은 아라한들이 궁극의 열반을 성취하는 것이며 그들 삶에 종지부를 찍을 때 도달하는 고통의 끝이다.

위빠사나 명상을 하는 오늘날의 우리들에게는 무상을 잘 이해하고, 깨달음의 첫 단계에 도달하여 고통을 받아야 할 삶을 이생에 한정 지우는 것으로 충분할 것이다. 고(苦)와 무아(無我)를 이해하게 하여 고의 소멸로 인도하는 이 무상은 오직 붓다를 통하여(그가 열반한 지금), 그가 설파한 팔정도 및 깨달음의 요소와 관련된 그의 가르침에 의해서만 만날 수 있다.

위빠사나 명상에서의 진보를 위해서 수행자는 가능하면 계속 무상에 대한 알아차림을 유지해야 한다. 승려들에 대한 붓다의 충고는 그들이 앉거나, 서거나, 눕거나 어떤 상황에서도 무상(무아 혹은 고)에 대한 알아차림을 유지하는 것이었다. 무상, 고, 무아에 대한 지속적인 알아차림은 깨달음을 성취하는 비결이다. 마지막 숨을 거두어 대열반에 들기 전 붓다의 유언은 "모든 이루어진 것들은 무상하며 사라지나니, 부디 정진하여 자신의 해탈을 이룩하라"는 것이었다.

이것이 사실상 45년 생애 동안 가르쳐 온 그의 가르침의 진수이다. 모든 이루어진 것에 내재하는 무상을 계속 관찰한다면 반드시 시간이 지남에 따라 이 생에서 해탈에 이르게 된다.

한편 무상을 이해함이 깊어짐에 따라, 자연의 본성에 대한 통찰은 점점 더 커진다. 이와같은 정도에 이르면 마침내 무상, 고, 무아의 세 특성에 대한 의혹이 사라진다. 그와 같은 때 당신이 바라보는 당신의 목표에 한발 다가선 위치에 있게 된다.

무상을 이해하는 것이 첫째가는 본질적 요소라는 것을 아는 이상 가능한 한 계속 무상이 의미하는 것에 분명히 초점을 맞추고 있어야 한다. 점점 더 무상의 진정한 의미는 소멸에 있다는 것을 알게 된다. 이것이 유정물이든 무정물이든 우주에 있는 모든 것에 내재한 본성이다. 우리의 신체가 작은 깔라파로 구성되어 끝없이 변화하고 있다는 것을 아는 것은 변화와 소멸의 본성이 무엇인가를 아는 것이다.

깔라파의 끝없는 붕괴와 대체에 의해 생기는 변화와 소멸의 본성은 불만족 곧 고통이다. 붓다가 그의 가르침에서 그렇게 강조한 사성제를 실감하게 되는 것은 이 변화를 고통으로 체험할 때뿐이다. 왜 그런가? 그것은 잠시 동안도 달아날 수 없는 고의 미묘한 본성을 실감할 때, 육신과 마음으로 된 이 존재가 두렵고, 싫증나고, 혐오스러워져 순간순간 나고 죽는 순환을 넘어서, 고의 끝을 넘어선 상태에 이른 길을 찾을 것이기 때문이다. 고의 마지막 끝이 어떤 것이라는 구도의 첫 관문에 이를 때(수다원), 충분한 수련으로 내면에 있는 열반의 조건 없는 상태로 들어갈 때, 살아 있는 존재로서 그것을 맛볼 수 있다.

지금까지 위빠사나 명상의 계발에 대해 언급하면서 신체의 구성 요소인 깔라파의 무상성에 대한 앎을 강조해 왔다. 위빠사나 명상은 물질의 무상에 대한 관찰과 의식의 요소를 포함한다.

가끔 주시는 물질의 무상성에만 향해진다. 또한 주시는 가끔 의식의 요소에 대한 무상성에 향해질지도 모른다. 물질의 무상성에 대해 관찰할 때, 물질의 무상성을 알아차림과 동시에 일어나는 의식의 요소 역시 변화의 과정에 있음을 깨닫는다. 이 경우 물질과 마음의 무상성을 모두 이해할 수 있다. 지금까지 이야기한 것은 신체의 느낌을 통하여 즉 물질의 변화 과정과 거기에 따르는 의식 요소의 변화 과정을 통하여 무상을 이해하는 것과 관련된다.

무상은 다른 형태의 느낌을 통해서도 이해될 수 있음을 알아야 한다. 무상의 알아차림은 다음의 느낌을 통해서 계발될 수 있다.

시각기관과 시각대상의 접촉

청각기관과 소리대상의 접촉
후각기관과 냄새대상의 접촉
미각기관과 맞대상의 접촉
의식기관과 사고대상의 접촉

사실상 여섯 감각기관의 어느 것을 통해서도 무상의 이해가 깊어질 수 있다. 그러나 수행상 느낌의 여러 형태 중에서 촉각이 통찰 명상의 가장 좋은 영역을 차지하고 있다. 그것뿐만 아니라 촉각은 다른 어떤 형태의 감각보다 명백하므로 위빠사나 명상의 초보자는 촉각을 통해 가장 쉽게 무상을 이해하게 된다. 이것이 우리가 촉각을 통하여 무상을 빨리 이해하기 위한 수단으로 선택한 이유이다.

다른 방법을 시도해 보는 것은 자유지만, 다른 형태의 느낌으로 명상을 시도해 보기 전에 신체의 느낌을 통한 무상의 이해에 자신을 굳건히 세우길 바란다. 그렇게 될지라도, 위빠사나 명상은 순간순간 변화하는 과정에 마음챙김하는 것이며 위에서 언급한 바와 같이 신체와 여섯 감각기관에 대한 촉감이 마음챙김을 계발하는 가장 좋은 방법임을 알았다.

우리 수도원에서 명상이 호흡에서 무상을 알아차림으로 나아갈 때, 스승은 제자에게 촉감의 무상을 느끼며, 신체의 부분부분(body scanning)에 알아차림이 지나가도록 하는 특별한 방법을 가르친다. 무상의 자각이 계속됨에 따라 수행자는 그의 집중과 알아차림의 힘이 신체의 에너지 흐름을 어떻게 터놓는지 알 수 있다. 그때 신체의 부분부분을 관찰하는 힘은 더욱 빠르고 분명해진다.
 신체의 에너지 흐름을 위해 몸이 더욱 깨끗해지고 모든 감각의 무상(고, 무아)의 분명해짐에 따라, 명상자의 마음챙김의 초점은 중앙 즉 가슴을 향하게 된다. 마침내 변하는 감각과 느낌에 대한 알아차림과 집중이 너무 강하게 되어 모든 감각과 마음의 움직임까지도 변화하는 진동으로 경험된다.
 물질과 마음을 포함하는 전 세계의 감수는 끝없이 변하는 상태에 있는 여러 수준의 진동으로 느껴진다. 명상자는 위빠사나로 연마하여 존재의 본질을 꿰뚫어 본다.
 이 분명한 관통력으로 순간순간의 끝없는 변화를 그쳐 열반의 평화에 이르게 된다.
 무상의 자각이 깊어지면 여러 단계의 통찰 지혜가 생긴다. 수행은 수행자가 각 수준에 맞는 경험과 통찰력으로 그를 도울 수 있게 유능한 지도자에 의해 지도 받아야 한다. 누구나 통찰력의 획득을 기대해서는 안 된다. 왜냐하면 기대 자체가 오직 최고의 진리에 이를 수 있는 무상에 대한 계속된 알아차림을 흩어버리기 때문이다.
 불법의 마지막까지 관통한 수행자만이 달마의 여섯 속성을 올바로 이해할 수 있다.

1. 달마[法]는 추론이나 사색의 결과가 아니라 체험적 성취의 결과이며 그것은 모든 점에서 명확하다.
2. 달마는 붓다가 계발한 수행법에 따라 수행한 사람에게

지금 이 자리에서 즉각 유용한 결과를 낳는다.

3. 달마가 수행자에게 미치는 효과는 고제(苦諦)에 대한 이해가 깊어짐에 따라 달마가 고(苦)의 원인을 제거하는 힘을 가지고 있다는 점에서 즉각적이다.

4. 달마는 달마를 시험하고자 하는 사람에게 언제든지 응한다. 그들은 스스로 그 이익이 무엇인지 알 수 있다.

5. 달마는 자신의 한 부분이므로 조사(調査)에 답할 준비가 되어 있다.

6. 달마의 열매는 최소한 깨달음의 첫 경험에 이른 수행자들에게 충분히 경험된다. 열반의 내적 평화는 '성스러운 수행자' 모두에게 가능하다.

그들은 그들이 그렇게 하고 싶을 때 언제든지 그것을 즐길 수 있다. 그들은 '결실'이라 불리는 평화의 상태에 접근한다.

결실의 상태는 어떤 감각기관을 통해서도 느낌이 일어나지 않는 열반의 평화와 관련된 초월의식이다. 이때 몸의 자세는 똑바르다. 이 상태는 육체적, 정신적으로 완전히 고요하다. 열반의 평화는 최고의 행복이다.

지금부터 매일 생계를 꾸려나가는 가장의 입장에서 위빠사나 명상을 다루고, 이 생애에서 그것도 '지금 이 자리에서' 얻어질 수 있는 이익에 대해 설명하기로 하자.

위빠사나 명상의 최초 목적은 무상의 자각 혹은 무상 속에서 내적 자아를 경험하며 궁극적으로 내적, 외적으로 평정과 균형의 상태에 도달하는 것이다. 이것은 내적으로 무상감이 절실할 때 성취된다.

세계는 지금 인류를 위협하는 심각한 문제에 직면해 있다. 지금이야말로 모든 사람이 위빠사나 명상을 하여 오늘날 일어나는 모든 것 속에서 깊은 정적의 우물을 발견해야 할 때이다. 무상은 모든 사람의 내면에 있다. 그것은 모든 사람과 함께 있다. 단지 내면을 바라보라. 그러면 그것이 경험된다. 사람이 무상을 느낄 수 있을 때, 그가 무상을 경험할 수 있을 때, 그는 마음대로 관념의 세계에서 벗어날 수 있다. 무상은 생활전선의 가장에게 있어, 고요하고 균형잡힌 자신의 에너지 저장고를 만들기 위해 소중히 간직하고 싶은 삶의 보석 같은 것이다. 그것은 신체적, 정신적 질병의 뿌리를 잘라서 그런 육체적, 정신적 질병의 근원을 점차로 제거한다. 붓다 생존 당시 위빠사나 명상으로 위대하게 된 많은 가장이 있었다. 무상은 가정 없는 생활을 위해 세상을 등진 사람만을 위해 있는 것은 아니다. 요즈음 가장들을 불안케 하는 장애에도 불구하고 유능한 스승은 수행자가 비교적 짧은 시간에 무상을 실감 할 수 있게 한다. 일단 무상을 절감하면 그 다음 필요한 모든 것은, 그 상태를 지속하는 데 있다. 명상자는 더 나은 진보를 위한 시간과 기회가 주어지자마자 모든 물질(몸), 정신 현상의 빠르게 변화하는 본성에 대한 지혜를 얻어야 한다. 만약 그가 이 수준에 이르면 이제 거의, 혹은 전혀 문제가 없다. 왜냐하면 그때 그는 큰 노력을 들이지 않고 자동적으로 무상을 느낄 수 있기 때문이다. 이 경우에 무상은 그의 터전이 되어 일상의 일이 끝나자마자 거기로 돌아올 수 있다. 그러나 물질과 정신 현상의 빠른 변화를 보는 지혜의 단계에 아직 이르지 않는 사람에게는 좀 어려움이 있을지 모른다. 그것은 그에게 내면의 무상과 신체 외부의 물질, 정신 활동 사이의 줄다리기 같을 것이다. 그래서 그에게는 "놀 때 놀고, 일할 때 일한다"는 격언에 따르는 것이 현명할 것이다.

언제나 무상을 관찰할 필요는 없다. 특별히 낮이나 밤에 얼마간 시간을 내어 규칙적으로 수련하는 것으로 충분하다. 이 시간 동안에는 전적으로 무상을 알아차리면서 마음챙김을 신체 내부에 두려고 노력해야 한다.

무상의 알아차림은 순간순간 행하여져야 하며 수행향상에 방해되는 산란심이 끼어들지 않을 정도로 지속되어야 한다. 왜냐하면 집중(선정)이 무상을 절실히 느끼게 하는 열쇠가 되기 때문이다. 집중이 잘 되려면 계행이 완전해져야 한다. 그것은 집중이 계의 기초 위에 놓여 있기 때문이다.

그러면 무상에 대한 마음챙김을 위해 집중(선정)이 강해져야 한다. 집중이 잘되면 무상의 알아차림 역시 뛰어나게 된다. 무상감을 절실히 하는 데, 명상의 대상을 바로 직시하는 것보다 특별히 더 나은 방법은 없다. 이것은 신체에서 무상감을 느끼기 위해 몸의 느낌에 주시력을 향하게 하는 것을 의미한다. 그것은 처음에 주시력을 쉽게 모을 수 있는 지점에 있어야 한다.

이것은 주시의 영역을 머리에서 발로, 발에서 머리로, 가끔은 내부로 관찰해 들어가는 것과 같이 이곳저곳으로 바꿈을 의미한다.

주시가 신체의 구조를 밝히는 것이 아니라, 감각으로써 물질의 구성과 그들의 변함없는 변화를 직접 경험하는 데 있다는 것을 명백히 이해해야 한다. 이러한 지침들이 지켜진다면 반드시 진보한다. 진보의 정도는 개인의 명상에 대한 능력과 헌신적인 노력에 달려 있다. 만약 그가 고도의 집중과 지혜를 얻는다면 무상, 고, 무아의 세 속성을 이해하는 힘이 증가하여 모두가 희망하는 깨달음에 좀 더 가까이 다가간다.

지금은 과학의 시대이다. 오늘날 사람들은 미래의 유토피아에 대한 믿음이 없다. 그들은 결과가 좋고 구체적이며 분명하고 본인 스스로 확인되며 지금, 이 자리에서 얻어지는 것이 아니라면 어떤 것도 받아들이지 않는다. 요즈음 거의 모든 것에 불만족이 있다. 불만족은 나쁜 감정을 가져오고 나쁜 감정은 미움을, 미움은 적의를, 적의는 적을 만들고, 적은 전쟁을 일으킨다. 또한 전쟁은 적을 만들고, 이렇게 계속 이어진다.

그것은 악순환이다. 왜 그런가? 그것은 마음에 대한 올바른 통제의 결여에 있다. 인간이란 결국 마음의 힘이 인격화한 것이다. 물질이란 무엇인가? 물질이란 단지 정신적 힘의 물질화이며 도덕적(긍정적) 힘과 비도덕적(부정적) 힘의 상호작용에서 온 결과이다.

붓다는 "세계란 마음이 만든 것이다"라고 설했다. 마음은 모든 것을 지배한다. 그러므로 마음을 관찰하여 그 독특한 특성을 알아 현 세계가 직면하고 있는 문제를 해결하자. 붓다가 생존해 있을 당시 그는 칼라마 사람에게 말했다.

칼라마인이여! 타인의 말에 의해, 전통에 의해, 소문에 의해 잘못 인도되지 말라. 논쟁에서 달변 때문에, 논리의 추론에 의해, 깊은 사유에 의해, 특정 이론에 찬성하기 때문에 취향에 맞아서, 스승의 권위에 대한 존경 때문에 잘못 인도되지 말라.

그러나 칼라마인이여! 스스로 이들은 나쁜 것이고 이들은 비난 받을 일이며,

이들은 지혜로운 이에게 책망 받을 일이고, 이들이 행해져 그대로 가면 해롭고 고통이 된다는 것을 알았을 때 그들을 버리도록 하라. 그러나 언제라도 이들은 좋은 것이고, 이들은 비난받지 않으며 이들이 지혜로운 이에게 칭찬받으며, 이것들이 행해져 그대로 가면 복지와 행복으로 인도함을 알았을 때, 그때 칼라마인들이여 그것들을 실천하여 지켜나가도록 하라.

　위빠사나 수행으로 되돌아올 때가 되었다. 마음을 비우고 발심하여 훌륭한 스승에게 진지하게 수행해 나가는 사람에게는 분명한 결과가 온다. 이러한 결과는 선하고, 구체적이며, 분명하고, 개인에게 혜택이 있고, 지금 이 자리에서 보여진다. 이들 결과는 우리에게 도움이 되며 여생을 행복하게 진리에 맞게 살게 한다.
　일체중생이 행복하고, 평화가 세계에 가득하길…….

부록1.

쉐우민 사야도
(Shew Oo Min Sayadaw)

붓다의 후예, 위빠사나 선사들

SHEW OO MIN
SAYADAW

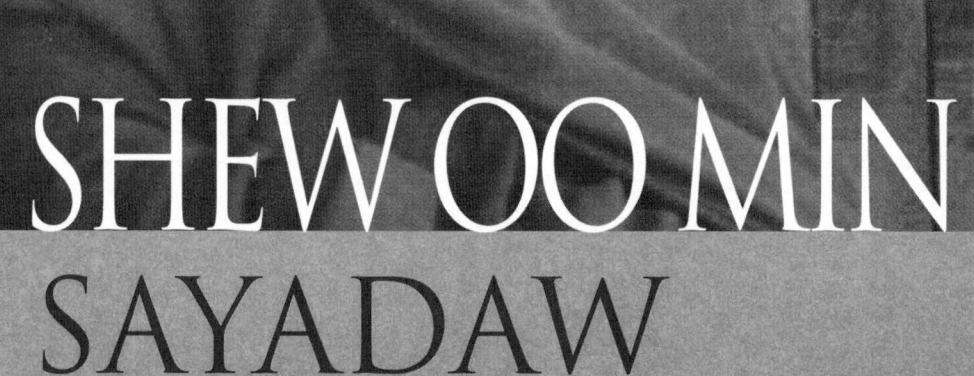

1. 쉐우민 사야도의 생애
(Shew Oo Min Sayadaw, 1913~2002)

1950년도 미얀마를 중심으로 남방불교권과 세계 여러 나라에 위빠사나 수행법을 전하신 공로가 가장 크신 분이 마하시사야도임은 누구나 다 아는 바다.

마하시사야도 다음으로 미얀마 승단과 신도들로부터 존경과 찬탄을 받으신 분이 바로 신 꼬살라(**Shin Kosala**) 쉐우민 사야도 이시다. 쉐우민 사야도는 1913년 9월15일 양곤의 동쪽 해안에 있는 몬주(**Mon state**) 짜익또군(**Kyait Hto township**)의 묵카무(**Mukkhamu**) 마을에서 태어났다. 아홉 살에 고향에 있는 만짜웅 수도원에서 난다야 큰스님을 계사로 신 꼬살라(**Shin kosala**)라는 사미계명을 받았다. 1933년 4월5일 바고의 냐웅레이뻰 수도원에서 아리야 사야도를 계사로 비구계를 수지했다.

사야도께서는 경율론 삼장과 주석서등을 몬주의 만짜웅수도원 밧단따(大德)난디야 사야도, 양곤의 메다니 수도원 알라라 악가마하 빤디따, 바고의 와잉또야 수도원 께사라 사야도, 몬주의 레이뻰또야 수도원 빤닌다 사야도께 배웠다.

사야도께서는 마하시 사야도가 양곤 마하시센터 원장으로 부임하신후 수행에 자질이 있는 법랍 10~15년 이상된 비구스님을 선별하여 수행지도자로 가르치실 때, 가장 상수 비구였다. 그리고 마하시 사야도를 만나기전 에야와디의 짜이랏군(*Kyait Latt Township*) 빳치라마 수도원의 아쪼 사야도로부터 수행을 배웠다. 그후 마하시 사야도의 지도하에 위빠사나 수행의 깊은 경지에 도달하였으며 청정한 계행과 헌신적 수행에 마하시 사야도로부터 요즈음 세상 보기드문 모범 수행자라는 칭찬을 받았다고 한다. 1951년부터 10년간 마하시 센터의 인터뷰직책을 맡아 성공적으로 많은 수행자들을 지도 하였다.

 사야도께서는 1960년 노우스 오깔라빠군(*North Okkalapa Quarter*)에 한필지 땅을 헌납받아 수도원을 짓고 그 이름을 쉐우민 또야(황금동굴 숲)라 했다.

 1961년 7월15일 마하시 센타를 떠나 40여년간 숲속 쉐우민 또야에서 수행자들을 지도하며 은거하였다. 수행을 더욱 깊게 하기 위해서 많은 숲속의 수도원에서 집중수행을 하였으며 심화된 영적 깨달음의 세계는 사야도가 언제나 고요와 평화속에서도 번뜩이는 섬광같이 지혜가 함께 하였다.

 쉐우민 또야에서 수행하거나 방문했던 사람들이 공감하는 것은 청정과 평화 지혜의 빛 자체라는 말을 남겼다.

 사야도는 시골 여러 수도원 건립에 지원을 아끼지 아니했으며 강원과 선원, 양로원에 의약, 식량, 생필품을 계속 보냈다. 교육여건이 어려운 시골에 20여개의 도서관을 설립하였고 어린이들을 위한 정기 집중수련을 개최하게 했다.

 1990년 양곤 밍갈라돈구의 빠따미야 뉴타운에 쉐우민 담마수카 명상센타를 건립하기 시작했다. 사야도는 사람을 차별하지 않고 평등히 대하였고 명성이나 재산에는 관심을 갖으신적이 없이 생을 마치는 날까지 청정하고 겸손한 수행자로 일관하셨다. 사야도의 수행과 덕화는 미얀마 국내뿐만 아니라 해외까지 알려지면서 말년에는 많은 외국인 수행자들이 운집했다.

사야도가 속해있는 쉐진종단(*Shew kyin sect*)로 부터 랏따뉴마하나야까 사야도(*Ratta ū Maha Nayaka Sayadaw*)라는 호칭을 수여받았다. 이는 본 종단의 가치와 열망에 대한 감사와 청정한 계행 지키신 분에 대한 존경의 표시였다. 사야도는 스승으로서 지계청정(持戒淸淨), 자비보시(慈悲布施), 상수지혜(常修知慧)를 실천하신 우리들의 사표로 세납 90, 법랍 70년을 한결같이 부처님 법대로 여일하게 사시다가 2002년 11월 20일 열반에 드셨다. 큰 스승은 가셨지만 그분의 고결한 수행과 자비의 향기는 우리들의 가슴에 남을 것이며, 수행자의 올바른 길을 반조해 볼 수 있는 각성의 거울로 우리를 비출 것이다.

2. 쉐우민의 마음을 성찰하는 수행
(cittānupassanā)

 수행 할때 주된 대상을 배로 보는 사람, 느낌을 보는 사람, 마음을 보는 사람, 법을 보는 사람들이 있다. 쉐우민사야도는 마음을 중점적으로 닦도록 지도했다.
 마음은 일체법의 근본이요 마음을 알면 일체법을 자연히 알게 된다. 수행자가 자신의 마음을 알게 되면 자신의 몸과 느낌과 법을 보는데 그 마음을 사용할 수 있게 되기 때문이다.
 마음공부를 바르게 하기 위해서는 3가지를 항상 자문해야 한다.

 첫째 : 지금 이 순간 내 마음이 어디에 있는가?
 둘째 : 이 마음이 무엇을 하는가?
 셋째 : 마음 상태는 어떠한가?

 만약 수행자가 어떤 마음으로 수행하고 있는지 모르거나 마음속이 바람직하지 못한 불건전한 생각들이 있다면 수행자는 법안에서 아무것도 얻을 수 없다.
 심념처 수행을 바르게 하기 위해서는 대상을 바르게 하기 위해서는 대상을 아는 마음(knowing mind)과 대상을 아는 마음을 지켜보는 마음(watching mind)이 있어야 한다. 수행자가 대상을 아는 마음이 있으면 거기에는 항상 아는 '나'가 있게 된다. 단순히 대상을 아는 마음은 개념, 허상(paññatti)의 상태에서 자유로울 수 없다. 지켜보는 마음이 갖추어질 때 실재(paramattha : [色]물질·[受]감각·[想]인식·[行]심리상태·[識]식)를 볼 수 있게 된다. 심념처 수행을 하지 않고 신념처나 수념처를 결합해서 하더라도 지켜보는 마음이 없게 되면 진정한 깊은 수행이라 하기 어렵다. 예를 들면 배가 움직임을 관찰 할때 단단함이나 팽창감을 느끼고 알때 아는 마음[識]을 지켜 본다.

주시하는 마음은(watching mind) 언제 생기는가?

향상된 수행자에게 사대와 사마디가 조화를 이루고 주도 면밀하게 공부를 지어가다가 알아차리는 사띠와 집중인 사마디가 강해지면서 주시하는 마음이 일어나게 된다. 그때부터 수행자는 더 이상 대상을 따라가지 않고 대상이 마음 안으로 오는 것을 그 자리에서 볼뿐이다. 더 이상 흙덩이를 쫓는 개가 되지 않고 흙덩이를 던진 사람을 무는 사자와 같게 되는 것이다. 마음공부를 지어가는 사람은 치밀하고 고요하고 간단없이 알아차리도록 비상한 노력이 있어야 된다. 마음이란 미묘하고 전광석화처럼 일어났다 사라지고 만법이 그로부터 일어나기 때문이다.

많은 사람들이 마음이 "나"라고 착각하고 살아간다. 그것이 마음을 보기 어렵게 만든다. 왜냐하면 그 사이 자아라는 개념이 작용하기 때문이다.

끊임없이 정진해서 사띠(알아차림)와 사마디(집중)를 강화시켜야 한다. 그러면 사념처에서 일어나는 현상은 분명히 드러날 것이고 "나"라는 존재는 거기에 없다. 단지 아는 마음뿐이다.

두 개의 마음

아는 마음과 관찰하는 마음, 두 개의 마음이 있어야만 수행이다. 하나의 마음만 있다면 거기에는 항상 '나'가 있다. 매순간 마음상태를 관찰 하라. 거기에 '나(I-ness)'가 있다면 그것은 어리석음 때문이다.

아는 마음과, 아는 마음을 관찰하는 마음을 볼 수 있으려면, 지나치게 열심히 시도하지 않으면서, 올바른 균형을 취하여야 한다. 보려고 하면 할수록 그것은 더욱 어려워진다. 미얀마의 다음 속담을 상기하라.

'지나치게 힘을 주지 말고, 통제하거나 조정하지 말고, 일어나게 하지도 말고, 긴장하지도 말고, 있는 그대로 관찰하라. 그것은 눈으로 흘낏 볼 때와 비슷하다. 눈에 힘을 주고 보지 말라!'

심념처는 네 가지 알아차림의 기초 중의 한 부분이므로 마음을 알아야 한다. 여러분이 무언가를 관찰할 때, 네 가지 알아차림의 기초는 모두 어쨌든 이미 거기 있다.

루빠([色]물질)를 알아야 하고, 나마(정신:[受]감각 · [想]인식 · [行]심리상태 · [識]식)도 알아야 한다. 그래야만 여러분은 종합적인 견해와 지식을 갖게 될 것이다. 일하고 있는 마음의 본성을 이해할 경우에만 마음은 순조롭게 일할 수 있게 될 것이다.

번뇌(낄레사)들은 마음 속에서만 일어난다. 마음 속에 번뇌들이 있다는 것을 알지 못한다면, 여러분은 자신이 수행을 잘 할 수 없다는 것을 발견할 것이다.

 어떤 마음가짐(attitude)으로 수행하고 있는지 모르거나 나쁜 마음가짐을 가지고 있다면, 여러분은 담마에 대해서 아무 것도 얻을 수 없을 것이다. 대상과 아는 마음 사이에서, 마음을 모른다면, 더 나눌 수 없는 진실한 실재(빠라맛타 : 물질·느낌·인식·행·식)를 볼 수 없다.

 단지 대상을 개념으로만 안다면, 여러분은 개념(빤냐앗띠)으로부터 완전히 해방될 수 없다. 신념처나 수념처나 혹은 다른 어떤 것을 결합해서 수행하더라도, 아는 마음에 도달하지 않으면 안 된다. 왜냐하면 그것이 바로 도이기 때문이다. 다른 길은 없다.

법념처 수행

 아는 마음 즉 앎을 아는 포인트, 다시 말해서 자신의 앎을 알고 있는 포인트까지 오지 않으면 안 된다. 모든 수행은 이 포인트까지 오지 않으면 안 된다.

 아는 마음이란 것은 대상을 아는 마음이며, 지켜보는 마음 즉 '한 단계 위의 마음'이란 두 가지를 다 아는 것이다. 대부분의 사람들은 아는 마음을 모르며, 대상을 알고 있는 아는 마음을 볼 수 있는 포인트까지 도달하지 못한다.

 아비담마에 의하면, 마음의 진행은 차례로 일어나며, 계속되는 마음의 과정을 아는 이 마음들은 끝없이 일어난다. 그러나 이들 중 단지 두세 개만 알아도 그 과정을 알 수 있는 데 충분하며, 그것을 자아 혹은 사람으로 혼동해서는 안 된다.

　여러분이 마음이진정한 빠라맛타를 볼 때, 즉 실재에 도달했을 때 여러분은 더 이상 개념(예:영성, 영혼)들을 보지 않는다.

　마음이 어떻게 일하는지 보지 못한다면, 여러분은 마음이 어떻게 이 개념들을 창조하는지 모른다. 개념은 마음에 의해서 창조된다. 개념이 마음에 의해서 창조되는 것을 보지 못하면, 여러분은 그것을 꿰뚫어 보지 못하고, 멈추게 하지 못한다.

　수행 수준이 아주 높아져서 사띠와 사마디가 아주 강해졌을 때 무슨 일이 일어나는가 하면, 여러분은 아는 마음 그리고 아는 마음으로 오는 대상들을 보고 있게 된다. 대상을 찾으러 갈 필요가 없다. 대상들이 계속 마음으로 온다. 이것을 알고, 저것을 안다. 즉 일어남과 꺼짐, 마음이 현상을 만드는 방법을 알고, 무언가는 항상 거기에 있음을 안다.

　알고자 하는 대상을 선택할 필요가 없으며, 여러분은 마음을 알고 마음은 계속 대상들을 차례로 안다. 대상들은 멈추지 않는다. 사띠와 사마디가 충분히 강하다면 '이것이 마음이다'라고 알게 될 것이다. 찌잇따(citta)인 마음을 알기 위해서는 루빠(rupa)인 물질을 관찰할 때보다 훨씬 더 강력한 마음이 필요하다.

　여러분이 보는 마음은 아주 미세하고 아주 빠르다.

　사띠(알아차림)와 사마디(집중)와 위리야(노력)의 본성을 이해할 때, 여러분은 그것들이 적절하게 일하고 있는지 아닌지를 진정으로 확신할 수 있다.

행선

마하시 선원에서는 행선도 6단계로 나누어 관찰 하지만 쉐우민 선원에선 자연스럽게 걸으면서 관찰하게 한다. 아주 천천히 걷거나 움직일 필요는 없고, 단지 편안하게 정상적으로 걷고 움직이면 된다. 천천히 하는 것이 도움이 된다면 그렇게 해도 좋다.

움직이는 과정에서 그대상과 머물 수 있다면 앎이 강해지기 때문에, 아는 것이 대단히 중요하다. 걸을 때 수행의 대상은 몸 전체 느낌이 될 것이다. 마음 속으로 발을 들어 올리는 것을 보는 것이 아니다. 근육에서 어떤 느낌이 느껴지는가? 또한 마음 속에서는 무엇을 느끼는가? 경행을 할 때 마음속에 무엇이 있는가? 마음이 대상을 선택하도록 하고, 그것을 단지 알기만 하라. 마음이 무엇을 하고 있는가? 무엇을 알고 있는가?(이렇게 가끔씩 자문해 본다.)

마음이 하고 있는 것을 알고 주시하는 것이 중요하다. 마음이 알기만 한다면 경행 중에 어떤 대상을 잡아도 좋다. 대상으로 가지 말고 대상이 자신에게 오게 하라.

수행하고 있는 여러분의 마음속에 탐욕, 성냄, 기대 혹은 혐오가 있는가? 수행하고 있을 때(자신의 마음이 수행하고 있음을 알면서) 그 마음 안에 있는 자신의 마음을 못 본다면, 그리고 자신의 마음가짐, 자신의 사고방식, 의견, 견해, 편견과 아이디어를 못 본다면, 수행하고 있는 것이 아니다.

주의의 50%를 몸에 그리고 50%를 마음에 두라. 점점 100% 마음 쪽으로 가라. 발바닥에 주의를 두는 것으로부터 시작하여, 발걸음을 주 대상으로 사용하라. 마음의 활동이 나타나면 주의를 마음으로 향하게 하고 가능한 한 오랫동안 지속하라.

그 다음에 마음에 무언가 다시 나타날 때까지, 걸음으로 주의를 돌려라. 그러고는 주의를 마음으로 돌려서, 마음을 관찰하라.

어떤 강력한, 압도하는 마음의 작용이 나타나면, 멈추어서 그 마음을 관찰하라. 의자에 앉지 않으면 안 될 경우에는 앉아서, 그 마음 상태를 다루는데 필요한 기간 동안 자신의 주의의 100%를 그것에 기울여라.

요컨데, 경행할 때 항상 걷던 대로 자연스럽게만 걸으라. 몸을 평소에 걷는 그대로 걷게 내버려 두라. 자신의 생각을 개입시키지 마라. '저 대상을 보겠다. 이 대상을 보겠다'고 해서 억지로 따라가며 관찰하려고 애쓰지 마라. 경행할 때에도 좌선할 때와 마찬가지이다. 일어나는 것을 관찰해야 한다. 한 시간 내내 발만 집중해서 보면 긴장하게 되고 어지러워진다. 발에만 집중하지 마라. 온 몸을 전체적으로 지켜보라. 마음이 발로 가면 발로 가게 두고, 손으로 가면 손으로 가도록 내버려 두라. 팔이 팔장을 끼고 있는지 흔들리고 있는지도 알고 있어야 한다.

경행을 하면 들리고, 보이고, 냄새나고, 생각하는 것들까지도 알 수 있다.
'무엇을 알고 있는가?'
'마음 상태는 어떠한가? 편안한가?'
가고 싶어 하고, 멈추어 싶어 하는 것도 알 수 있으면 좋다.
'왜 가고 있는가?' 하는 마음가짐까지 알 수 있다면 더 좋다.

좌선

좌선할 때 모든 것을 '아는'마음과 함께 머물러라. 처음엔 대상을 찾아가지만 조금 숙달되면 대상이 마음에 오게 된다. 대상들에게 반응하지 않도록 시도하라. 탐욕, 성냄, 통증, 가려움, 자애(metta), 좋아하고 싫어함 등 무엇이 일어나든지, 그것에 말려들거나 집착하지 말고, 평온하게 지켜보라. 이것이 중도에 머무는 것이다.

지켜보는 마음이, 주시하는 마음을 직접 '볼'때, 직접 보는 것이 아니라, 마치 눈으로 흘낏 볼 때처럼 그것들이 지나가고 있는 것이 보인다.

마음이 대상들과 접촉할 때 그 특성을 지켜보라. 마음에 어떠한 긴장이 느껴지면 즉시 풀어라. 긴장은 지나친 에너지이다.

배의 일어남과 꺼짐으로부터 시작해도 좋으며, 마음이 대상들을 만나면 대상을 관찰하지 말고 마음을 관찰하라. 생각의 내용에 빠지면 망상이고 생각인줄만 알면 관찰이다. 나를 포함한 일부 사람들에게는 그것이 가장 쉬운 방법이다.

대상과 함께 움직이지 말고 마음과 함께 움직여라.

대상이 무엇인지 알려고 하지 말고, 대상을 아는 마음을 보라. 그 마음은 어떤 소리를 아는 것일 수도 있고, 그 다음 순간은 배가 일어나는 것을 아는 것일 수도 있고, 그 다음 순간은 몸이나 마음의 느낌을 아는 것일 수도 있다.

편안한 자세로, 매순간 지속적으로, 그 아는 것들의 흐름을 따라가라.

아는 마음을 관찰하는 마음을 지켜보는 마음이라고 한다. 일단 이 수행에 익숙해지면 모든 것이 명백해질 것이다. 아는 마음은 주시하는 마음이라고도 하며, 지켜보는 마음은 관찰하는 마음이라고도 한다.

붓다의 후예, 위빠사나 선사들

좌선하고 있을 때, 여러분에게 움직이라고 말하는 번뇌를 보라. 그것은 여러분의 지혜를 과소평가하는 투정부리는 어린이와 같다. 그것을 보라. "왜?"라고 물어라. 그것이 둘러대는 모든 완벽한 핑계들을 보라. 그것을 진실이라고 취급하지 말고, 단지 보기만 하라. 만약 움직이지 않으면 안 될 때에는, 움직여라. 움직여서는 안 된다는 법칙은 없다.

주시하는 마음이 언제 끝나는지 알도록 하라. 그것은 무척 갑자기, 손가락 한 번 탁 튕기는 순간에 일어난다.

좌선할 때, 행복함이나, 평화로움이나, 안락함에 집착하지 말라. 자신의 마음의 균형을 유지하라. 자유롭게 날아라.

'이것을 좋아하는지, 아니면 싫어하는지'를 생각하지 말고, '이것을 해야 하는지 아니면 하지 말아야 하는지'를 생각하라.

그런 좋아하는 마음을 경계하라! 다른 사람이 여러분을 방해하지 못하게 하려고 하지 말라. 그것은 불가능하다!

찌푸린 얼굴은(특히 좌선할 때) 그러한 마음의 작용이 그 안에 있다는 것을 나타낸다.

판단하는 것과 '자아'는 함께 간다. 자기합리화를 하고 있음을 발견했을 때에는 자신이 아상에 빠져 있음을 알아야 한다.

3. 우떼자나아 사야도 상담사례

상담자 : 무엇을 보시겠습니까? 스스로를 돌아 보십시오. 나타나는 대상을 보십시오. 이 주변은 자동차 소리가 시끄럽지요? 마음이 소리 쪽으로 향하게 되면 어떻게 해야 합니까?
수행자 : 소리를 관찰해야 합니다.
상담자 : 소리가 방해됩니까?
수행자 : 아닙니다.
상담자 : 소리를 자연적인 것이라고 받아들이십시오. 들리면 들리는 줄 인정해 주기만 하면 됩니다. 처음 수행을 시작하는 며칠 동안은 마음이 고요하지 않습니다. 졸거나 마음이 산만해집니다. 이것을 문제 삼지 마십시오. 밖에서 지낼 때는 번뇌로 인해 마음에 활력이 있었습니다. 절에 와서는 탐심(貪心), 진심(嗔心)으로써 수행하지 말라고 하니 마음에 활력이 없습니다. 마음이 느슨해집니다. 삼사일쯤 사띠, 사마디를 강화하면 마음이 조금 깨어날 것입니다. 조금 깨어있게 되면 어떻게 되겠습니까? 많은 생각들이 일어날 것입니다. 이것은 당연한 것일 뿐, 문제가 아닙니다.
생각이 방해됩니까?
수행자 : 아닙니다.
상담자 : 사람들은 생각이 방해한다고 판단하기 때문에 생각하지 않으려고

합니다. 생각이 '마음' 아닙니까? 마음에 대해서 알고 싶다면서요? 생각이 마음을 보여주고 있습니다. 이것을 알 수 없습니까?

수행자 : 알 수 있습니다.

상담자 : 그렇다면 왜 생각을 싫어합니까?

수행자 : 생각 때문에 감정이 일어나기 때문입니다.

상담자 : 그렇다면 감정을 어떻게 받아들이겠습니까? 심란하다고 받아들이겠습니까? 대상으로 받아들이겠습니까?

수행자 : 대상으로 받아들이겠습니다.

상담자 : 대상으로 받아들이면 위빠싸나 수행이 되고 사마디도 사라지지 않습니다. 심란하다고 여기면 사마디가 깨집니다.
졸릴 때 억지로 극복하려고 합니까?

수행자 : 그렇게 합니다.

상담자 : 이기던가요?

수행자 : 이길 수 없습니다.

상담자 : 왜 이길 수 없습니까? 힘을 쓰기는 하는데 힘이 강해지던가요?

수행자 : 힘이 강해지지 않습니다.

상담자 : 힘이 강해지지 않으니 이길 수 없는 것입니다. 그것은 싫어하는 마음으로 하기 때문입니다. 졸리는 것을 사라지도록 하기 위해 싫어하는 마음으로 힘을 써서 주시합니다. 그렇기 때문에 졸려서 머리를 치켜들었다가 끄덕거리다가 하는 것입니다. 힘을 쓸 때마다 힘이 강해지는 것은 아닙니다. 싫어하는 마음이 강하기 때문에 사띠, 사마디의 힘이 좋지 않습니다. 그러므로 견해가 바르게

되도록 해야 하고, 또한 지속되도록 해야 합니다.

이것 역시 자연의 이치중 하나일 뿐, 나하고는 상관이 없습니다. 졸음에 대해서 알고 싶어 하고, 졸음의 자연적인 성품을 알고자 하는 것으로 마음가짐을 바꿔 주고, 관심을 가져주십시오.

끊임없이 알고, 알고, 알고만 있으면 즉시 깨이게 됩니다. 관찰하는 마음 쪽의 보는 힘이 강해지면 졸음이 달아납니다.

오랫동안 앉아 있으면 어떻게 되겠습니까?

수행자 : 아파집니다.

상담자 : 조금 아프다고 자세를 바꾸고, 조금 아프다고 바꾼다면 '탐심(貪心, 로바)의 극단'이고, 절대로 안 바꾸겠다고 해서 억지로 관찰하면 '진심(嗔心, 도사)의 극단'입니다. 양극단을 피해야 합니다. 아프고, 저리고, 쑤시고, 따갑고, 가려운 것 등 무엇이든지 고통스러운 느낌이 몸에 나타나면 누구나 싫어합니다.

아플 때 아픔을 대상으로 보면 자동적으로 못 견뎌하는 진심(嗔心, 도사)이 일어납니다. 이 싫어하는 마음으로 아픔을 계속 관찰한다면 수행한다고 말할 수 있겠습니까?

수행자 : 법답지 못한 수행을 하는 것입니다.

상담자 : 예를 들어, 주변의 누군가에게 화가 났을 때 그 사람에 대해서 생각하고 있으면 어떻게 되겠습니까?

수행자 : 화가 더 나게 됩니다.

상담자 : 손이 안 올라가면 다행입니다. 통증을 보는 것도 이와 마찬가지입니다. 싫어하는 마음이 강한 상태로 관찰하면 통증이 더 심해

집니다. 통증이 생겼을 때는 마음이 즉시 통증 쪽으로 향합니다. 좋아서 가는 게 아닙니다. 싫어해서 갑니다. 그렇다면 어떻게 해야 하겠습니까? 아픈 느낌은 분명합니다. 그러나 아픈 것을 보지 마십시오. 왜냐하면 뒤에서 싫어하는 마음이 작용하고 있기 때문입니다. 그러므로 아플 때는 마음을 다시 점검하십시오.
'아픈 것에 대해 어떻게 생각하고 있습니까?'
'마음이 어떻게 느끼고 있습니까?'
아프면 마음이 긴장되어 있습니다. 참기가 어렵습니다. 먼저 그러한 것을 대상으로 하고 나서 이렇게 생각해야 합니다.
'있으려면 있어라. 제 스스로 사라지려면 사라지고, 말려면 말아라. 할 수 있는 만큼 노력해보고 그래도 안 되면 바꾸겠다.'
하는 마음을 가지십시오.
도저히 안돼서 뒤로 물러나는 것은 지혜로써 하는 것입니다.
아픔이 시작되자마자 달아나는 것은 지혜가 없는 것입니다.
죽기살기로 참는 것도 지혜가 없는 것입니다.
노력해보고 안되면 물러나십시오.
자세를 바꿔주십시오.
바꿀 때에도 알아차리면서 바꿔주십시오.
그것 역시 수행하는 것입니다.
부처님께서 '수행하는 동안 자세를 바꾸지 말아야 한다'라고 말씀하신 적은 단 한 번도 없습니다. 바꾸는 것이 옳으면 바꾸고, 바꾸지 않는 것이 옳다면 바꾸지 마십시오. 억지로 하거나 참고 있는 것은 견디기 어려운 짐을 지는 것과 같아서 지혜가 들어 있지 않습니다. 시간을 조금씩 서서히 늘려 보십시오. 견딜 수 있는 힘이 생기게 되고 이해하게 되면 마음이 차츰 받아들일 수 있게 될 것입니다. 그러므로 아프면 마음을 보십시오. 마음속에 괴로워하는 성질이 있어서, 괴로워하고 견디기 어려워합니다. 마음이 정리되고 나서 편안해지게 되면 보고 싶은 것을 봐도 됩니다. 마음이 편해지고 긴장이 풀린 뒤에 통증을 다시 보면 아프다고 생각되지 않습니다.

싫어하는 마음이 남아 있을 때에 통증을 보면 통증이 굳어져 있습니다. 뻣뻣해져서 덩어리 같이 되어 있습니다. 그것은 싫어하는 마음이 아픈 것을 과장해서 그렇습니다. 사실은 그 정도로 크게 아픈 것은 아닙니다. 싫어하는 마음이 없을 때 보게 되면 훨씬 약해집니다. '아프다'는 의미조차 사라집니다.

자세를 고쳐주고 바꿔주므로 통증이 약해지는 것을 만족해하면 탐심(貪心, 로바), 자세를 바꿔야 하는 것을 못마땅해 한다면 진심(嗔心, 도사), 자세를 바꾸는 과정을 알아차린다면 지혜입니다.

아프고 저린 것을 '웨다나(느낌)'라고 생각하지 마십시오. 그것은 '병(病)'이라고 부릅니다. '웨다나'라는 것은 마음에서 느끼는 것, 느낄 줄 아는 성질을 말합니다.

마음이 있으면 '웨다나'가 있고 몸이 있으면 '병'이 있습니다. 그렇다면 '웨다나'를 어떻게 극복해야 하겠습니까? 웨다나를 극복한다는 것은 아픈 성품에 대해 싫어하는 마음(도사)으로써 반응하지 않는 것을 의미합니다. 아플 때 싫어하는 마음 없이 알아차림과 지혜로서 대하는 것을 말합니다.

웨다나는 사라지는 것이 아닙니다. 병도 사라지는 것이 아닙니다. 마음이 있는 한 웨다나가 있을 것이며, 몸이 있는 한 병이 있을 것입니다.

웨다나를 사라지게 하는 것이 중요합니까? 그것에 대해 이해하는 것이 중요합니까?

수행자 : 웨다나에 대해 이해하는 것이 중요합니다.

상담자 : 수카웨다나, 둑카웨다나, 우뻬카웨다나 중 어느 한 가지는 항상 있습니다. 웨다나를 웨다나로 아는 것이 중요합니다. 그것을 항상(恒常)하지 않은 것으로 아는 것이 중요합니다.

이 웨다나를 '인간이나 중생이 아닌 것으로 알고 자연적인 것으로 알며 나하고는 상관이 없다'고 알아야 합니다. 이런 앎, 이런 지혜가 생기도록 수행해야 합니다.

'나'하고 상관이 없다면 복잡하다고 여기지도 않습니다. '나'와 상관이 있다고 여기기 때문에 복잡하다고 생각됩니다.

그러므로 보고 있는 목적 또한 알아차리도록 하십시오.

알기 위해서…

그렇다면 대상이 나타났을 때 사라지게 하는 것이 중요합니까? 아는 것이 중요합니까?

수행자 : 아는 것이 중요합니다.

상담자 : 그러면서도 많은 수행자들이 사라지기를 바라고, 좋은 것이 나타나면 사라질까봐 두려워합니다. 계속해서 보고 싶어 합니다. 그것이 옳습니까?
아파서 바꿉니까?
못 견뎌서 바꿉니까?

수행자 : 못 견뎌서 바꿉니다.

상담자 : 몸도 아프고 마음도 못 견뎌하고 있습니다. 그 두 가지가 한꺼번에 일어나고 있는 것을 알기만 하십시오.
좌선을 할 때 '한 시간을 앉겠다. 두 시간을 앉겠다.'라고 정해 놓고 앉지 마십시오. 시간을 의식하면 마음이 고요하지 않습니다. 자세를 바꾸지 않고 한 시간을 앉겠다고 생각한 사람은 통증이 생기면 결심이 깨질까 걱정하는 마음이 있으므로 사마디가 없습니다. 아무것도 정해 놓지 마십시오. 일어나고 있는 것을 알고 있으면 됩니다.
앉아 있기 힘들다면 일어나서 걷는 것도 괜찮습니다.
알아차림이 이어지는 것만이 중요합니다.

일상관

무슨 수행을 하든지, 서고, 걷고, 앉고, 눕고, 먹는 등의 모든 자세에서 마음을 지켜보라. 몸에 대해서는 그다지 신경 쓰지 말고, 마음을 조사하라. 일상생활을 하면서 대상들에 대한 마음의 반응들을 지켜보라.(세상의 밖에서나 안에서나, 그들은 항상 인과관계로 반응한다.)

마음을 가슴에 두어라. 명칭 붙이지 말라. 단지 일어나고 있는 것을 알기만 하라. 무슨 소리를 들으면, 단지 들음을 알기만 하라. 듣고 있는 소리가 무슨 소리인지 자기 자신이 안다면, 그것은 수행이 아니다. 대상을 따라가거나 인지하거나 알 필요가 없다. 앎이 자신이 해야 할 일을 할 것이다.

일상시 화가 날 때 그 마음 상태를 보라. 그 성냄을 지켜보고, 그 탐욕을 지켜보고, 그 참을성 없음 혹은 혼란함을 지켜보라. 이 감정들과 마음의 상태들을 지켜보라. 그것들을 지켜보고 있을 때, 그것들은 무엇을 하고 있는가?

통증이 있을 때에는 그것에 대한 마음의 반응을 지켜보라. 통증에 대해서는 전혀 걱정하지 말라. 앞으로 올 통증에 대해서도 마찬 가지다.

마음 혹은 위리아(노력)안에 어떤 지혜가 있는지, 마음 혹은 알아차림에 있는 집중이란 어떤 것인지 볼 수 있는가?

지켜보는 것은 어렵지 않다. 단지 다음과 같이 인지하는 것이다. "그것이 마음의 본성이다 – 이것은 느껴지는 그대로이다."

마음에 수행하고자 하는 강력한 욕구가 있을 때, 그 느낌은 어떠한가? 너무 많이 생각하려는 열정은 의도이다. 의도를 알아차려라.

매일 여러분을 움직이게 하고 여기저기 급히 돌아다니게 하는 보이지 않는 힘을 지켜보면, 나타나는 새로운 세상을 발견하고 직면하게 될 것이다. 계속 수행하면, 여러분이 가지고 있는 모든 질문에 대한 답을 얻을 것이다.

수행에 의해 지금 막 생긴 지혜가 여러분의 모든 질문에 대답할 것이다.

마음이 왜 긴장하거나 편안한지, 그 저변에는 무엇이 깔려 있는지 보도록 하라.

 수행을 시작할 때, 어떤 수행법으로 수행하든지, 여러분의 수행 수준을 알 수 있고, 여러분이 마음을 능숙하게 관찰하게 할 수 있는 유능한 스승이 있어야 한다. 그리하여 여러분이 자신의 마음을 조사할 수 있을 때, 마음의 특징을 관찰하면서 심념처가 시작된다. 마음이 무슨 일을 하는지 인지한다면, 그것이 마음의 특징이다.

  여러분은 어떤 대상과 그 대상을 아는 마음을 안다. 이 마음이 아는 마음 혹은 의식 혹은 찌잇따라고 안다. 그러면 다른 의식(마음)이 생겨나서, 대상을 알고, 대상과 함께, 대상으로 인하여 일어나는 마음을 안다.(지켜본다)

 그것은 이 첫 번째 마음이 무엇을 하고 있는지 알고, 그것의 대상이 '어디 있는지'와 그 상태를 안다. 이 의식을 '지켜보는 마음', 혹은 '한 단계 위의 마음'이라고 한다. 일단 하나의 대상이 앎의 장(場)에 명중되면 주시하는 마음은 자동적으로 거기에 있다. 지켜보는 마음은 주시하는 마음이 하고(경험하고) 있는 것을 지켜보고(알고) 있다.

 수행경험을 더 좋게 하려고 하지 말고 무엇이든지 현재 일어나고 있는 것과 완벽하게 함께 머물러라. 그것이 수행의 관건이다.

  지금 이 순간에 사는 것, 이것이 대단히 중요하다. 모든 순간은 수행의 순간이다.

 앎이 어디에 있는가? 앎은 무엇을 하고 잇는가? 앎은 무엇을 알고 있는가? 무언가를 알고 있는가? 그것은 어떤 느낌인가? 거기에는 어떤 느낌

붓다의 후예, 위빠사나 선사들

들이 있는가?
　몸의 움직임과 느낌을 주 수행대상으로 삼고, 마음(정신적 느낌, 마음의 작용, 반응)을 관찰하라. 다시, 강력한 마음의 작용이 나타나면, 경행할 때 그랬던 것처럼, 주의를 그곳으로 돌려라.

대화

　알아차리면서 말하라. 말하는 과정에는 참여하는 자가 아무도 없다! 말할 때에는 모든 사람들을 행복하게 하는 말을 하라. 타인들은 여러분을 존경할 것이고, 진지하게 대할 것이다.
　무엇보다도 우선 알아차려서 자신이 말해야만 할 것에 주의를 기울여라. 그러면 사람들이 존경할 것이다.
　부처님께서 이렇게 말씀하셨다. 말하지 말라는 것은 초보자에게 한 것이고, 말하거나 침묵할 때 알아차려라. 그리하여 알아차리면서 말하는 법과 침묵하는 법을 배우라.
　사람들이 다가오자마자, 감정적으로 휘말리지 않고, 말하면서 알아차림을 유지하도록 정신을 바짝 차려라.
　다른 사람이 말을 멈췄을 때 조심하라. 여러분이 말할 차례이다. 우리들이 보통 그렇게 해서 알아차림을 놓치듯이, 통제하지 못하고 말하기로 돌진하지 말라.
　다른 사람도 그렇게 하도록 하기 위하여, 천천히 그리고 짧게 말하라.
　알아차리면서 말하고 요령 있게 말하라. 지나치게 많이 말하지 말고 도취하지 말라. 살아가면서 두 가지 모두 할 수 있거나 혹은 조용한 수행센터에서 자신의 평생을 보낼 수도 있다.

 말할 때 알아차림을 유지하기 위해서는, 자신의 감정을 따라가지 말라.

 이것을 좋아하고 저것을 싫어하기 시작할 대(집착하기 시작할 때) 마음이 도취되기 시작한다.

 한 구절을 말할 때마다, 몇 번이고 되풀이 하여 자신의 마음을 봐서 바른 말인지 알아차림이 있는지 점검하라.

언제나 마음을, 지켜보는 마음을 알고 유지 하라.

항상 중요한 것을 지향하라!

'항상 중요한 것을 지향하라'는 것은 무슨 뜻인가?

통제하고 있는가 아니면 통제당하고 있는가?

마음은 집중되었는가 아니면 산만한가?

대상과 아는 마음 사이의 거리를 유지하라.

'한 단계 위의 마음'과 함께 하라.

이것을 모든 수행에 적용하라.

4. 마음 관찰 핵심정리

- 마음 관찰에서는 지금 마음이 무엇을 취하고 어디에 가있는가 무엇을 하고 있는가 어떤 상태인가를 항상 알아차린다. 익숙해지면 자동적으로 관찰이 된다. 관찰의 대상은 관념인 빤냣띠가 아닌 실재인 빠라맛타이다.

- 가끔씩 마음에게 물어보라. 지금 이 순간 내 마음이 어디에 있는가? 이 마음이 무엇을 하는가? 마음 상태는 어떠한가? 지금 마음이 무엇을 하고 있는가. 삿띠를 두고 있는가. 지금 마음은 어디에 가 있는가, 안에 있는가 밖에 있는가, 생각하고 있는가, 이렇게 자주 물어보면서 관찰해본다. 마음이 어떤 일을 왜 하고 있는지를 아는 것이 지혜다.

- "마음에서 무슨 일이 일어나고 있는가? 그것을 관찰하는 것이 심념처다. 마음이 무슨 일을 하고 있는가? 마음의 기능은 무엇인가?"
예를 들어서 여러분이 분노를 알고 있다면, 이것은 마음의 상태를 보고 있는 것이다. 이것도 심념처이다. 심념처는 마음을 지켜보고 있는 것이다. 우리가 무엇을 하든지, 모든 행위에는 예외 없이, 우리가 하고 있는 것을 아는 마음과, 그것을 관찰하는 마음과, 잊지 않음을 다짐하는 마음이 있다. '마음으로 마음을 지켜보는 마음' 마음과 관련된 모든 것은 심념처이다.

- 자연스런 알아차림이란 자동차를 운전하는 것과 같다. 무엇을 해야 하며, 어떻게 해야 할 것인지, 어디에 주의를 기울여야 하는지 안다.

- 명칭을 붙이지 말고, 마음을 지속적으로, 조용히 주시하라. 언제든지 몸에 대해서는 신경 쓰지 말라. 마음을 지켜보는 관찰자를 보려고 시도하라. 언제든지, 지속적으로 알아차려라. 그 무엇에도 마음을 고정시키지 말라. 마음을 일하게 하고 단지 지켜보기만 하라.

- 처음엔 마음의 대상을 찾아 가지만, 숙달되면 대상이 마음에 다가와 꽂힌다. 그 다음엔 있는 그대로 보게 된다.

- 지금 책을 읽고 있는 마음상태도 자연스럽게 있는 그대로 알아차림으로 읽어야 한다.

- 성취하려 하거나 벗어나려는 마음 없이 있는 그대로 현재 마음 상태를 알아차린다. 조금이라도 기대하는 마음이 있으면 마음이 혼란스럽게 된다. 결과를 바라지 말고 현재 마음상태를 관찰해야 한다.

- 사물이나 현상이 어떤 식으로 되었으면 하는 바람이 생기면 마음은 동요되기 시작한다. 그러나 억제하지 말고 안달하지 말라. 단지 그 마음을

주시하면서 그대로 놓아두라.

- 경행을 할 때도 마음부터 알아차려야 한다. 마음을 발에 두고 발을 들고자 하는 의도, 앞으로 갈 때도 처음부터 끝까지 마음이 따라가도록 한다. 발을 내릴 때도 의도를 알아차리고 마음으로 내린다. 몸의 다른 부분이 강하게 느껴 질 때는 그 부분을 아는 마음을 알아차리면 된다.

- 몸에서 일어나는 느낌도 알고, 마음이 왔다 갔다 하는 상태도 알아야 한다. 마음 따라 동작이 움직인다. 마음이 일하는 것이다. 이것을 주시하면서 알아차린다. 식(識)을 삿띠(마음챙김, 주시)로 알아차려야 한다. 이것이 아는 마음(識)을 아는(sati) 것이다. 마음상태(行)를 삿띠 할 때도 있고 삿띠를 삿띠 할 수도 있다.

- 알아차린다는 것은 이미 바로 여기에 있는 마음상태 즉 보고, 듣고, 냄새맡고, 맛보고, 촉감하고, 생각하는 것을 있는 그대로 알아차리는 것이다.

- 마음이 게으를 때 마음은 생각할 것이다. 이 상태를 알아차린다. 반복될 때는 그 원인을 한번쯤 관찰해 본다. 마음을 게으르게 내버려 둘 때마다 번뇌가 공격할 것이다.

- 마음이 혼란할 때는 언제나 그 내면을 관찰한다. 그 마음작용에 대해

서 비난할 수 있는 어떤 것도, 어떤 사람도 없는 현상에 지나지 않는다는 지혜를 길러라.

- 미래 불안이나 미리 가정해 놓는 것은 어리석음이 일하고 있는 것이다. 현재 마음상태를 알아차려라. 계획하는 마음은 단지 생각하는 것을 말한다.

- 대상은 당신이 원해서 일어나는 것이 아니라, 단지 조건이 맞으면 일어난다

- 대상과 마음의 차이를 분명하게 보는 법을 배우는 것이 중요하다. 어느 것이 대상일까? 어느 것이 아는 마음 일까? 즉 보고, 듣고, 냄새 맡고, 맛보고, 촉감하고, 생각하는 것에서 처음 아는 의식을 있는 그대로 알아차리는 것이다

- 마음 관찰은 1 : 1 대결이 아니고 1 : 6 이상의 대결이다. 6근, 6경, 6식에서 일어나는 매 순간의 마음상태를 놓치지 않고 알아차려 나가야 한다.

- 사람들이 우울할 때는 언제나 원하는 것을 얻지 못했음을 나타내는 징후임에 틀림없다. 우울한 마음을 아는 마음을 알아차려라. 단지 현상에 지나지 않는 다는 것을 자각한다.

붓다의 후예, 위빠사나 선사들

- 아직도 마음이 자유롭지 못하다면, 마음이 모든 것을 분명히 볼 수 있게 되고 그 자체의 조건적 상황에서 풀려 나올 수 있을 때까지 순간 순간 직면하는 모든 상황의 원인과 결과를 관찰해 보아야 한다.

- 마음이 고통스러운 것을 잡고 놓지 못하는 것은 마치 독사에 물린 것과도 같다. 마찬가지로 마음이 욕망에 끌려 즐거운 것을 붙잡고 있는 것도 독사의 꼬리를 붙잡고 있는 것과 다를 바가 없다.

- 괴로움은 바로 여기, 우리 마음속에 있다. 그러나 또한 이 마음 속에서 없어진다.

- 생각은 조작하거나 거짓말할 수 있지만 몸의 반응과 느낌(웨다나)은 그럴 수 없다. 느낌은 실재다. 그 실재의 변화 현상을 보라.

- 마음 상태는 느낌을 통해서 쉽게 관찰된다. 가슴의 느낌 상태를 잘 보라. 극심하게 괴로울 때는 그 마음부터 보라.

- 무엇인가 감각기관에 와 닿는다. 좋아함과 싫어함이 일어난 바로 거기에 망상이 있다. 그러나 마음을 챙기면 똑같은 경우에도 미혹 대신 지혜가 일어난다. 따라서 마음챙김만 함께 한다면 시끄럽고 감각을 교란시키는 번잡한 곳이라도 겁낼 필요가 없다.

- 그 마음을 보라. 말하고 싶어 하는 것이나 말하고 싶어 하지 않는 것이나 똑같이 문제다.

- 행동하기 전, 말하기 전, 생각하기 전 마음의 상태를 알아차려라. 특히 마음이 조급한 사람은 이와 같이 관찰하면 마음이 자제된다.

- 어떤 것을 하기를 원하는지 원하지 않는지는 중요하지 않다. 단지 그 행위를 할 필요가 있는지 없는지를 자신에게 물어 보라. 올바른 행위가 선업이다. 왜 이것을 하고 있는가? 그것을 원하기 때문인가? 할 필요가 있기 때문인가? 현재 상황에서 해야할 적절한 것이기 때문인가?

- 작은 번뇌들이 커진다. 관찰이 깊어 질 수록 아주 작은 탐욕과 성냄이 드러나는 것도 볼 수 있어야 한다.

- 한 마음을 알아차리면 그 속에 감추어진 여러 마음(anusaya)도 알아차려야 한다.

- 마음을 믿지 마라. 그 대신 마음 자체를 만드는 조건을 똑바로 보라. 그 조건들을 있는 그대로 받아들이도록 하라. 그 조건들은 있는 그대로 일 뿐 그 이하도 이상도 아니다.

붓다의 후예, 위빠사나 선사들

- 마음속에 탐욕과 성냄이 없을 때, 바른 결정을 할 수 있다.

- 지혜가 마음을 통제할 수 있는 것이지, 자신이 마음을 통제할 수 있는 것이 아니다. 사띠는 무엇이 진행되고 있는지 알고, 지혜는 무엇을 해야 하는지를 안다.

- 지혜가 있는 마음은 어떤 느낌을 받을 때, 이에 집착하거나 나의 것으로 동일시하지 않는다.

- 평온을 유지하려고 하지 말고 단지 알아차림을 유지하라. 그 마음 상태, 그 감정을 있는 그대로 보라.

- 무엇에 주의를 기울이려는가? 보임? 들림? 냄새? 닿음? 맛? 생각? 아니면 봄, 들음, 냄새 맡음, 닿음, 맛봄에 몰두하려고 하는가? 자동적 낡은 습관에 휘말리지 마라. 마음을 다시 알아차려라. 지각하는 모든 것은 단지 대상일 뿐, 모든 대상은 자연 현상이다. 현상이 일어나게 내버려두고 단지 관찰 하라.

- 마음의 주체(意)가 대상(法)을 만나면 의식(意識)이 일어난다. 이 때 무의식이 원인이 되는 과정을 지켜보면 인과의 흐름을 안다. 그 단절 고리를 지켜보라. 자동적 생각 습관을 알아차려라.

부록 1. 쉐우민 사야도 (*Shew Oo Min Sayadaw*) 327

– 수행초기에는 생각하고 있음을 알아차리자마자 생각이 멈출 것이다. 알아차리면서 생각할 수 없다. 사띠가 강해져야 생각하고 있음을 관찰할 수 있다.

– 번뇌들이 얼마나 해로운지 깨달아야 한다. 진정으로 번뇌들에 대해서 마음이 진저리를 칠 때까지는 오랜 시간이 걸린다. 대부분의 사람들은 실제적으로 탐욕과 성냄과 어리석음과 더불어 살기를 바란다. 지름길은 없다. 마음이 진정으로 번뇌들에 의해서 진저리치게 된 다음에야 비로소 마음은 스스로를 해방시킬 수 있다.

– 번뇌가 왜 집에서는 더 강할까? 내 집, 내 아내, 내 자동차 등이기 때문이다.

– 두려우면 그 마음을 알아차려라. 정말로 계속 알아차린다면 두려운 생각이 일어나지 않을 것이다. 본 것에 대해 무엇을 생각하든, 들은 것에 대해서 무엇을 생각하든 단지 관념일 뿐이다. 나쁜 행위를 아무리 많이 했다 할지라도, 지혜는 이번 생에 자신을 해방시킬 수 있다.

– 알아차리려고 해서 알아차려지는 것이 아닌, 자연스런 알아차림 즉 알아차리는 일을 스스로 하는 알아차림만이 일상생활에서 사용될 수 있다. 그러면 지혜가 선함과 불선함을 볼 것이고, 선함을 선택한다. 수행을 오래 하면 할수록 이 과정을 더 많이 이해할 것이다.

- 마음이 동요 할 때 그 마음을 알아 차려라. 왜 마음이 동요하는가? 이 일이 일어나기 전에 무엇을 했는지 알아 차려라.

- 마음이 정말로 혼란스러울 때 그 때가 바로 수행할 때다.

- 의심이나 걱정을 없애기 위해서는 그 마음 상태의 진행과정을 꿰뚫어 보아야 한다.

- 마음은 어떤 대상 때문이 아니라, 바른 마음가짐과 지속적인 알아차림으로 인하여 고요해진다.

- 어떤 것을 아주 중요한 것이라고 생각한다면, 생각을 멈추고 그것이 참으로 중요한지 자신에게 물어보라. 왜 그렇게 열심히 생각하고 싶어 합니까?

- 일어나는 마음은 숨기지 말고 적나라하게 진솔하게 보아야 한다. 현재 마음상태가 사라지면 미세한 마음의 느낌이 있다. 없애려 하지 말고 냉정하게 느낌 속에서 마음을 읽을 수 있어야 한다.

- 가정이나 직장에서, 매시간 마다 1분 정도 혹은 시간이 있을 때마다, 호흡이나 마음을 알아차리는 수행을 한다면, 스트레스 쌓이는 것이 늦춰지든지 아니면 멈춰질 수도 있다.

- 자신이 수카(행복)라고 생각하는 것은 둑카(고통)일 경우가 많다. 조건지워진 생각은 고통이다.

- 집착을 놓아버리는 것이 중요한가, 아니면 집착이 왜 거기 있는지 이해하는 것이 중요한가? 무엇을 없애려고 하는 것은 성냄의 다른 형태이다.

- 번뇌를 인지하고 받아들여야 한다. 사띠와 지혜가 번뇌를 자동적으로 뿌리 뽑을 것이다.

- 자신이 일어나고 있는 마음에 대해 저항하거나 변화되기를 바라면 바랄수록, 그것은 더 고통 스럽게 느껴진다. 그냥 수용해서 알아 차려라. 다른 사람들이 자신과 같아지기를 바라는 것은 어리석은 기대이다.

- 결과나 체험에 대해서 생각하지 말고, 어떻게 알아차려야 하는가를 실천하라. 무언가를 이해할 때마다, 자유로움을 경험할 것이다.

- 관찰 조사하는 것은 지혜의 힘을 사용하는 것이다. 조사란 전체 상황을 이해하기 위하여 무슨 일이 일어나는지를 관찰하는 것이다. 지혜는 무조건 믿지 않는다. 지혜는 항상 관찰 조사한다. 보는 것에는 세 가지가 있다. ①눈으로 보는 것 ②마음으로 보는 것 ③꿰뚫어 보는 것, 이것이 통찰지혜이다.

- 우리는 생각을 사용하지만, 유용하게 사용하려는 특성은 올바른 지혜다. 핵심은 생각 자체가 아니라, 생각 뒤에 숨어 있는 의미, 바른 견해, 그리고 이해이다. 무엇을 어떻게 하는가를 이해하는 것이 지혜이다. 지혜는 결코 서두르지 말라. 지혜는 언제나 더 나아갈 수 있다는 것을 이해 해야 한다.

- 번뇌를 멈추려 하지 말고 번뇌가 일어날 때마다 간섭하지 말고 알아차려야 한다. 우선 무슨 일이 진행되고 있는지 인지하고, 관찰하고, 이해할 필요가 있다. 어떤 것을 나쁜 것이라고 꼬리표를 붙일 때마다 분노가 일어난다. 마음가짐을 관찰 하라!

- '나'라는 생각은 지속적으로 일어나지만, 마음에게 그것은 다른 것과 마찬가지로 하나의 현상일 뿐, '나'라는 것이 있는지 없는지 알아차리기만 하면 된다.

- 진정한 이해는 마음을 관찰하는 바로 그 순간에만 생길 수 있다.

- 법의 성품은 '법을 얻는다고 해도 행복 하지 않고, 법을 얻지 못한다고 해도 불행 하지 않다.' 많은 수행자들이 어떤 것을 체험하면 아주 행복해하고 체험하지 못하면 매우 동요한다. 이것은 법을 수행하는 것이 아니다. 법을 수행하는 것은 체험하는 것이 아니라, 이해하는 것이다. 진

정한 목표는 현상을 정확하게 이해하는 것이다. 그러면 행복은 자연히 따라올 것이다.

- 행복하거나 평화롭기를 바라는 순간, 문제가 생긴다. 바라는 것이 문제다. 바른 정보, 바른 생각과 바른 마음가짐으로 수행하는 것이 가장 중요하다.

- 진정으로 열심히 몰두할 필요가 있다. 마음의 긴장이 완전히 풀리면 몸의 긴장도 풀린다. 몸에 조금이라도 긴장하고 있다면 그것은 마음이 긴장으로부터 완전히 자유롭지 않다는 뜻이다. 그렇기 때문에 지켜볼 수 있는 것, 즉 몸에 긴장이 있는지 없는지를 계속 지켜보지 않으면 안 된다.

- 마음의 긴장이 완전히 제로가 되었을 때 이것이 여러분에게 아주 분명하게 될 것이다.(제로는 모든 것이 좋고 균형 잡혀 있고, 여러분을 아주 깨어있고, 가볍게 느끼도록 만드는 수준이다.) 그러므로 기억하라! 몸도 편안하고, 마음도 편안하면서도, 깨어있어야 함을.

- 지속적으로 매순간, 앎을 실천해야 한다. 그러면 사띠와 사마디는 점점, 더 지속될 것이고, 마음은 아주 강해져서, 마음을 보기가 보다 쉽게 될 것이다.

− 실제적으로 사람들은 이 마음을 보기가 아주 어렵다고 하지만, '나'는 누구인가? 모든 사람이 이 마음을 열심히 '나에게' 포함시키려고 하지만, 그것이 마음을 보는 것을 아주 어렵게 만든다. 왜냐하면 그 순간에 나, 혹은 인격(personality)이라는 관념이 작용하기 때문이다. 사띠와 사마디가 약하면 볼 수 없다. 사띠와 사마디가 강하다면 현상들은 아주 분명해진다. 실제적으로 거기에 '나'는 없다. 그것은 단지 마음일 뿐이다.

− 어떤 마음의 상태도 받아들이고 있는 그대로 알아차려 그 인과·무상·고·무아를 본다. 이것이 지혜의 향상이다. 수행자가 할 일은 삿띠를 두고 삿띠를 놓치지 않는 것이다.

− 수행이 향상되거나 아픔, 마음작용 등이 사라질 때 기쁜 마음이 일어나며 심신이 가벼워진다. 이때도 기쁜 마음을 보고 또 보면 기쁜 마음도 사라진다. 그 상태도 알아차린다.

− 마음의 고통도 스스로 만들고 마음의 청정도 마음이 스스로 만드는 것이다.

− 상대방 얼굴에서 상대방 잘못, 집착 등을 보는 것은 자신의 마음 상태이다. 상대방의 마음을 보기 전에 자신의 마음부터 보아야 한다.

- 원하는 마음이 없으면 고통도 번뇌도 없다. 무엇을 원하는지 억제하지 말고 일어나는 그대로 알아차려라.

- 생각의 내용을 보지 말고 마음의 본성을 보아야 한다.

- 마음상태를 제대로 보고 있으면 움직이려고 할 때마다 저절로 보인다. 초점을 마음에 맞추면 아무 문제가 없다. 다시 보듯이 알아차리고 알아차린 마음을 또 알아차려 나간다.

- 대상을 볼 때는 보는 마음에 초점을 두어야 한다.

- 내 마음을 마음대로 움직일 수 있는 힘이 있을 때 일상생활에서 관찰이 된다.

- 사물의 있는 그대로의 모습을 알게 될 때 사랑과 미움의 실체를 알게 된다. 모든 것이 불완전한 것임을 알게 되면 마음을 비운다는 것의 참뜻을 알게 된다.

- 다시 마음이 집착하게 되더라도 새로운 상황 하나하나를 살펴 나가되, 절대로 관찰을 멈추지 말고 그대로 계속하여 핵심을 꿰뚫으라. 그렇게 되면 집착이 발붙일 곳을 찾지 못할 것이다.

붓다의 후예, 위빠사나 선사들

- 언짢은 말을 듣고 그 말을 친한 이에게 옮기려 한다. 말을 듣는 순간 동요되는 마음을 보면 마음이 다른 마음을 불러일으키는 조건성을 볼 수 있다. 그때 각성이 일어난다. 그 마음도 본다.
쉐우민센타는 미얀마 양곤에서 우 떼자니아 사야도가 지도 한다.
(이 내용은 쉐우민센터에서 통역하는 청현스님을 통한 허락으로 여기에 첨부했다. 청현스님은 심념처만 아니고 신·수·심·법을 함께 쉐우민센터에서 지도함을 알리라고 강조했다. 즉, 마음관찰을 통한 사념처수행이다. 청현스님께 감사드린다.)

부록2.
파욱
(Pa Auk)

붓다의 후예, 위빠사나 선사들

PA
AUK

1. 파욱의 사마타와 위빠사나 수행

 파욱 사야도는 1934년 6월 24일, 수도 양곤에서 동북쪽에 위치한 힌타다(Hinthada)에서 태어났다. 1944년 10살이 되던 해에 출가하여 아친나(Achinna)라는 법명을 받아 사미가 되었고, 1953년까지 전통 교육을 받으면서 고급 팔리 시험(Pathama Kyi)까지 통과하였다. 1954년 20세가 되던 해에 비구계를 받았으며, 1956년에는 사설법사 시험에 통과해서 법사(Sasanadhajasiripavara-dhammacariya)가 되었다. 파욱 사야도 아친나 스님은 1964년에 양곤의 마하시센터에서 마하시 사야도와 우 빤디타 사야도의 지도아래 위빠사나 수행을 시작하였다. 같은 해에 파욱 사야도는 숲속으로 들어가 수행을 하기 시작했다.
 마하시 센터에서 처음 수행을 접하고나서 마하시 방식의 순수 위빠사나 이외에도 숲 속 수행을 실천하면서 사마타 수행법을 여러 스승들에게서 지도받았고, 이러한 수행의 이력과 경전 및 주석문헌에 대한 해박한 공부를 바탕으로 미얀마에서 드물게 사마타 수행의 전통적인 수행법을 체계적으로 지도하고 있는 분으로 미얀마는 물론 세계에 널리 알려져 있다. 미얀마뿐만 아니라 대만이나 동남아시아 그리고 미국 등지에서 2개월간의 집중 수행을 지도해오고 있고, 위빠사나 수행의 전제로서 사마타 수행을 익히고자 하는 수행자들에게 수행을 지도하고 있다. 사마타 수행이란 『청정도론』에 정리되어 있는 40가지 수행주제를 대상으로 하는 선정수행을 말한다.

2. 파욱의 사마타와 위빠사나 병행

파욱 사야도가 지도하는 사마타 수행과 위빠사나 수행 방법은 전통적인 남방불교 수행론에 대한 해설서로 유명한 『아비담마』와 『청정도론』에 근거해 있다고 볼 수 있다. 특히 사마타 수행법에 대해서는 『청정도론』의 40가지 수행주제에 근거해서 지도하고 체험하고 있다. 40가지 수행주제란 7가지 범주로 구분되어 다음과 같다.

1) 열 가지 카시나(十遍):
①흙 카시나(地遍) ②물 카시나(水遍) ③불 카시나(火遍) ④바람 카시나(風遍) ⑤청색 카시나(靑遍) ⑥황색 카시나(黃遍) ⑦적색 카시나(赤遍) ⑧백색 카시나(白遍) ⑨빛 카시나(光明遍) ⑩한정 공간 카시나(限定虛空遍)

2) 열 가지 부정(十不淨) - 버려진 시체를 대상으로 한 부정관
①(시체가) 부풀어 오름 ②검푸르게 변함 ③곪아터짐 ④잘라짐 ⑤뜯어먹힘 ⑥흩어짐 ⑦잘게 흩어짐 ⑧피가 묻어 있음 ⑨벌레가 가득함 ⑩뼈

3) 열가지 반복적인 마음챙김(十隨念)
①불(佛)에 대한 반복적인 염(佛隨念, buddhānussati) ②법(法)에 대한 반복적인 염(法隨念, dhammānussati) ③승(僧)에 대한 반복적인 염(僧

隨念, sanghānussati) ④계(戒)에 대한 반복적인 염(戒隨念, sīlānussati) ⑤베품(捨)에 대한 반복적인 염(捨隨念, cāgānussati) ⑥천신(天神)에 대한 반복적인 염(天隨念, devatānussati) ⑦죽음(死)에 대한 반복적인 염(死隨念, maraṇaussati) ⑧몸(身)에 대한 염(身念, kāyagatāsati) ⑨호흡에 대한 염(入出息念, ānāpānāsati) ⑩평온함에 대한 반복적인 염(寂止隨念, upasamānussati)

4) 네 가지 한량없는 마음(四無量心 또는 四梵住)
①모든 존재들의 행복을 기원하는 자애(慈, mettā) ②모든 존재들이 고통에서 벗어나기를 기원하는 연민(悲, karuṇā) ③더불어 기뻐함 – 다른 존재들이 행복한 것을 더불어 기뻐함 (喜, muditā) ④평정 또는 평온(捨, upekkhā)

5) 네 가지 물질 없는 경지(四無色)
①공간의 무한함에 집중하는 경지(공무변처) ②의식의 무한함에 집중하는 경지(식무변처) ③아무것도 없다는 경지(무소유처) ④지각이 없는 것도 없지 않은 것도 아닌 경지(비상비비상처)

6) 음식을 혐오스럽게 생각하는 수행 (食厭想)

7) 지·수·화·풍 4가지 요소를 구별하는 수행(四界差別)

『청정도론』은 이와 같은 40가지 사마타 수행의 주제가 인간의 성향에 따라서 제시되었다고 한다.

먼저 감각적 욕망이 많은 성향이 있는 사람(탐행자)는 십부정(十不淨)과 신념(身念), 화내기 쉬운 성향의 사람은 4무량심과 청색 카시나, 황색 카시나, 적색 카시나, 백색 카시나를, 우둔한 성향의 사람은 호흡에 대한 마음챙김(入出息念)을, 신앙이 깊은 성향의 사람은 불(佛)·법(法)·승(僧)·계(戒)·사(捨)·천(天)의 여섯 가지 반복적인 마음챙김을, 지혜가 날카로운 성향의 사람은 죽음에 대한 반복적인 마음챙김(死隨念), 평온함에 대한 반복적인 마음챙김(寂止隨念), 4가지 요소를 구별하는 수행(四界差別), 음식을 혐오스럽게 생각하는 수행(食厭想)을, 사변적인 성향의 사람은 호흡에 대한 마음챙김(入出息念)을 닦는다.(『청정도론』 PTS판 114~5쪽)

이와 같은 사마타 수행의 주제를 닦을 때, 자신에게 적절한 수행주제를 결정하기 어려운 사람은 먼저 호흡에 대한 마음챙김(入出息念)을 닦아서 4선을 이룰 것을 파욱 사야도는 권하고 있다.(『사마타 그리고 위빠사나』 파아욱 사야도 법문/무념 옮김, 서울: 보리수선원, 2004, 31쪽, 이하 인용은 이 책에 의거) 호흡에 대한 마음챙김으로 4선을 이룬 후, 수행자는 위빠사나 수행으로 들어갈 수 있고, 다른 사마타 수행을 원한다면, 몸의 32부분에 대한 수행과 10부정 가운데 마지막인 뼈에 대한 관찰 그리고 흰색 카시나를 위시로 한 10 카시나 수행을 닦는 방법(65쪽 이하)과 4무색계정(79쪽)을 설명한다. 몸의 32 부분이란『대념처경』의 신념처의 한 가지 수행법이다.

그리고 나서 4무량심(98쪽)과 네 가지 보호하는 수행(붓다에 대한 반복적인 마음챙김, 부정관, 죽음에 대한 마음챙김, 자애)을 설명한다. 그 다음에 4가지 요소를 구별하는 수행(四界差別)을 설명(138쪽 이하)하면서 물질의 구성요소인 칼라파를 보고, 이 칼라파도 여러 개의 요소로 구성되어 있다는 것까지 보아야 한다고 하면서 4가지 요소를 구별하는 수행의 목표가 칼라파를 구성하는 8요소(지수화풍과 색, 냄새, 맛, 영양소)까지 관찰해야 한다는 점을 강조한다.

파욱 수행처에서는 사마타 수행법의 방법으로 먼저 시작한 후에 위빠사나 수행으로 전환시키는 것으로 보여진다. 이와 같이 4대요소 관찰을 통해 물질을 완전히 파악한 후에 위빠사나 수행의 2단계인 정신을 파악하는 수행으로 진행한다.(212쪽) 4선과 4무색계정을 경험한 수행자들은 각 선정에서 경험한 것들이 정신적인 현상임을 관찰하면서 위빠사나를 수행하게 된다. 12연기에 대한 해설, 위빠사나 16단계에 대한 설명 등을 통해 열반에 이르는 위빠사나 지혜의 전개를 설명하고 있다. 무념스님의 역서 《《사마타 그리고 위빠사나》》를 줄여 위빠사나 안내 위주로 16단계를 간략하게 소개 하겠다. 상세한 내용은 무념스님의『사마타 그리고 위빠사나』파아욱 사야도 법문/무념 옮김, 서울:보리수선원 참조 바란다. 아울러 출처를 밝히고 내용을 출판 할 수 있게 허락한 무념스님의 자애심에 감사드린다

삼매를 개발하는 방법

삼매를 어떻게 개발하는가? 여기에 40가지 사마타 명상 주제가 있다.

삼매를 얻기 위해서는 이중 어떤 것을 개발할 수 있다.

명상 주제를 결정하기 어려운 사람은 아나파나 사띠(호흡에 대한 마음집중)로 시작해야 한다. 대부분의 사람들은 아나파나 사띠와 4대요소(지·수·화·풍)에 대한 명상으로 성공적인 수행을 한다. 그래서 나는 아나파나 사띠를 수행하는 방법을 간략하게 설명하고자 한다.

아나파나 사띠(호흡에 대한 마음집중)를 개발하는 방법

붓다께서는 대념처경[1]에서 아나파나 사띠를 가르치셨다. 붓다께서 말씀하신다.

비구여, 여기 이 가르침에서, 비구는 숲이나, 나무 아래나, 빈 공간에 가서 가부좌를 하고 앉는다. 몸을 곧추세우고 명상 주제에 대한 마음챙김을 확립한다. 마음챙김 하면서 숨을 들이 쉬고, 마음챙김 하면서 숨을 내쉰다.

I. 길게 들이쉬면서 그는 '나는 길게 들이쉰다'고 알아차린다.
　길게 내쉬면서 그는 '나는 길게 내쉰다'라고 알아차린다.
II. 짧게 들이쉬면서 그는 '나는 짧게 들이쉰다'라고 알아차린다.
　짧게 내쉬면서 그는 '나는 짧게 내쉰다'라고 알아차린다.
III. '호흡의 전 과정을 경험하면서 나는 숨을 들이쉬리라' 이렇게 자신을 수행한다.
　'호흡의 전 과정을 경험하면서 나는 숨을 내쉬리라' 이렇게 자신을 수행한다.
IV. '호흡의 전 과정을 고요히 하면서 나는 숨을 들이쉬리라' 이렇게 자신을 수행한다.
　'호흡의 전과정을 고요히 하면서 나는 숨을 내쉬리라' 이렇게 자신을 수행한다.

---

1) D.ii.9 (또는 M.I.i.10)

명상을 시작하기 위해서 안락한 장소에 앉아서 숨이 콧구멍을 통해서 들고 나는 것에 깨어 있어야 한다. 몸 안팎으로 들고 나는 숨을 따라가서는 안 된다. 왜냐하면 그렇게 하면 완전한 집중을 할 수 없기 때문이다. 윗입술 위나 콧구멍 주변을 접촉하는 가장 분명한 장소에서 숨을 지켜봐야 한다. 그러면 마음집중을 완벽하게 개발할 수 있을 것이다.

개별적 특성(sabhāva lakkhaṇa), 일반적 특성(sammañña lakkhaṇa) 또는 니밋따의 색깔(집중의 표상)에 주의를 기울여서는 안 된다. 개별적 특성은 숨의 4대 요소인 단단하고 거칠고 움직이고 따뜻하고 지탱하고 밀고 나가는 성질 등이다. 일반적 특성은 무상 고 무아의 성질이다. 이것은 '들이쉼-내쉼-무상' 또는 '들이쉼-내쉼-괴로움' 또는 '들이쉼-내쉼-무아'라고 헤아려서는 안 된다는 것을 의미한다. 단지 개념으로써 들숨 날숨에 대해 깨어 있어야 한다.

숨의 개념은 아나파나 사띠의 대상이다. 삼매를 개발하기 위해서 집중해야하는 것은 바로 이 대상이다. 만일 그렇게 할 수 없다면, 청정도론에서는 숨을 세는 것을 제시한다. 숨의 끝에 수를 세어야 한다.
'들숨-날숨-하나', '들숨-날숨-둘'[2)]

적어도 다섯은 세야하고 열 이상은 세지 말아야 한다. 우리는 여덟까지 세는 것을 권장한다. 왜냐하면 그것이 당신이 개발해야 할 팔정도를 상기시키기 때문이다. 그래서 당신이 좋아하는 다섯에서 열 사이의 어떤 수까지 세어야하고, 그 시간동안 마음이 어딘가를 떠돌아다니지 않게 되고 오로지 숨에 대해 깨어있을 것이라고 결심해야 한다. 이렇게 셀 수

---

2) Vs.viii Ānāpānasati Kathā B223

있을 때, 마음에 집중할 수 있으며 오직 숨에만 고요히 깨어있을 수 있을 것이다. 이같이 최소한 30분 정도 집중할 수 있을 때 두 번째 단계로 나아가야 한다. 두 번째 단계에서 앉아있는 내내 길 수도 있고 때때로 짧을 수도 있지만, 의도적으로 길고 짧게 해서는 안 된다. 이 단계에서 한 시간 동안 고요히 이렇게 할 수 있다면, 니밋따가 떠오를 수도 있다. 그러나 니밋따가 떠오르지 않는다면, 세 번째 단계로 나아가야 한다. 여기서 붓다께서는 숨의 시작에서 끝까지 내내 온 호흡에 대해 깨어있기를 가르치시고 있다. 이같이 한다면 니밋따가 떠오를 것이다. 니밋따가 떠오른다면 곧바로 그쪽으로 마음을 돌리지 말고 계속해서 숨에 머물러야 한다.

만약 시작에서 끝까지 한 시간 동안 고요히 깨어있음에도 불구하고 니밋따가 떠오르지 않는다면, 네 번째 단계로 나아가야 한다. 그래서 이 4단계에서 필요한 모든 것은 '숨을 고요히 하겠다.' 결심하고 끊임없이 숨에 깨어있어야 하는 것이다. 이와 같이 수행한다면 숨은 점점 고요해지고 니밋따는 떠오를 것이다.

니밋따(nimitta)

니밋따는 개인에 따라서 다양하게 나타난다. 어떤 사람에게는 목화 솜 또는 솜으로부터 뽑은 실 뭉치, 움직이는 바람 또는 틈으로 들어오는 바람, 새벽별 금성처럼 밝은 빛, 밝은 루비 또는 진주와 같이 순수하고 깨끗하다. 다른 사람에게는 목화 나무의 줄기 또는 날카로운 나무 조각과 같다. 또 어떤 사람에게는 긴 밧줄이나 끈, 화환, 한줄기 연기, 뻗쳐있는 거미줄, 엷은 안개, 연꽃, 마차의 바퀴, 달, 태양과 같다.

 대부분의 경우에 목화 솜 같은 순수하고 하얀 니밋따가 욱가하 니밋따(익힌 표상)이다. 이것은 산뜻하지 않고 흐릿하다. 니밋따가 새벽별처럼 빛나고 찬란하고 반짝일 때가 빠띠바가 니밋따(닮은 표상)이다. 흐린 루비나 보석 같을 때가 욱가하 니밋따이고, 밝게 빛날 때가 빠띠바가 니밋따이다. 다른 이미지는 이런 식으로 이해하면 된다.

 니밋따가 전면에 멀리 떨어져서 나타난다면 무시해야 한다. 그러면 아마 사라질 것이다. 만약 무시하고 단지 호흡이 접촉하는 곳에 집중하면 니밋따는 다시 나타나서 접촉하는 곳에 머무를 것이다.

 니밋따가 호흡이 접촉하는 바로 그곳에 떠오르고, 안정되며, 호흡 그 자체처럼 나타나고, 호흡도 니밋따처럼 나타나면, 호흡을 잊고 단지 니밋따에 깨어있어도 된다. 이렇게 마음을 호흡에서 니밋따로 옮김으로써 진보를 이룬 것이다. 니밋따에 마음을 계속 유지한다면, 니밋따는 점점 하얘지다가 목화솜처럼 하얗게 될 때가 욱가하 니밋따이다.

 이 하얀 욱가하 니밋따에 1시간, 2시간, 3시간 또는 그 이상 마음을 고정할 것을 결심해야 한다. 이렇게 욱가하 니밋따에 마음을 1시간, 2시간 고정할 수 있다면, 니밋따는 깨끗하고 밝게 빛날 것이다. 이 때가 빠띠바가 니밋따이다. '이 빠띠바가 니밋따에 마음을 1시간, 2시간 또는 3시간 유지하겠다'라고 결심하고 성공할 때까지 수행해야 한다.

 이 단계에서 근접삼매나 본 삼매에 도달할 것이다. 선정에 근접해 있거나 선정으로 나아갈 때를 근접삼매라 부르고, 선정에 든 상태를 본삼매라 부른다.

이 2가지 삼매는 빠띠바가 니밋따를 대상으로 갖는다. 이 둘 사이의 차이점은 근접삼매에서는 선정의 5요소가 완전히 개발되지 않은 것이다. 이 이유 때문에 근접삼매에서는 바왕가[3]가 여전히 일어나고, 바왕가에 떨어질 수도 있다. 수행자가 이것을 경험하고서 모든 것이 멈췄다라고 말하고 이것이 닙바나이다라고 생각할 수도 있다.

그러나 실제로 마음은 멈추지 않았고, 다만 수행자가 이것을 구분할 충분한 능력이 없는 것이다. 바왕가는 매우 미세하기 때문이다.

5가지 조절기능(五根)의 균형을 잡는 방법

바왕가에 떨어짐을 피하고 더 나아가기 위해서는 5가지 조절기능이 필요하다. 5가지 조절기능은 마음을 빠띠바가 니밋따에 밀어 넣고 고정시킨다.

1. 믿음(信根).................................(saddhā)
2. 정진(精進根)..............................(vīriya)
3. 마음챙김(念根)...........................(sati)
4. 삼매(定根)................................(samādhi)
5. 지혜(慧根)................................(paññā)

---

3) 바왕가는 한 개체가 삶의 과정에서 생명이 끝날 때까지 그 연속성을 유지시켜주는 생명연속체이다. 테라바다에서는 말라식, 아뢰야식이라는 단어가 없다. 오직 바왕가가 있을 뿐이다. 그러나 이 바왕가는 표면 아래에 흐르는 잠재의식이나 무의식이 아니다. 바왕가는 대상이 없어서 마음이 일어나지 않을 때 이 바왕가가 생멸을 거듭하며 흘러간다. 이것은 꿈 없는 숙면 속에서도 계속 흘러간다. 바왕가도 모든 마음처럼 대상을 갖는다. 그것은 전생에 죽는 순간에 일어난 생각, 즉 업, 업의표상, 재생의 표상 중 하나이다. 이 표상은 금생에서 죽는 순간까지 변하지 않는다. 모든 인식과정은 이 바왕가를 거쳐 다음 인식과정으로 넘어간다. (역주)

5가지 조절기능은 마음을 조절하고, 사마타(평온)와 위빠사나(통찰지)의 길에서 마음이 벗어나려는 것을 막는 5가지 힘이다.

첫 번째는 삼보에 대한 믿음, 업에 대한 믿음, 인과에 대한 믿음이다. 붓다의 깨달음을 믿는 것이 중요하다. 믿음이 없으면 명상 수행은 퇴보할 것이다. 4가지 도(道), 4가지 과(果) 그리고 닙바나 등 붓다의 가르침을 믿는 것이 중요하다. 붓다의 가르침은 명상하는 방법을 우리에게 보여준다. 이 단계에서는 가르침에 대한 완벽한 믿음이 필요하다.

믿음과 지혜의 균형 그리고 삼매와 정진의 균형은 성인들에게 칭송받아왔다. 믿음이 강하고 지혜가 약하면 잘못된 믿음이 개발될 것이고, 쓸모없고 실체 없는 대상을 숭배할 것이다. 예를 들어, 보호령이나 보호신에 대한 숭배와 같이 정통 불교 이외의 종교를 믿고 따를 것이다.

이와 반대로, 지혜가 강하고 믿음이 약하면 교활하게 된다. 명상을 하지 않고 단지 알음알이를 일으키고 평이나 하면서 시간을 낭비할 것이다. 이것은 약물 과다 복용으로 일어난 병은 고치기 힘든 것처럼 치료하기 힘들다.

믿음과 지혜가 균형을 이룬다면, 삼보(三寶), 업, 인과 등 믿음을 가져야만 하는 대상에 믿음을 가질 것이다. 붓다의 가르침에 따라 명상을 한다면 빠띠바가 니밋따 또는 선정을 얻을 것이라고 확신한다.

삼매가 강하고 정진이 약하면 게을러질 수 있다. 예를 들어, 수행자의 삼매가 증가하면, 그는 느슨한 마음으로 빠띠바가 니밋따에 주의를 기울인다. 그는 꿰뚫어 보듯이 알아차리지 못하고 게으름에 떨어진다. 선정의 다섯 요소는 삼매의 높은 수준을 유지하지 못한다. 그것은 그의 마음이 자주 바왕가에 떨어진다는 것을 의미한다.

 그러나 정진이 강하고 삼매가 약하면, 마음이 들뜨게 된다. 삼매와 정진이 균형을 이루게 될 때, 게으름에도 떨어지지 않고 들뜨지도 않아 선정을 이룰 것이다.

 사마타 명상을 수행하는 사람은 매우 강한 믿음을 가지는 것이 좋다. '빠띠바가 니밋따에 대해 삼매를 개발하면, 나는 선정에 도달할 것이다'라고 확신한다면, 그 믿음의 힘과 빠띠바가 니밋따에 대한 집중 때문에 확실히 선정을 이룰 것이다. 선정은 주로 집중에 기초하고 있기 때문이다.

 위빠사나를 개발하는 사람은 지혜가 강한 쪽이 좋다. 지혜가 강할 때, 무상 고 무아의세 특성을 꿰뚫어 볼 수 있기 때문이다.

 오직 삼매와 지혜가 균형을 이룰 때에만 세간의 선정(lokiya jhāna)[4]이 일어난다. 이것은 출세간의 선정(lokuttara jhāna)[5]에서도 똑같이 적용되며, 출세간의 선정은 삼매와 지혜가 정진과 믿음과 균형을 이루는 것이 더 요구된다고 붓다께서 말씀하셨다.

 마음챙김은 모든 상황하에서 필요하다. 왜냐하면 그것은 과도한 믿음, 정진, 지혜로 마음이 동요되는 것을 보호하고, 과도한 삼매로 마음이 게으름에 떨어지게 되는 것을 보호하기 때문이다. 그것은 믿음과 지혜, 삼매와 정진, 그리고 삼매와 지혜의 균형을 잡는다.

 마음챙김은 마음을 보호하고 명상 주제를 잃지 않도록 한다. 그것은 명

---

4) 색계 4선정과 무색계 4선정
5) 수다원, 사다함, 아나함, 아라한의 도와 과

상자의 마음뿐만 아니라 명상 주제를 보호하는 것으로 나타난다. 마음챙김 없이 마음을 끌어올리거나 마음을 억제할 수 없다. 붓다께서 마음챙김이 모든 경우에 필요하다고 말씀하신 이유는 바로 이 때문이다.[6]

7가지 깨달음의 요소(七覺支)를 균형 잡는 방법

1. 마음챙김의 깨달음의 요소(念覺支, sati)
   빠띠바가 니밋따를 기억하고 계속해서 식별한다.
2. 현상을 관찰하는 깨달음의 요소(擇法覺支, dhammavicaya)
   빠띠바가 니밋따를 있는 그대로 통찰한다.
3. 정진의 깨달음의 요소(精進覺支, vīriya)
   빠띠바가 니밋따에 깨달음의 요소를 모두 불러오고 균형을 잡는다. 특히 현상을 조사하는 깨달음의 요소를 강화시킨다.
4. 희열의 깨달음의 요소(喜覺支, pīti)
   빠띠바가 니밋따를 경험할 때 일어나는 마음의 기쁨.
5. 경안의 깨달음의 요소(輕安覺支, passaddhi)
   빠띠바가 니밋따를 대상으로 가지는 마음과 마음부수의 고요함.
6. 삼매의 깨달음의 요소(定覺支, samādhi)
   빠띠바가 니밋따에 마음이 일념을 이룬 상태.
7. 평온의 깨달음의 요소(捨覺支, upekkhā)
   빠띠바가 니밋따에 들뜨지도 침잠하지도 않는 평등심.

---

6) Vs. iv Dsavidha-appana Kosalam B62

수행자는 7가지 깨달음의 요소를 모두 개발하고 균형을 잡아야 한다. 만일 정진력이 부족해서 마음이 빠띠바가 니밋따의 대상에서 멀어질 경우에는 경안, 삼매 그리고 평온의 깨달음의 요소를 개발하지 말고, 현상에 대한 관찰, 정진력, 희열의 요소를 개발해야 한다.

너무 많은 노력을 기울여서 마음이 동요되고 흐트러질 때에는 현상에 대한 관찰, 정진력, 희열의 3가지 요소를 개발하지 말고, 경안, 삼매 그리고 평온의 3가지 요소를 개발해야 한다. 이렇게 하면 동요하는 산란한 마음이 억제되고 고요하게 된다.

이상 설명한 것이 5가지 조절기능(五根)과 7가지 깨달음의 요소(七覺支)의 균형을 잡는 방법이다.

선정을 얻는 방법

신념, 노력, 마음챙김, 집중 그리고 지혜의 5가지 조절능력이 충분히 개발되면 삼매는 근접삼매를 넘어서 본삼매로 나아간다. 선정에 도달하면, 마음은 끊어지지 않고 빠띠바가 니밋따에 고정된다. 이 상태는 수 시간 또는 밤새동안 심지어 온종일 지속될 수도 있다.

마음이 빠띠바가 니밋따에 1시간 또는 2시간 동안 집중된 상태를 유지하게 되면 바왕가가 머물고 있는 심장에서 인식하려고 시도해야 한다. 바왕가는 밝게 빛나며, 마음의 문(manodvāra)이라고 주석서에서는 설명하고 있다. 이렇게 계속해서 시도한다면, 바왕가와 거기에 나타나는 빠띠바가 니밋따를 동시에 인식할 수 있을 것이다. 그 때에 선정의 5요소를 한 번에 하나씩 식별해야 한다. 계속해서 수행하면 5요소를 동시에 인식할 수 있을 것이다. 아나파나 사띠의 경우에 선정의 5요소는 다음과 같다.

1. 일으킨 생각..(vitakka)
   빠띠바가 니밋따에 마음을 향하게 하는 것.
2. 지속적인 고찰...(vicāra)
   빠띠바가 니밋따에 마음을 유지시키는 것.
3. 희열...(pīti)
   빠띠바가 니밋따를 좋아하는 것.
4. 행복...(sukha)
   빠띠바가 니밋따를 경험할 때 느끼는 행복감.
5. 일념[7]...(ekaggatā)
   빠띠바가 니밋따에 일념을 이룬 마음.

선정의 5가지요소들을 모두 갖추고 있을 때 선정이라 한다.
 선정에 들기 시작한 사람은 선정에 오랫동안 들어있는 것을 수행해야지 선정의 요소를 구분하는데 시간을 너무 소비해서는 안 된다. 이제 선정의 5가지 자유자재함을 개발해야 한다.
1. 입정에 자유자재함 : 원할 때는 언제든지 선정에 들어간다.

---

[7] 보통 다섯 번째요소인 에까가따를 집중, 심일경(心一境)등으로 번역하나 집중은 넓은 의미를 가지고 있어서 선정이 아닌 상태에서도 집중이라는 용어를 사용한다. 심일경은 구세대의 언어이다. 우리가 화두삼매를 '일념삼매' 라고 부르듯이 일념이라는 용어가 가장 적당하다고 생각한다. (역주)

2. 머무름에 자유자재함 : 머무르고자 하는 시간동안 머물 수 있다.
3. 출정에 자유자재함 : 나오려는 시간에 벗어난다.
4. 전향에 자유자재함 : 선정의 요소에 쉽게 주의를 기울인다.
5. 반조에 자유자재함 : 선정의 요소를 반조한다.[8]

앙굿따라 니까야의 빳바떼가위 숫따[9]에서 붓다께서 말씀하시기를 초선정에 들고 남에 자유자재하지 않을 때에는 이선정으로 나아가서는 안 된다고 하셨다. 만약 초선정에 완전히 숙달되지 않았는데 더 높은 선정으로 나아가려고 하면, 초선정을 잃을 뿐만 아니라 다른 선정도 얻을 수 없고 모든 선정을 잃을 것이다.

 초선정을 숙달했을 때 이선정으로 나아갈 수 있다. 이선정으로 나아가기 위해서는 초선정에 들어가서 나온 다음 초선정의 단점과 이선정의 장점을 고찰해야 한다. 즉 '초선정은 5장애와 근접해 있다. 그리고 초선정에서 일으킨 생각과 지속적인 고찰이라는 선정의 요소가 그것이 없는 이선정보다 거칠고 덜 고요하다'라고 생각해야 한다. 이제 이 이선정의 요소를 원하지 않고, 희열, 행복, 집중만을 원하면서 다시 빠띠바가 니밋따에 집중하고 초선정에 다시 들어간다. 초선정에서 나온 후 완전한 마음챙김으로 선정의 요소들을 다시 반조하면, 일으킨 생각과 지속적인 고찰이 거칠게 나타나고, 희열, 행복 그리고 집중이 평화롭게 나타난다. 그래서 거친 요소들을 버리고 평화로운 요소들을 얻기 위해서 다시 빠띠바

---

8) 전향과 반조는 둘 다 의문인식과정에서 일어난다. 전향은 의문전향의식에서 일어난다. 이 경우에는 선정의 5요소 중 하나를 대상으로 갖는다. 똑같은 대상으로 4, 5, 6, 7번의 반조하는 자와나 의식이 뒤따른다. 법문5 참조
9) A.IX.iv.4 Gāvī-upamā Sutta

가 니밋따에 집중해야 한다.

 이런 식으로 희열, 행복 그리고 집중만을 소유한 이선정을 얻는다. 그리고 나서 이선정의 5가지 자유자재함을 개발해야 한다.

 이것에 성공적이고 삼선정을 개발하기를 원할 때에는 이선정의 단점을 고찰하고 삼선정의 장점을 생각해야 한다. '이선정은 초선정에 근접해 있고, 이선정에서의 희열이라는 거친 선정의 요소가 그것이 없는 삼선정보다 덜 고요하다'라고 생각해야 한다. 이제 그 거친 요소는 원하지 않고, 평화로운 요소만을 원하면서 다시 빠띠바가 니밋따에 집중하고서 이선정에 다시 들어간다. 이선정으로부터 나온 후 선정의 요소들을 반조한다. 그러면 희열의 요소는 거칠게 나타나고, 행복과 집중은 평화롭게 나타날 것이다. 거친 요소는 버리고 평화로운 요소를 얻기 위해서, 다시 빠띠바가 니밋따에 집중해야 한다. 이런 식으로 행복과 집중을 가진 삼선정을 얻는다. 그러면 삼선정의 5가지 자유자재함을 개발해야 한다.

 이것이 성공적이고 사선정을 개발하기를 원할 때에는 삼선정의 단점을 생각하고 사선정의 장점을 생각해야 한다. '삼선정은 이선정에 근접해 있고, 삼선정에서의 행복이라는 거친 선정의 요소가 그것이 없는 사선정보다 덜 고요하다'라고 생각해야 한다. 이제 그 거친 요소는 원하지 않고, 평화로운 요소만을 원하면서 다시 빠띠바가 니밋따에 집중하고서 삼선정에 다시 들어간다. 삼선정으로부터 나온 후 선정의 요소들을 반조한다. 그러면 행복의 요소는 거칠게 나타나고, 평온과 일념의 요소는 평화롭게 나타날 것이다. 거친 요소를 버리고 평화로운 요소를 얻기 위

---

10) 선정의 5요소에는 들어있지 않으나 일념을 이루게 되면 평온의 요소가 동시에 나타난다.

해서, 다시 빠띠바가 니밋따에 집중해야 한다. 이와 같은 방식으로 평온[10]과 일념을 가진 사선정을 얻는다. 그러면 사선정의 5가지 자유자재함을 개발해야 한다.

사선정의 성취로 호흡은 완전히 멈춘다. 이것으로 아나파나 사띠의 네 번째 단계를 완성한다.

IV. '호흡의 전과정을 고요히 하면서 나는 숨을 들이쉬리라' 이렇게 자신을 수행한다.
'호흡의 전과정을 고요히 하면서 나는 숨을 내쉬리라' 이렇게 자신을 수행한다.

이 네 번째 단계는 니밋따가 나타나기 바로 직전에 시작해서, 삼매가 초선정에서 사선정까지 개발됨에 따라 호흡은 점점 더 고요해지다가 마침내 사선정에서 멈춘다.

이상 4선정은 또한 색계 선정이라고 부른다. 왜냐하면 색계에 탄생하는 원인이 되기 때문이다. 그러나 우리는 색계에 태어나기 위해 선정을 익히는 것을 권하지 않는다. 위빠사나 명상을 개발하기 위해 선정을 익히는 것을 권한다.

수행자가 아나파나 사띠로 사선정에 도달했고, 5가지 자유자재함을 숙달했을 때 그리고 삼매로 인해 일어난 빛이 밝게 빛날 때, 원한다면 위빠사나 명상으로 나아갈 수 있다. 그렇지 않다면 사마타 명상만을 계속해서 개발할 수도 있다.

질문 : 칠청정(七淸淨)과 위빠사나 16단계는 무엇입니까?
대답 : 칠청정은 다음과 같다.[11]

1. 계 청정...(sīla visuddhi)
2. 심 청정..(citta visuddhi)
3. 견 청정..(diṭṭhi visuddhi)
4. 의심을 극복함에 의한 청정......(kaṅkhāvitaraṇa visuddhi)
5. 도와 도가 아님을 알고 봄에 의한 청정
   ....(maggamāggañādassana visuddhi)
6. 도를 알고 봄에 의한 청정....(paṭipadāñādassana visuddhi)
7. 알고 봄에 의한 청정...................(ñāṇadassa visuddhi)

위빠사나 16단계는 다음과 같다.[12]

1. 정신과 물질을 분석하는 지혜..........(nāmarūpa pariccheda ñāna)
2. 원인과 조건을 식별하는 지혜...............(paccaya pariggha ñāna)
3. 이해의 지혜...(sammāsana ñāna)
4. 일어나고 사라짐의 지혜.........................(udayabbaya ñāna)
5. 무너짐의 지혜..(bhaṅga ñāna)
6. 공포의 지혜..(bhaya ñāna)
7. 위험의 지혜...(ādīnava ñāna)
8. 역겨움의 지혜..(nibbidā ñāna)
9. 해탈하기를 원하는 지혜.................(muñcitukamyatā ñāna)
10. 깊이 숙고하는 지혜............................(paṭisaṅkhā ñāna)
11. 상카라에 대한 평온의 지혜................(saṅkhārupekkhā ñāna)

12. 수순하는 지혜...................................(anuloma ñāna)
13. 종성의 지혜.....................................(gotrabhu ñāna)
14. 도의 지혜.......................................(magga ñāna)
15. 과의 지혜.......................................(phala ñāna)
16. 반조의 지혜...................................(paccavekkhaṇa ñāna)

지금 이러한 명칭들을 알게 됐다고 해서 이것들을 이해했다고 할 수 있는가? 아니다. 그것은 이론적인 지식으로는 알 수가 없다. 이것들을 깨닫기 위해서는 열심히 수행해야 한다.

---

11) 칠청정(역주)
■ 계청정 : 계목의 단속에 관한 계, 감각기능의 단속에 관한 계, 생계의 청정에 관한 계, 필수품에 관한 계의 4가지를 계청정이라 한다.
■ 심청정 : 근접삼매와 본삼매 2가지를 심청정이라 한다.
■ 견청정 : 정신과 물질을 있는 그대로 보는 것을 견청정이라 한다.
■ 의심을 극복함에 의한 청정 : 정신과 물질의 원인과 조건(12인연)을 파악함으로써 삼세의 인과에 대한 의심을 극복하고 확립된 지혜를 말한다.
■ 도와 도가 아님을 알고 봄에 의한 청정 : 위빠사나 16단계 중 이해의 지혜에 도달하면 광명, 희열, 경안, 결의, 분발, 행복, 지혜, 확립, 평온, 욕구의 10가지 경계가 나타난다. 이 때 수행자가 판단력이 부족하면, 자신이 출세간의 도나 과에 도달했다고 착각하게 되며 수행을 그만두고 그런 경계에 집착해 즐기게 된다. 그럴 때 이것이 도가 아니라고 꿰뚫어 아는 것을 말한다.
■ 도를 알고 봄에 의한 청정 : 수행의 길을 막는 오염원을 일시적으로 제거함으로써 얻는 청정으로 위빠사나 16단계 중 4번째 일어나고 사라짐의 지혜부터 12번째 수순하는 지혜까지를 말한다.
■ 알고 봄에 의한 청정 : 출세간의 도를 얻음으로써 모든 오염원을 완전히 제거하고 얻는 청정으로 위빠사나 16단계 중 종성의 지혜부터 마지막 반조의 지혜까지를 말한다.
12) 정신과 물질을 분석하는 지혜 : 법문4, 법문5 참조
　　원인과 조건을 식별하는 지혜 : 법문6 참조
　　이해의 지혜부터 반조의 지혜 : 법문7 참조(역주)

질의 응답

질문 : 초심자가 삼매와 지혜의 기능을 어떻게 균형 잡을 수 있습니까? 어떻게 아나파나 사띠에서 지혜를 수행합니까?

대답 : 초심자가 삼매와 지혜의 균형을 잡는 것은 중요하지 않다. 초심자에게는 5가지 조절능력이 아직 성숙되어 있지 않기 때문이다. 명상의 초기에는 항상 마음이 불안하기 때문에 그래서 5가지 조절능력이 강하지 않다. 이 능력이 강하게 되면 그때 균형을 잡는 것이 필요하다. 예를 들어, 아나파나 사띠를 수행할 때 호흡을 아는 것이 지혜이다. 호흡에 대해 마음을 챙기는 것이 마음챙김이고, 호흡에 일념을 이루는 것이 삼매이다. 호흡을 분명히 알고자 노력하는 것이 정진이고, 아나파나 사띠로 선정을 이룬다고 믿는 것이 믿음이다.

초심자는 강한 5가지 조절능력을 개발해야 한다. 아나파나 사띠에 대한 믿음이 충분해야 하고, 호흡을 분명히 알려는 정진이 충분해야 하며, 호흡에 대한 마음챙김이 충분해야 한다. 호흡에 대한 집중이 충분해야 하고, 호흡을 분명히 알아야 한다. 5가지 조절능력이 모두 충분해야지 만약 하나가 과도하게 되면 다른 것들은 그 기능을 적절하게 수행할 수 없다.

질문 : 근접삼매와 본삼매의 차이는 무엇입니까?
대답 : 빠띠바가 니밋따가 나타날 때 집중은 힘이 있다. 근접삼매 단계

에서는 선정의 5요소가 완전히 개발되지 않았다. 이 때문에 근접삼매 동안에 바왕가[63]가 여전히 일어나고 그 바왕가 속에 떨어질 수 있다. 수행자가 이것을 경험하고서 '모든 것이 멈췄다. 이것이 닙바나이다. 나는 아무것도 없다는 것을 알았다'라고 말한다. 그가 이런 식으로 수행한다면 그는 오랫동안 바왕가 속에 머무를 것이다.

어떤 수행도, 그것이 좋거나 나쁘거나 간에, 계속해서 수행한다면, 목적을 성취할 수 있다. '수행은 완벽을 창조한다.' 이 경우에도 역시 이런 식으로 계속 수행한다면, 바왕가에 오랫동안 떨어져 있을 것이다.[64] 수행자가 '이것이 닙바나이다.'라고 생각한다면, 이 생각이 닙바나로 가는 길을 막는 커다란 바위가 될 것이다. 이 큰 바위를 제거할 수 없다면, 그는 닙바나를 얻을 수 없다. 왜 이러한 생각이 일어나는 이유는 무엇인가? 많은 수행자들은 붓다께서 가르치신 정신-물질을 부처님만 알지 제자들은 알 수 없다고 생각한다. 이러한 생각 때문에 그들은 정신-물질 그리고 그 원인을 식별하려고 하지 않는다. 그래서 집중은 항상 약하고, 바왕가는 여전히 일어난다. 선정요소가 너무나 약하고, 집중은 오랫동안 유지될 수 없기 때문이다. 바왕가에 떨어지기 위한 목적으로 수행한다면, 그 목적을 달성할 수는 있다. 하지만 이것은 닙바나가 아니다. 닙바나를 얻기 위해서 우리는 일곱 단계의 청정을 한 단계씩 올라가야 한다. 궁극적 정신, 궁극적 물질 그리고 그 원인을 알지 못하고서 진정한 닙바나를 얻을 수 없다.

아무것도 없다는 것을 얻은 것이 닙바나라고 생각하는 문제를 좀 더 설명해 보겠다.

닙바나는 상카라(형성 작용)가 없는 것이다. 상카라는 정신-물질 그리고 그 원인이다. 닙바나를 아는 그 마음은 상카라가 없는 마음(visaṅkhāragata citta)이라 불린다. 그러나 그 자체는 상카라가 없는 것이 아니다. 즉, 닙바나를 보는 행위는 의식의 형성이 필요하다.

예를 들어, 붓다 또는 아라한이 아라한과에 들어가서 닙바나를 볼 때, 형성된 의식은 아라한과 의식(arahantaphala citta)이다. 그 의식은 마음부수와 함께 한다. 아라한과 의식이 초선정에 들어간다면, 그것은 초선정 아라한과 의식이고, 거기에는 37가지 정신 현상이 있다. 이 원리는 모든 도(道)와 과(果)의 지혜에 적용된다. 그것은 마음부수와 함께 닙바나를 대상으로 갖는다.

닙바나는 평화스러운 지복의 특성을 지니고 있다.

성자는 과에 들어갈 때마다, 닙바나를 알고, 그 과의 지혜와 더불어 닙바나의 평화스러운 지복을 즐긴다. 그래서 과에 들어가서 '모든 것이 멈췄다, 나는 아무것도 없다는 것을 알았다'라고 말하는 것은 불가능하다. 과에 들어가기 전에, 얼마나 있을 것인가, 예를 들어 1시간 또는 2시간을 결정한다. 그 시간 동안 평화스러운 지복으로 끊임없이 아는 것이 닙바나이다.

그래서 수행자가 '아무것도 없다는 것을 알았다.'라고 했을 때, 그것은 닙바나를 얻었기 때문이 아니고, 집중이 약해졌기 때문인 것이 분명하다.

아나파나 빠띠바가 니밋따가 나타날 때, 수행자의 마음은 바왕가에 떨어질 수 있다. 선정의 5요소가 아직 강하지 못하기 때문이다. 갓난아기가 걸음마를 배울 때, 스스로 서있기에는 너무 약해서 계속 넘어지는 것처럼, 근접삼매 단계에서 선정의 요소가 아직 완전히 개발되지 않아서, 바왕가에 떨어질 수 있다. 이것은 닙바나가 아니다.

바왕가에 떨어지는 것을 피하고 집중을 더 강화하기 위해 마음을 빠띠바가 니밋따에 밀어 넣고 고정시키기 위해 믿음, 정진, 마음챙김, 삼매, 지혜의 5가지 조절 능력이필요하다.

본삼매 선정 단계에서는 선정요소가 완전히 개발된다. 마치 힘 있는 사람이 하루 종일 똑바로 서 있을 수 있는 것처럼, 수행자는 빠띠바가 니밋따를 대상으로 바왕가에 떨어지지 않고, 오랫동안 본삼매에 머무를 수 있다.

이 단계에서는 완벽한 몰입이 중단 없이 1시간, 2시간 또는 3시간 유지된다. 그때에는 소리도 들을 수 없고, 마음이 다른 대상으로 가지도 않는다. 빠띠바가 니밋따 이외에는 아무것도 모른다.

질문 : 아리메떼야 보디삿따(미륵보살)를 포함한 모든 보디삿따(보살)는 범부(puthujjana)입니까? 아니면 성인입니까? 만약 아리메떼야 보디삿따가 우리와 같은 범부라면, 그가 메떼야 붓다(미륵불)가 되기 위해 내려 왔을 때, 그가 붓다가 되는 조건과 우리가 깨달음을 얻는 조건 사이에는 어떤 차이가 있습니까?

대답 : 석가모니 붓다께서 붓다가 되기 전 보디삿따 싣달타 왕자였을 때 가지고 있던 바라밀처럼, 그의 바라밀이 성숙했다는 것이 그 차이이다. 모든 보디삿따는 수많은 삶 동안을 바라밀을 수행한다.

바라밀은 10가지가 있다.

1. 보시(dāna) 2. 지계(sīla) 3. 출리(nekkhamma) 4. 지혜(paññā)
5. 정진(vīriya) 6. 인욕(khanti) 7. 진실(sacca) 8. 결정(adhiṭṭhāna)
9. 자애(mettā) 10. 평온(upekkhā)

모든 보디삿따들 또한 감각적 욕망을 즐겼지만 성숙한 바라밀이 세상을 포기하게 했다. 그들은 마지막 삶에서 결혼도 하고 아들도 얻었다. 이것은 자연의 법칙이다. 나는 메테야 보디삿따의 아내와 아들을 기억하지 못한다. 테라바다 삼장에 따르면 붓다를 포함해서 어떠한 아라한도 빠리닙바나에 든 후에 다시 태어나지 않는다. 빠리닙바나는 윤회의 끝이다. 그들은 어느 곳에도 태어나지 않는다.

석가모니 보디삿따의 경우를 예로 들어보자. 그는 마지막 삶에서 깨달음을 얻기 전에 범부였다. 왜 그러한가? 그는 16살에 야소다라와 결혼해서 아들을 낳았고 감각적 즐거움을 13년 이상 즐겼다. 그는 500명의 여신을 오른쪽에, 500명의 여신을 왼쪽에 두지 않았지만 2만 명의 시녀에 둘러싸여 있었다. 이것이 감각적 쾌락을 즐기는 것이고, 감각적 즐거움에 탐닉하는 것이다.

그는 감각적 즐거움을 포기하고 우루벨라 숲 속에서 6년간 고행을 닦았다. 그후 그것마저 포기하고 중도를 수행하여 오래지 않아

깨달음을 얻었다. 담마짜까빠와타나 숫따에 나오는 깨달음 후의 최초의 설법에서 그는 이렇게 선언했다.[13]

감각적 기쁨을 즐기는 것은 열등하다. 속인의 삶, 범부의 삶, 이것은 깨달은 자의 삶이 아니다. 이것은 도와 과 그리고 닙바나 같은 어떠한 이익도 가져올 수 없다.

이것은 감각적 즐거움을 즐기는 것은 성인의 삶이 아니라는 의미이다. 감각적 즐거움은 인간의 행복, 신들의 행복 그리고 범천의 행복 같은 것은 제공할지 모르지만 아무런 이익이 없다. 그런 삶은 닙바나의 행복 같은 출세간의 행복을 제공하지 않는다. 출세간의 행복은 오직 도와 과의 지혜에 의해서만 즐길 수 있다.
최초의 설법에서 붓다께서 감각적 즐거움을 누리는 자는 범부다라고 선언했다. 그는 보디삿따였을 때 야소다라와 함께 감각적 즐거움을 누렸다. 그때에 그도 범부였다. 왜냐하면 감각적 즐거움을 누리는 것은 중생의 삶이기 때문이다. 이것은 우리의 보디삿따뿐만 아니라 모든 보디삿따에게 마찬가지로 적용된다. 여기 청중 가운데에도 많은 보디삿따들이 있을 것이다. 주의 깊게 생각해보라. 여기 보디삿따들은 범부인가 아니면 성인인가? 여러분들은 이미 그 대답을 알고 있다.

---

13) S.V.XII.ii.1 Dhamma Whe Rolling Sutta

질문 : (아래의 질문은 모두 같은 질문이다.)
1. 붓다의 재세시에 보디삿따가 있었습니까? 만일 있었다면 그는 도를 얻었습니까? 아니면 단지 범부였습니까?
2. 왜 성인은 보디삿따가 될 수 없습니까?
3. 수행자는 보디삿따가 되기로 마음을 바꿀 수 있습니까? 안된다면, 왜 그렇습니까?
4. 사야도의 가르침에 따라서 수다원 도와 과를 얻을 수 있을 때에 '보디삿따의 길을 가겠다'라고 서원을 세웠기 때문에 수다원에 들어가지 않을 수 있습니까?

대답 : 도와 과를 얻기 전에는 마음을 바꿀 수 있다. 도와 과를 얻은 후에는 마음을 바꿀 수 없다. 많은 경에서 붓다께서는 그것을 불변의 법칙(samatta niyama)이라고 가르치셨다. 수다원도가 수다원과를 얻게 하는 것은 불변의 법칙이다. 수다원과 이후에는 사다함 단계에 오를 수 있으나 범부의 단계로 되돌아 갈 수 없다.

사다함은 아나함 단계에 오를 수 있으나 수다원이나 범부의 단계로 되돌아 갈 수 없다. 아나함은 아라한의 단계에 오를 수 있으나 사다함 수다원 범부의 단계로 되돌아 갈 수 없다. 아라한은 죽음 후에 빠리닙바나을 얻고, 낮은 단계의 성인이나 범부 또는 어떤 단계로 되돌아 갈 수 없다. 아라한이 마지막 단계이다.

붓다께서는 여러 번 말씀하셨다.

이것이 마지막 태어남이다. 다시 새로운 태어남은 없다.

그러나 도와 과를 얻기 전에 수행자는 마음을 바꾸고 보디삿따가 되기를 서원할 수 있다. 그러나 불변의 법칙 때문에 도와과를 얻은 후에는 보디삿따가 될 수 없다.

게다가, 붓다나 아라한으로부터 수기를 받기 전에는 제자는 그가 열망했던 깨달음을 바꿀 수 있다. 그러나 붓다나 아라한으로부터 수기를 받은 후에는 그럴 수 없다.

청정도론에서는 마하테라의 예를 들고 있다. 마하상가락키따 존자는 사념처 명상의 달인이었다. 그는 상카라에 대한 평온의 지혜까지 사마타 위빠사나를 수행했고, 마음챙김없이 말과 행동을 한 적이 없었다. 그는 원하기만 하면 아라한을 얻을 수 있을 정도로 충분한 사마타 위빠사나 바라밀을 개발하고 있었다. 그의 죽음이 가까워지자 많은 군중이 그가 빠리닙바나에 들거라고 생각하며 몰려들었다. 사실 대장로는 범부였다. 그는 아리메떼야 붓다(미륵불)를 보고 싶어 했고, 그분 재세시에 아라한이 되기를 원했다. 그것이 그의 열망이었다. 제자가 대장로께서 빠리닙바나에 들어가실거라고 생각해서 많은 군중이 몰려왔다는 것을 장로께 알렸다. 대장로는 말했다. "오, 나는 아리메떼야 붓다를 보기 원했는데 하지만 군중이 몰려왔다면 나에게 명상할 기회를 다오." 그리고 나서 그는 위빠사나를 수행했다. 그는 과거 생에 수기를 받지도 않았을 뿐 아니라 자신의 마음을 바꿨기 때문에, 곧바로 아라한에 도달했다.

붓다의 재세시에 아리메떼야 보디삿따를 제외하고, 보디삿따의 수기를 받았다는 언급이 없다. 그 때에 보디삿따는 아지따라는 비구였다. 삼장에서는 아리메떼야 이후의 붓다에 대해서는 말하지 않았다. 그래서 우리는 붓다 재세시에 얼마나 많은 보디삿따가 있었는지 말할 수 없다.

질문 : 해탈의 길과 보디삿따의 길을 동시에 수행하는 것이 가능합니까? 가능하다면, 방법은 무엇입니까?

대답 : 해탈은 번뇌와 윤회로부터 벗어나는 것을 의미한다. 보디삿따가 붓다가 되어 빠리닙바나에 들면 윤회로부터 벗어날 수 있다. 만일 그대가 아라한에 도달해서 빠리닙바나에 들면 윤회로부터 벗어날 수 있다. 붓다와 붓다의 제자가 동시에 될 수는 없다. 어느 한 가지를 선택해야 한다. 아라한 도를 얻는 길이 해탈로 가는 마지막 길이다.

질문 : 어떻게 죽을 때를 스스로 결정할 수 있습니까? 다시 말하면, 어떻게 죽는 순간을 선택할 수 있습니까?

대답 : 만일 그대가 아나파나 사띠로 아라한과를 얻었다면, 빠리닙바나에 들시간을 정확히 알 수 있을 것이다. 청정도론에서는 걷는 도중에 빠리닙바나에 들었던 대장로에 대해 이야기하고 있다. 그는 먼저 경행대 위에 선을 그어 놓고서, 그 선에 도달할 때 빠리닙바나에 들어간다라고 동료 수행자에게 말했다. 그리고 그가 말했던 것

처럼 정확히 그 일이 일어났다. 아라한이 아닌 사람이 연기, 즉 과거 현재 미래의 인과관계를 수행한 경우에도 그는 자신의 수명을 알 수 있다. 그러나 위에서 언급한 대장로처럼 그렇게 정확히는 모른다. 그는 정확히는 모르지만 대충 언제 죽을지는 안다.

그러나 그들이 업의 법칙에 따라 빠리닙바나에 들거나 죽거나 하지, 자신의 원에 의해서 죽을 수는 없다. 여기서 사리풋다 존자께서 하신 말씀이 있다.

나는 삶을 좋아하지 않는다.
나는 죽음도 좋아하지 않는다.
다만 공무원이 봉급날을 기다리듯이,
빠리닙바나에 들 시간을 기다릴 뿐이다.

원할 때 죽는 것을 결심에 의한 죽음(adhimutti māraṇa)이라고 부른다. 이 결심에 의한 죽음은 오직 성숙한 보디삿따만이 행할 수 있다. 왜 그들은 그렇게 하는가? 그들이 천상계에 태어나면 거기서는 바라밀을 수행할 기회가 없다. 그래서 시간 낭비를 원치 않기 때문에 그들은 때때로 결심에 의해 죽어서, 바라밀 수행을 위해 인간계에 다시 태어난다.

질문 : 만일 어느 날 항공기 추락과 같은 사고로 죽게 된다면, 그때 우리의 마음이 육체적 고통을 겪기 전에 '벗어날' 수 있습니까? 어떻게?

명상의 힘에 의지해서 공포 없이 자유롭게 벗어날 수 있습니까? 벗어날 수 있다면 어느 정도의 삼매가 요구됩니까?

대답 : 요구되는 삼매는 초월적인 신통력이다. 그 힘으로 위험으로부터 벗어날 수 있다. 그러나 무르익은 악업이 과보를 초래할 준비가 되어 있다면 벗어날 수 없다. 그대는 마하목갈라나 존자의 경우를 기억해야 할 것이다. 그는 신통 제일이었다. 그러나 어느 날 악업이 무르익자 그는 더 이상 선정에 들어갈 수 없었다. 이것은 무르익은 악업 때문이지 오염원이나 장애 때문이 아니었다. 그래서 폭력배들이 그의 뼈를 쌀 알갱이만큼 잘게 부셔버릴 수 있었다. 그가 죽었다고 생각한 폭력배들이 떠난 후에야, 그는 다시 선정에 들어가서 신통력을 얻을 수 있었다. 그는 자기 몸을 다시 정상적으로 추스려서 빠리닙바나에 드는 것을 허락받기 위해 붓다에게 갔다. 그리고는 깔라실라 수도원으로 되돌아와서 빠리닙바나에 들었다. 이 경우에 그의 무르익은 악업이 과보를 일으켰고, 신통력을 잃었다. 그리고 그들이 일을 저지른 후에야 다시 신통력을 얻을 수 있었다. 이와 같이 그대가 신통력을 가지고 있고 무르익은 악업이 없다면, 비행기 추락으로부터 벗어날 수 있을 것이다. 그러나 보통의 선정이나 통찰지로는 그런 위험으로부터 당신을 구할 수 없다.

여기서 이런 사고를 만나는 이유는 악업이 무르익었기 때문이라고 말할 수 있다.

마음은 몸을 떠날 수 없다. 왜냐하면 마음은 여섯 감각토대에 의존해서 일어나기 때문이다. 여섯 감각토대는 눈의 토대, 귀의 토대, 코의 토대, 혀의 토대, 몸의 토대, 심장토대이다. 이 여섯 감각토대는 몸 안에 있고, 이 토대 없이 마음은 일어날 수 없다. 그것이 마음이 몸을 벗어날 수 없는 이유이다.

그러나 그대가 선정을 얻었다면, 그 위험의 순간에 재빨리 삼매에 들어가기를 제안할 수 있다. 이 경우에 그대는 선정에 자유롭게 들고 나는 능력을 갖추어야 한다. 그 위험의 순간에 선정에 들어간다면, 그 위험으로부터 벗어날 기회가 있을지도 모른다. 그러나 우리는 이것을 확실하게 말할 수 없다.

하지만 죽음의 순간에 선정에 들어있다면, 죽은 후에 색계에 올라갈 수 있다.

그대가 위빠사나에 숙달되어 있다면, 그 위험의 순간에 위빠사나를 수행해야 한다. 모든 상카라(현상)가 무상 고 무아라고 식별해야 한다. 그대가 충분한 수행을 했었고 죽음이 일어나기 전까지 위빠사나를 완전히 수행할 수 있다면, 도와 과 중의 하나에 도달할 수 있다. 아라한을 얻었다면 빠리닙바나에 들 수 있다.

그러나 신통력도 없고 선정도 없고, 위빠사나도 수행할 수 없다 해도, 그대는 여전히 이제까지 해온 수행의 선업만으로도 위험을 벗어날 수 있다. 만일 긴 수명을 보장하는 충분한 선업을 가지고 있다면, 마하자나까 보디삿따처럼 이런 위험으로부터 벗어날 기회가 있을 수 있다. 그는 난파선으로부터 살아남은 유일한 사람이었다. 그는 7일 밤낮을 수영을 한 후에 결국 천인에 의해 구조되었다.

질문 : 어떤 마음부수가 대상을 취하는 것과 관련됩니까?
대답 : 모든 마음과 마음부수가 대상을 취한다. 이것들은 대상 없이는 일어날 수 없다. 주체(ārammanika dhamma)는 대상(āramana)이 없이는 일어날 수 없다. 여기서 아람마니까(ārammanika)는 대상을 취하는 담마(현상)이다. 다른 말로 하면, 대상을 아는 담마이다. 알게 되는 대상이 없으면, 아는 담마의 일어남도 없다. 그래서 다른 마음과 마음부수는 다른 대상을 갖는다. 89가지 마음과 52가지 마음부수가 있다. 그것들은 모두 각각의 대상을 갖는다. 예를 들어, 도와 과의 마음과 마음부수는 닙바나를 대상으로 갖는다. 아나파나 선정의 마음과 마음부수는 아나파나 빠띠바가 니밋따를 대상으로 갖는다. 땅 까시나 선정은 땅 까시나 빠띠바가 니밋따를 대상으로 갖는다. 욕계의 마음은 좋을 수도 있고, 나쁠 수도 있는 다른 대상을 갖는다. 상세하게 알기를 원하면 아비담맛타 상가하의 아라마나 부분을 공부해야 한다.

질문 : 상가를 위해서 하는 일이 명상에 영향을 미칩니까? 개인에 따라 다릅니까? 어느 정도 삼매를 얻을 수 있습니까? 아니면 아무런 영향이 없습니까?
대답 : 많은 경에서 붓다께서는 아래와 같은 비구를 꾸짖는다.

- 일하는 것을 즐기는 사람
- 말하는 것을 즐기는 사람

- 잠을 즐기는 사람
- 어울리는 것을 즐기는 사람
- 감각기관을 조절하지 않는 사람
- 적당한 양의 음식을 먹을 줄 모르는 사람
- 잠을 적게 자면서 사마타 위빠사나를 수행하지 않는 사람
- 사마타 위빠사나 수행에 게으른 사람

그래서 만일 상가나 자기 자신을 위해서 해야 할 일이 있다면, 가능한 빨리 할 일을 마치고 되돌아가서 평화로운 마음으로 수행해야 한다. 만일 일을 너무 즐긴다면, 이것은 명상 수행에 장애이다. 왜냐하면 명상 주제에 대한 강한 마음챙김을 얻을 수 없기 때문이다. 일을 즐기는 것은 좋은 삼매를 얻을 수 없다.

질문 : 수행자가 일상생활에서는 어떻게 현명한 주의력을 수행합니까? 그리고 사마타-위빠사나 명상에서는 어떻게 현명한 주의력을 수행합니까?

대답 : 가장 현명한 주의력이 위빠사나이다. 위빠사나 수준까지 수행할 수 있다면, 가장 현명한 주의력을 갖게 될 것이다. 그래서 일상생활에서 위빠사나를 수행할 수 있다면 도 : 과와 같은 좋은 결과를 얻을 것이다. 그러나 위빠사나 수준까지 수행할 수 없다면, '모든 형성된 것은 무상하다(諸行無常)'의 진리를 깊이 생각해야 한다. 이것 또한 현명한 주의력이다. 그러나 이것은 매우 약하고,

이차적인 현명한 주의력이다.

그대는 또한 사무량심(四無量心) 특히, 평온 무량심(捨無量心)을 수행할 수 있다. 이것은 수승한 주의력이다. 왜냐하면 평온 무량심은 '모든 존재는 자기 업의 소유자이다'라는 업의 법칙을 관찰한 것이기 때문이다. 때때로 어리석은 주의력 때문에 많은 악업이 하나하나씩 일어난다. 이 악업은 4악도에서 많은 고통을 일으킨다.

이것을 아는 것이 현명한 주의력이다. 당신은 이것을 일상생활에서 수행해야 한다.

자애관(慈無量心)을 개발하기

다음과 같은 사람을 향해서 자애관을 시작해야 한다.

1. 자기 자신
2. 좋아하거나 존경하는 사람
3. 중립적인 사람
4. 미워하는 사람

다음과 같은 4가지 마음으로 자기 자신을 향해서 자애심을 개발한다.

1. 내가 위험으로부터 벗어나기를!
2. 내가 정신적 고통으로부터 벗어나기를!
3. 내가 육체적 고통으로부터 벗어나기를!

4. 내가 건강하고 행복하기를!

그리고 나서 그 강한 빛으로 좋아하고 존경하는 사람에게 마음을 향해야 한다. 그러면 삼매로 생겨난 빛이 주위로 뻗어나가서 그 빛 속에서 선택한 사람을 볼 수 있을 것이다. 그 때 당신이 가장 좋아하는 사람 또는 당신을 가장 행복하게 하는 사람의 이미지를 택해야 한다. 그 사람이 가장 행복했을 때를 기억해서 그 이미지를 선택한다. 그리고 그 이미지를 전면 1야드 앞에 나타나게 한다. 그 사람이 전면에서 분명히 볼 수 있을 때 다음과 같은 생각으로 그 사람을 향해서 자애심을 개발한다.

1. 이 훌륭한 사람이 위험에서 벗어나기를!
2. 이 훌륭한 사람이 정신적 고통에서 벗어나기를!
3. 이 훌륭한 사람이 육체적 고통에서 벗어나기를!
4. 이 훌륭한 사람이 건강하고 행복하기를!

자애심으로 마음의 해탈이 훈련되고 개발되고 숙달되고 탈것이 되고 기초가 되고 확고해지고 견고해지면, 11가지 이익이 기대된다. 무엇이 11가지인가?
 1.잠을 편안하게 자고 2.편안하게 깨어있고 3.악몽을 꾸지 않고 4.인간에게 사랑받고 5.인간이 아닌 존재들에게서도 사랑받고 6.신들이 보호하고 7.불, 독약, 무기로 해침을 받지 않고 8.마음이 쉽게 집중되고 9.얼굴빛이 밝고 10.혼란 없이 죽고 11.출세간으로 나아가지 않는다면 범천

에 태어난다.

연민을 개발하는 방법

연민을 개발하려면 먼저 연민을 일으켜야 한다. 그러기 위해선 고통 받는 사람을 선택하여 그 사람의 고통을 생각해야 한다.

겉으로 보기에 고통스럽지 않고 행복해 보이는 사람을 향해 연민을 개발하기 위해서는, '모든 깨닫지 못한 범부들은 윤회 속에서 헤매는 동안 행했던 악행으로 과보를 받을 수밖에 없다. 그리고 악도에 태어나는 위험으로부터 자유스럽지 못하다'라는 것을 생각해야 한다. 그뿐아니라 실제 모든 존재들은 늙음, 병듦, 죽음으로부터 자유롭지 못하기 때문에 모두가 다 연민의 대상이 된다.

이렇게 고찰한 후에 자애심에서 했던 것처럼, 자기 자신, 좋아하는 사람, 중립적인 사람, 미워하는 사람을 향해서 경계가 허물어 질 때까지 연민을 개발해야 한다.

'이 훌륭한 사람이 고통에서 벗어 나기를!'

같이 기뻐함을 개발하는 방법

같이 기뻐함(喜無量心)을 개발하기 위해서는, 행복해 하고, 그 사람을 보면 당신이 즐겁고, 당신이 좋아하고, 우정어린 사람을 택해야 한다.

'이 사람이 그가 얻은 행복으로부터 멀어지지 않기를!'이라고 생각하며 같이 기뻐함을 개발한다. 이와 같은 방식으로 계속해서 삼선정까지 개발하고 각각의 선정에서 5가지 자유자재함을 숙달해야 한다.
 그런 다음 같은 방식으로 자기 자신, 좋아하는 사람, 중립적인 사람, 미워하는 사람에 대해서 경계가 허물어 질 때까지 같이 기뻐함을 개발한다.

평온을 개발하는 방법

 평온(捨無量心)을 개발하기 위해서는 흰색 까시나로 사선정까지 올라가야 한다. 그런 다음 중립적인 사람을 택해서 자애, 연민, 같이 기뻐함을 삼선정까지 개발한다. 삼선정으로부터 나온 후에는 이 3가지 무량심의 단점, 즉 애정, 좋아함과 싫어함, 고양된 마음과 기쁨을 생각해야 한다. 그런 후에 평온이 있는 사선정이 평화스럽다고 생각해야 한다. 중립적인 사람을 택해서, '이 훌륭한 사람은 자신의 업의 상속자이다'라는 생각으로 그 사람을 향해서 평온을 개발한다. 자애, 연민, 같이 기뻐함의 삼선정의 도움으로 평온의 사선정을 개발하는데 오랜 시간이 걸리지 않을 것이다. 그 다음에 존경하거나 사랑스런 사람, 미워하는 사람을 향해서 그대와 그들 간에 경계가 없어질 때까지 평온의 사선정을 개발해야 한다. 그런 다음 무한한 우주의 모든 존재들을 향해서 위에 언급한 132가지 방법으로 평온을 개발한다.
 이것으로 사무량심의 개발을 완성한 것이다.

붓다의 후예,
위빠사나 선사들(I권 미얀마편)

제1판1쇄 2014년 1월 15일

편저자 잭 콘필드(Jack Kornfield)
옮긴이 김열권
펴낸곳 도서출판 한길

주 소 경기도 남양주시 진건읍 사능로 156번길 295
Tel 031-574-5585
Fax 031-574-0808
블로그 www.bonginsa.net

등록번호 제7호
ISBN 978-89-87859-19-4
가격 20,000원

판매 및 공급처
주식회사 시디
02-792-3401

이 출판물은 저작권법에 의하여 보호받는 저작물이므로 무단전제와 무단복제를 금합니다.
잘못되거나 흠이 있는 책은 바로 바꿔드립니다.